Norbert Häring

Die Abschaffung des Bargelds und die Folgen

Der Weg in die totale Kontrolle

BASTEI
LÜBBE
TASCHENBUCH

BASTEI LÜBBE TASCHENBUCH
Band 60973

Dieser Titel ist auch E-Book erschienen.

Vollständige Taschenbuchausgabe
der bei Quadriga erschienenen Hardcoverausgabe

Überarbeitete Neuausgabe

Copyright © 2018 by Bastei Lübbe AG, Köln
Textredaktion: Jan W. Haas, Berlin
Umschlaggestaltung: fuxbux, Berlin unter Verwendung
eines Motivs von © picture alliance: Klaus Ohlenschläger
Satz: fuxbux, Berlin
Gesetzt aus der DTL Documenta und der Milo
Druck und Verarbeitung: CPI books GmbH, Leck – Germany
Printed in Germany
ISBN 978-3-404-60973-4

5   4   3   2   1

Sie finden uns im Internet unter www.luebbe.de
Bitte beachten Sie auch: www.lesejury.de

Über den Autor:

Dr. Norbert Häring, 1963 geboren, ist Wirtschaftsjournalist und Autor populärer Wirtschaftsbücher. Er schreibt für Deutschlands führende Wirtschaftstageszeitung *Handelsblatt* und betreibt den Blog *Geld und mehr*. Der Bestseller *Ökonomie 2.0*, den er gemeinsam mit Olaf Storbeck schrieb, gewann den Wirtschaftsbuchpreis 2007. 2014 wurde er mit dem Preis der Keynes-Gesellschaft für Wirtschaftspublizistik ausgezeichnet. Die von ihm mitbegründete internationale Ökonomenvereinigung World Economics Association hat über 12.000 Mitglieder.

Inhalt

Einführung

N ur Bares ist Wahres. Das ist kein Spruch Ewiggestriger, die sich nicht an die moderne Welt gewöhnen wollen. Bargeld ist greifbar und zählbar. Es hilft, die Ausgaben unter Kontrolle zu halten. Bargeld ist richtiges Geld, hinter dem der Staat steht. Dagegen verbirgt sich hinter dem Buchgeld der Banken nur ein Versprechen auf Bargeld, ein Versprechen für gute Zeiten. Seit der Finanzkrise, die 2008 ausbrach und immer neue Kapitel schreibt, ist uns das wieder bewusst.

Vom Bargeld profitieren wir als Bürger und als Steuerzahler. Denn mit jedem Euro Bargeld, den unsere Zentralbanken in Umlauf geben, steigt der Gewinn, den sie an die Staatshaushalte ausschütten. Entsprechend weniger Steuern muss der Staat eintreiben. Auch das ist anders als bei dem Geld, das die Banken in Umlauf bringen. Daran verdienen nur die Banker.

Bargeld bewahrt uns einen Rest Freiheit und Privatsphäre. Es begrenzt Entmündigung, Gängelei und Überwachung durch den Staat und seine Geheimdienste, die Finanzbranche und die Datenkraken der IT-Branche. Denn immer wenn wir bar bezahlen, sperren wir die Schnüffler aus, die absolut alles über uns wissen wollen. Bargeld hinterlässt keine elektronischen Spuren. Und alles, was elektronische Spuren hinterlässt, ist heute oder spätestens in wenigen Jahren so gut wie öffentlich.

Trotz oder gerade wegen dieser gewichtigen Gründe für das Bargeld wollen die internationale Finanzbranche und ihre Alliierten das Bargeld zurückdrängen und nach Möglichkeit abschaffen. Ihr Ziel ist es, den Gebrauch von Münzen und Scheinen mühsam und ungewöhnlich, ja verdächtig erscheinen zu lassen, bis das Bargeld schließlich so unbedeutend wird, dass es der Finanzbranche und ihren Zielen nicht mehr ernsthaft in die Quere kommt. Inzwischen haben sie das Feld so weit bestellt, dass sie sich sogar trauen, ganz offen die Abschaffung des Bargelds zu fordern oder ihre Verbündeten und Hilfstruppen dies fordern zu lassen.

Es könnte allerdings sein, dass die Anti-Bargeld-Krieger ein bisschen zu früh aus ihrer Deckung gekommen sind, vor allem was Deutschland angeht. Denn hierzulande gibt es viele, die am Bargeld hängen und sich weigern, jeden, der Bargeld in größerem Umfang nutzt oder es verteidigt, gleich als Geldwäscher, Mafioso, Schwarzarbeiter oder potenziellen Terroristen zu verdächtigen. Die Deutschen bekennen sich in allen Umfragen mit großer Mehrheit zum Bargeld.

Das Bekenntnis allein reicht allerdings nicht mehr. Denn die Anti-Bargeld-Krieger sind mächtig und gut vernetzt, und sie gehen planmäßig vor. Sie packen uns bei unserer Bequemlichkeit, damit wir elektronisch statt mit Bargeld bezahlen und dabei unsere Daten preisgeben. Sie halten ihre Absichten verborgen und schieben alle möglichen Argumente vor, um Restriktionen gegen Bargeld zu rechtfertigen. So hat Amerikas größte Bank jüngst verfügt, dass Kunden in ihren Safes kein Bargeld mehr verwahren dürfen, da es dort nicht sicher genug sei. Ein weiteres Argument ist der Kampf gegen Steuerhinterziehung, die durch Bargeld begünstigt werde. Die Gefahr illegaler Parteienfinanzierung wird weniger oft genannt, obwohl auch sie als Argument taugen würde. Aber das könnte allzu leicht als Anspielung auf den Bundesfinanzminister verstanden werden.

An diesen Argumenten ist etwas dran, sonst würde man sie nicht so exzessiv verwenden. Doch das Argument, dass sich die Kriminalität durch Überwachung des Zahlungsverkehrs besser bekämpfen lasse, wird in absurder Weise überdehnt. Es rechtfertigt einfach nicht die Abschaffung des letzten Restes an persönlicher Informationskontrolle und Freiheit, wenn man dadurch nichts weiter gewinnt, als die illegale Beschäftigung einer Putzfrau oder eines Handwerkers ein wenig zu erschweren. Zumal dabei ignoriert wird, dass die großen multinational aufgestellten Konzerne ganz legal, halblegal oder illegal mit Verschiebungen von elektronischem Geld Milliarden an Steuern »sparen«. Steuerfahnder, die solchen Praktiken nachgehen wollen, werden für verrückt erklärt und aus dem Dienst entfernt; ein Gustl Mollath, der eine Bank der Beihilfe zur Steuerhinterziehung beschuldigt hatte, wurde in die Psychiatrie eingewiesen.[1] Es hilft dem Argument der besseren Durchsetzbarkeit von Recht und Gesetz durch Bargeldabschaffung auch nicht gerade, dass die Banken, die hier in vorderster Front stehen, so wie beispielsweise JP Morgan Chase, HSBC und Citi oder auch Deutsche Bank und Commerzbank, selbst nicht gerade durch übertriebene Gesetzestreue aufgefallen sind. Alle mussten riesige Strafzahlungen wegen Marktmanipulationen und Geldwäsche leisten, mindestens eine von ihnen ist gerichtsnotorisch dafür, die Hausbank der großkriminellen Drogenhändler und Geldwäscher zu sein. Bei diesen Affären rund um Geldwäsche und die Finanzierung illegaler Aktivitäten ging es oft um viele Milliarden. Da wirken die Kleinbeträge an Bargeld, aus denen man heute bei normalen Menschen schon einen Verdacht auf illegales Handeln konstruiert, geradezu lächerlich.

Und nicht zuletzt darf natürlich das Argument der Terrorismusabwehr nicht fehlen, mit dem zum Beispiel jüngst Frankreich absurderweise ein Gesetz begründet hat, wonach man dort nur noch Beträge von höchstens 1.000 Euro in bar begleichen darf – als würden sich Terroristen mit Koffern voller Bargeld finanzieren und nicht über Scheinfirmen und Finanzderivate. Der Umstand, dass die Charlie-Hebdo-Attentäter in Paris gelegentlich auch Bargeld benutzt haben, bedeutet ja nun nicht, dass die Nichtverfügbarkeit von Bargeld den Anschlag verhindert hätte. Sonst könnte man mit der gleichen Logik auch die Unterhosenmarken verbieten, welche die Attentäter bei der Vorbereitung trugen.

Vor dem Hang der Deutschen (und der Amerikaner) zum Bargeld hat man aber doch noch einigen Respekt. Deshalb fangen die Bargeldabschaffer mit ihren harten Maßnahmen in der Peripherie an und bescheiden sich bei uns mit kleinen unmerklichen Schritten. Sie verunsichern uns, indem sie Banken verpflichten, »ungewöhnliche« oder hohe Barabhebungen oder -einzahlungen zu melden. Keiner weiß dabei so recht, ab wann man verdächtig wird. Banken gewöhnen uns mit verschiedenen Ausflüchten daran, dass wir ohne längere Voranmeldung immer nur kleine Beträge abheben dürfen. Mein Experiment, 15.000 Euro von meinem Konto abzuheben, war denn auch durchaus ein kleines Abenteuer.

Das große Experimentierfeld und Versuchslabor der Bargeldabschaffer ist Afrika. Aber auch unmittelbar um Deutschland herum liegt ein Gürtel von Ländern, in denen die Bargeldabschaffung bereits weit fortgeschritten ist. Schon mittelgroße Rechnungen dürfen in vielen Ländern nicht mehr mit dem gesetzlichen Zahlungsmittel bezahlt werden. Je größer die Probleme der lokalen Banken, desto niedriger ist tendenziell die Obergrenze, bis zu der bar ausgezahlt werden darf.

Wenn wir irgendwann keinen Zugang zu Bargeld mehr haben oder nur noch kleine Beträge abheben können, dann hat das drastische Konsequenzen für uns alle. Es bedeutet, dass wir »unser« Geld dauerhaft Banken anvertrauen müssen, egal wie bankrottgefährdet diese sind. Wir bekommen es von dort nicht mehr weg, es sei denn, wir geben es aus, es wird uns wegbesteuert oder per negativem Zins abgenommen, oder es wird gleich zur Sanierung der Bank einkassiert. Für Letzteres gibt es im EU-Juristendeutsch schon ein Wort. Es heißt »Bail-in« und meint die Heranziehung der Gläubiger zur Bankensanierung.

Gläubiger sind dabei vor allem die Sparer, die Geld auf der Bank haben, und sei es nur auf dem Girokonto.

Auch schleichenderen Formen der Enteignung durch Zentral- und Geschäftsbanken sind wir dann alle wehrlos ausgeliefert. Wenn alle gefangen sind, weil das Bargeld entweder ganz abgeschafft ist oder man es nicht mehr bekommt, dann gibt es keinen Hinderungsgrund mehr, uns mit Negativzinsen allmählich zu enteignen. Zwar sagen die Verteidiger, das sei Geldpolitik, um die Konjunktur in Gang zu setzen. Doch es ist eine Geldpolitik für die Reichen, denn sie treibt vor allem den Wert von Aktien, Unternehmensbeteiligungen und Immobilien nach oben, die von den Vermögenden gehalten werden.

Wenn das gesamte Geldvermögen der Sparer eingesperrt ist und zur Verfügungsmasse der Banker und Politiker wird, dann besteht in der nächsten Finanzkrise kein Grund mehr zur Hektik. Man kann ganz in Ruhe entscheiden, welche Einlagen zu welchem Prozentsatz entwertet werden »müssen«, damit die allermeisten Banken weitermachen können. Wenn man genau hinschaut, sind wir nicht mehr weit davon entfernt. Versuchen Sie mal, eine fünfstellige Bargeldsumme von »Ihrem« Bankkonto abzuheben.

Die jederzeit mögliche schleichende oder abrupte Enteignung ist nicht die einzige Bedrohung einer bargeldlosen Welt. Nur wenn Sie Bargeld nutzen können und auch nutzen, kann niemand mit ein paar Tastendrucken alles über Sie herausfinden: ob Sie zu Prostituierten gehen oder Alkohol trinken, ob Sie spielen, ob Sie einen gesunden Lebenswandel haben oder eine chronische Krankheit, ob Sie schwanger sind beziehungsweise Vater werden, ob Sie eine Affäre haben oder ob Sie finanzielle Verbindungen zu Menschen hatten, die in Konkurs gingen oder irgendwann etwas Ungesetzliches taten. Wer Zugang zu unserem elektronischen Zahlungsverkehr erhält, der kann das alles wissen und noch viel mehr. Die Bankmitarbeiter wissen es oder können es zumindest in Erfahrung bringen. Die Strafverfolgungsbehörden können sich diese Informationen beschaffen und sie erhalten sie oft sogar ohne Gerichtsbeschluss, die Geheimdienste ohnehin. Auch Ihre Gegner können derartige Informationen bekommen, wenn es ihnen wichtig genug ist und sie das nötige Kleingeld haben.

Noch ist dergleichen wegen des Bankgeheimnisses illegal, aber dennoch gang und gäbe. Der enorm erfolgreiche und sehr komfortable Internet-Bezahldienst Paypal aus den USA hat 2015 seine Geschäftsbedingungen dahingehend umgestellt, dass er mit den Daten über den Zahlungsverkehr seiner Kunden mehr oder weniger machen darf, was er will. Nutzer mussten oder durften dem nicht einmal explizit zustimmen, vielmehr galt die fortgesetzte Nutzung des Dienstes als Zustimmung. Sowohl Inhalt als auch Vorgehensweise widersprechen weitgehend deutschem Datenschutzrecht. Konsequenzen für Paypal? Keine. Was soll man auch erwarten von der Regierung eines Landes, das sich nicht einmal ansatzweise gegen die massive Ausspähung seiner Bürger und Wirtschaftsunternehmen durch die Schutzmacht zur Wehr setzen will oder darf. Die USA sind gerade im Begriff, per Gesetz Unternehmen straffrei zu stellen, die Daten ihrer Kunden an die Regierung weitergeben. Das soll auch für Banken gelten, die sich sehr auf das Gesetz freuen.

Geben Sie sich also keinerlei Illusionen hin. Falls in ein paar Jahren das Bargeld auch bei uns abgeschafft oder in die Bedeutungslosigkeit abgedrängt sein sollte, dann wird bis dahin auch das Bankgeheimnis, also die Vertraulichkeit von Informationen über Ihren Zahlungsverkehr, keinen Pfifferling mehr wert sein. Entweder halten die deutschen Banken sich nicht mehr daran oder sie haben den Zahlungsverkehr an das US-amerikanische »Fintechs« ausgelagert. Praktischerweise können sich Ausländer in den USA in keinerlei Hinsicht gegen Überwachung schützen. Und die Arbeitsbeziehungen der US-Dienste zu den deutschen Geheimdiensten sind erklärtermaßen blendend und vertrauensvoll. Spätestens dann sollte man sich nicht mehr mit irgendjemandem anlegen, der gute Beziehungen zu einem Geheimdienst unterhält, es sei denn, man ist so rein wie die Jungfrau Maria.

Aber es sind nicht nur die Geheimdienste, die dann alles über uns wissen, wenn sie unseren Zahlungsverkehr vollständig nachverfolgen können. Schon jetzt ist Datenaggregation, also die Zusammenführung von Daten aus verschiedenen Quellen und deren Verkauf, ein Riesengeschäft und sehr effizient. Schon 2011 hatte die US-Firma *Acxiom*, laut Internet-Aktivist Eli Pariser »eine der größten Firmen, von denen man noch nie etwas gehört hat«, durchschnittlich 1.500 Informationen über 96 Prozent der US-Bevölkerung gesammelt, die sie an die Finanzbranche, andere Unternehmen, das Militär und sonstige Regierungsstellen weitergab. *Acxiom* verfügt auch über Informationen über einen großen Teil der Bevölkerung anderer industrialisierter Staaten.[2] Selbst wenn Sie nur einen Teil Ihres Zahlungsverkehrs über Paypal abwickeln, sollten Sie bedenken, dass Paypal sehr wahrscheinlich diese Informationen an einen Datenaggregator verkaufen wird, der sie mit Informationen aus anderen Quellen abgleicht und vervollständigt. Banken, Versicherer, potenzielle Arbeitgeber: Sie alle können sehr genau wissen, wer Sie sind, was Sie antreibt und was Sie tun, ja sogar, wie angepasst und kreditwürdig Ihre Freunde sind, bevor sie sich entscheiden, Ihnen ein Angebot zu machen, oder eben nicht. Sie werden davon in der Regel nicht das Mindeste mitbekommen. Auch jeder Online-Verkäufer kann wissen, ob Sie sparsam oder freigiebig sind, und die Preise, die er Ihnen anzeigt, entsprechend ausgestalten.

Zum Glück kann jeder gegen die Abschaffung des Bargeldes etwas unternehmen. Jeder Einzelne ist wichtig, jede mit Bargeld abgewickelte Transaktion ist ein kleiner, aber wirksamer Akt des Widerstandes gegen diejenigen, die uns den letzten Rest an Privatheit und Freiheit nehmen wollen. Denn wenn viele in größerem Maße Bargeld nutzen, kann man nicht jeden, der mit Bargeld größere Rechnungen bezahlt, auf eine Liste von Verdächtigen setzen.

Die Möglichkeiten, etwas zu bewegen, sind beim Bargeld auch deshalb so gut, weil die Rechtslage so klar aufseiten der Bargeldnutzer ist, wie sie nur sein kann, und das auf einer sehr hohen Ebene, dem Bundesbankgesetz und sogar dem EU-Vertrag. Wo sonst das EU-Recht gern genutzt wird, um die Bürgerrechte auszuhöhlen, indem Entscheidungen auf eine Ebene verlagert werden, auf der die Demokratie nicht mehr funktioniert, lässt sich das EU-Recht in diesem Fall als eine wirkungsvolle Waffe des Widerstands gegen die Abschaffung der »gedruckten Freiheit« der Bürger einsetzen. Denn im EU-Vertrag steht unmissverständlich, dass Euro-Banknoten und -Münzen gesetzliche Zahlungsmittel sind, und zwar die einzigen. Man setzt sich zwar darüber hinweg – in Deutschland, indem öffentliche Stellen sich weigern, Bargeld anzunehmen, in anderen Ländern viel dreister, indem das Bezahlen mit Bargeld schon bei mittelgroßen Beträgen verboten wird. Das gelingt, weil die EU-Kommission als Hüterin der Verträge und die Europäische Zentralbank als Hüterin des Euro mit den Anti-Bargeld-Kriegern unter einer Decke stecken. Aber wenn die Justiz noch halbwegs unabhängig von dieser Kabale ist, und darauf vertraue ich, dann reicht es, wenn Bürger klagen, um die Rechtswidrigkeit dieses Tuns aufzudecken und es den Anti-Bargeld-Kriegern sehr viel schwerer zu machen, ihre Agenda zu verfolgen.

Ich habe diesen Weg beschritten, indem ich mich geweigert habe, den mir auferlegten Rundfunkbeitrag weiterhin von meinem Bankkonto abbuchen zu lassen. Ich bestehe stattdessen auf dem, was die Rundfunkanstalten rechtswidrig verweigern: Barzahlung. Gegen ablehnende Bescheide des Hessischen Rundfunks, der sich trotz vorgeblicher Staatsferne des Rundfunks wie eine Behörde gerieren darf, klagte ich vor dem Frankfurter Verwaltungsgericht. Was dann kam, stellte mein Vertrauen in die Rechtsstaatlichkeit auf die Probe. Es geht um viel. Wenn die

Gerichte entscheiden sollten, dass öffentliche Stellen das gesetzliche Zahlungsmittel annehmen müssen, dann müsste das auch für die Finanzämter gelten, die sich das Gleiche herausnehmen wie die Rundfunkanstalten. Wichtiger noch: Dann ist klar, dass Bargeldverbote für größere Beträge, wie sie der nordrhein-westfälische Finanzminister auch schon für Deutschland gefordert hat, dem deutschen Recht und dem EU-Recht widersprechen. Und anders als das Bundesbankgesetz ist der EU-Vertrag nur sehr, sehr schwer zu ändern. Denn jede Neuverhandlung zwischen 28 Staaten ist ein sehr aufwändiger Prozess, den die Regierungen aus verständlichen Gründen gern vermeiden wollen.

Gleichzeitig würde ein für mich günstiges Gerichtsurteil auch klarstellen, dass die Bargeldverbote, die es in Frankreich und den südlichen EU-Ländern bereits gibt, dem EU-Vertrag widersprechen und damit illegal sind.

Wenn die Parlamentarier sich dazu durchringen würden, ihre Arbeit zu tun und ein anständiges, staatlich geregeltes und garantiertes Zahlungsmittel anzubieten, mit dem man ebenso effizient bezahlen kann wie mit dem derzeitigen Banken-Buchgeld, dann wäre es nicht mehr so wichtig, am Bargeld festzuhalten. Es bliebe immer noch das Problem, den Datenschutz zu gewährleisten, aber einer Regierung, die sich den Interessen der Finanzbranche widersetzt, indem sie die Geldschöpfung in die eigenen Hände nimmt, würde ich auch eher zutrauen, vernünftige Regeln zum Datenschutz zu erlassen und durchzusetzen.

Es ist ein dickes Brett, das bis dahin zu bohren ist. Einstweilen gilt leider weiterhin der Grundsatz »Nur Bares ist Wahres«, und es hilft beim Bohren, wenn möglichst viele Menschen diesen Grundsatz als Handlungsempfehlung begreifen.

Mit Bargeld gegen
den Rundfunkbeitrag

I m Februar 2015 widerrief ich meine Einzugsermächtigung für den »Beitragsservice ARD, ZDF, Deutschlandradio«, wie die frühere Gebühreneinzugszentrale GEZ heißt, seit die frühere Gebühr (die keine Gebühr war) in einen Beitrag (der in Wahrheit eine Wohnungssteuer ist) umbenannt wurde. Am 6. März bekam ich die erste Zahlungserinnerung.

Ich teilte dem Beitragsservice mit, dass ich künftig mit dem gesetzlichen Zahlungsmittel Bargeld den Beitrag begleichen möchte, und bat darum, mir mitzuteilen, wo ich das tun könne. Dabei berief ich mich auf § 14 Absatz 1 des Bundesbankgesetzes, der Banknoten zum »unbeschränkten« gesetzlichen Zahlungsmittel erklärt: »Die Deutsche Bundesbank hat unbeschadet des Artikels 128 Absatz 1 des Vertrages über die Arbeitsweise der Europäischen Union das ausschließliche Recht, Banknoten im Geltungsbereich dieses Gesetzes auszugeben. Auf Euro lautende Banknoten sind das einzige unbeschränkte gesetzliche Zahlungsmittel.«

Gleiches bestimmt der noch höher stehende EU-Vertrag (VAEU) in Artikel 128, auf den das Bundesbankgesetz ausdrücklich verweist: »Die von der Europäischen Zentralbank und den nationalen Zentralbanken ausgegebenen Banknoten sind die einzigen Banknoten, die in der Union als gesetzliches Zahlungsmittel gelten.« Auch Münzen sind gesetzliches Zahlungsmittel, aber nicht ganz unbeschränkt. Niemand muss mehr als 50 Münzen auf einmal annehmen. Sind es mehr, kann man stattdessen Scheine verlangen.

Die Bundesbank erklärt die Bedeutung von § 14 Bundesbankgesetz auf ihrer Website so: »Jeder Gläubiger einer Geldforderung muss vom Schuldner Banknoten in unbegrenztem Umfang als Erfüllung seiner Forderung annehmen, sofern beide nichts anderes vereinbart haben.«[3]

Der Beitragsservice würdigte mich dennoch keiner Antwort und mahnte auch nicht weiter. Als ich zwei Monate lang nichts mehr gehört hatte, vermutete ich, dass man mich dort ganz gern vergessen würde. Der Verzicht auf einen einzigen Rundfunkbeitragszahler wäre schließlich ein ziemlich geringer Preis dafür, sich dieses potenziell peinliche oder gar gefährliche rechtliche Problem vom Hals zu halten. Im Nachhinein sehe ich diesen Verdacht durch Zuschriften von Lesern meines Blogs bestätigt. Bei normalen Beitragspflichtigen ist der Beitragsservice offenbar ziemlich schnell bereit, Zwangsvollstreckung zu beantragen, wenn diese ein Recht auf Barzahlung geltend machen oder die Überweisung aus anderen Gründen verweigern. Wenn aber Anwälte solches tun und ihr Anliegen fundiert und in juristischer Fachsprache begründen, dann geht man offenbar der gerichtlichen Klärung gern aus dem Weg. Das wäre keine dumme Strategie, wenn man ungünstige Gerichtsurteile mit Massenwirkung gern vermeiden möchte.

Also berichtete ich am 8. Mai auf meinem Blog von der Aktion. Der Blog *norberthaering.de* ist gut besucht, zu seinen Lesern gehören auch viele Journalisten. Der Beitrag verbreitete sich im Internet lawinenartig, und der rebellische ehemalige FDP-Bundestagsabgeordnete Frank Schäffler, dessen Prometheus-Institut gegen den Rundfunkbeitrag Front macht, rief zur Nachahmung auf.[4]

Die *Bild*-Zeitung erklärte mich am 6. Juni auf Seite 1 zum »Gewinner des Tages«, auch *Bild am Sonntag* brachte eine Story an prominenter Stelle. *Heftig.co*, eine der meistbesuchten deutschen Websites, berichtete ebenso wie viele andere große Internetportale.

Warum diese Aktion, und warum der Beitragsservice?

Vielen Lesern meines Blogs fehlte jedes Verständnis für diese Aktion, andere hielten sie für einen netten Gag. Der Hessische Rundfunk meinte im Zuge unserer rechtlichen Auseinandersetzung, mein Beharren auf mein Recht auf Barzahlung stelle eine unzulässige Rechtsausübung dar, die dem Grundsatz von Treu und Glauben zuwiderlaufe. Denn schließlich hätte ich ja ein Bankkonto, sodass für mich »keine unbedingte Notwendigkeit« bestehe, bar zu zahlen, und ich könne doch wirklich nicht jeden Monat zur Zahlstelle laufen wollen, um meinen Rundfunkbeitrag zu bezahlen. So ähnlich argumentierten auch andere, die mich nach dem Sinn der Aktion fragten. Bargeld sei doch so unpraktisch und setze einen der Gefahr aus, bestohlen oder beraubt zu werden. Ich könne doch nicht wirklich wollen, dass man zur Lohntüte zurückkehrt oder dass man ständig auf irgendwelche Ämter und Servicestellen laufen muss, um Steuern, Wasser, Strom und Gas, Telefonrechnung und Rundfunkgebühr bar zu bezahlen.

Warum also das Ganze? Mein Beharren auf Barzahlung des Rundfunkbeitrags geschieht nicht aus Jux und Tollerei, sondern weil ich mich von der schleichenden Bargeldabschaffung, die ich beobachte, in meinen Freiheitsrechten und meinem Eigentumsrecht nach Artikel 14 Grundgesetz beschnitten fühle. Wenn selbst Behörden wie das Finanzamt oder eben der öffentlich-rechtliche Rundfunk keine Barzahlung mehr erlauben und auch keine gleichwertige Alternative anbieten, dann werde ich immer mehr gezwungen, meinen gesamten Zahlungsverkehr nur noch mit Schulden von privaten Geschäftsbanken abzuwickeln. Das zwingt mich, diesen privaten Geschäftsbanken, die ich für nicht kreditwürdig halte, Kredit zu geben. Nichts anderes als ein Kredit an die Bank ist es nämlich, wenn ich bei einer Bank ein Kontoguthaben habe, wie wir noch genauer sehen werden.

In Griechenland sieht man derzeit, was denen passieren kann, die in Geschäftsbanken Einlagen halten. Nachdem die Banken Ende Juni 2015 geschlossen wurden, kamen die Einleger nicht mehr an ihr Geld heran, das sich die meisten hart erarbeitet hatten und von dem sie dachten, dass es ihnen gehöre. Nur noch ein besseres Taschengeld von 60 Euro pro Tag konnten sie abheben. Bevor diese Begrenzungen eingeführt wurden, hatten viele versucht, ihr Geld in Sicherheit zu bringen, was in der internationalen Presse so heftig kritisiert wurde, als sei es ein Akt des Raubes an der europäischen Gemeinschaft. So als würden die Einleger ihr eigenes Geld stehlen, indem sie es von der Bank abheben. In Zypern geschah den Einlegern schon 2013 etwas ganz Ähnliches, mit dem Unterschied, dass viele von ihnen am Ende enteignet wurden, was den Griechen bisher erspart geblieben ist.

Die Griechen hatten nicht freiwillig noch einen guten Teil ihres Geldes auf der Bank, als die Banken geschlossen wurden. In Griechenland gibt es viele fragwürdige Regelungen, die die Nutzung von Bargeld einschränken. Wenn man aber vieles – darunter alle größeren Rechnungen – nur durch Überweisung bezahlen kann, dann muss man auch das nötige Geld auf dem Konto haben. Ich will nicht, dass es auch bei uns so weit kommt. Wir sind nicht mehr weit davon entfernt. Deshalb ist es dringend erforderlich und mir sehr wichtig, dass die Gerichte feststellen, staatliche Stellen seien nach § 14 Bundesbankgesetz und Artikel 128 des EU-Vertrags verpflichtet, Bargeld anzunehmen.

Anders als der Hessische Rundfunk meint, habe ich also durchaus einen Nutzen davon, meinen Rundfunkbeitrag und andere Zahlungen an Behörden in bar begleichen zu können. Ich zahle auch sonst alles bar, was sich mit vertretbarem Aufwand bar bezahlen lässt. Wenn einmal gerichtlich geklärt ist, wer Bargeld annehmen muss, werde ich noch mehr bar zahlen. Das ist auch keineswegs so unpraktisch, wie es immer dargestellt wird. Inzwischen ermöglichen es sogar einige Dienstleister, Käufe im Internet komfortabel in bar zu begleichen.

Noch lieber wäre es mir natürlich – und Hauptziel meiner Aktion ist es, dazu beizutragen –, dass unsere Parlamentarier endlich ihre Pflicht tun und sich gesetzgeberisch mit dem Geldsystem befassen. Obwohl mengenmäßig betrachtet der größte Teil des Zahlungsverkehrs heute mit dem Buchgeld der Banken abgewickelt wird, gibt es weder in Deutschland noch in anderen Ländern ein Gesetz, das die Zahlungsmitteleigenschaft dieses Bankengeldes regelt und bestätigt. Alles beruht auf Gewohnheitsrecht; sehr zum Gefallen und Gewinn der Banken, die dieses Gewohnheitsrecht geprägt haben.

Ich bin mir sicher, dass die Parlamentarier, wenn sie ein Gesetz machen würden, gar nicht anders könnten, als zu dem Schluss zu kommen, dass auch der bargeldlose Zahlungsverkehr mit echtem, staatlich garantiertem Geld stattfinden sollte – mit einem gesetzlichen Zahlungsmittel. Dann würde ich – wenn auch noch der Datenschutz gewährleistet wird – sehr gern das meiste wieder unbar zahlen, auch den Rundfunkbeitrag.

Warum habe ich mir für meine Aktion den öffentlich-rechtlichen Rundfunk ausgesucht? Ich hätte ja auch das örtliche Finanzamt auffordern können, mir Barzahlung zu ermöglichen. Denn sogar das Finanzamt versieht seine Steuerbescheide mit dem gesetzwidrigen Hinweis, dass man nur mit Überweisung oder Bankeinzug zahlen könne, nicht aber mit dem Bargeld, das der Staat selbst zum einzigen unbeschränkten gesetzlichen Zahlungsmittel erklärt hat. Vor den Finanzämtern sollte man aber großen Respekt haben. Die fackeln nicht lange und vollstrecken, wenn sie meinen, man schulde ihnen etwas. Erst wird vollstreckt, dann wird nötigenfalls gerichtlich geklärt. Eine Kontenpfändung ist kein Spaß.

Der Beitragsservice und die Rundfunkanstalten sind weniger rabiat. Der Beitragsservice ist nicht rechtsfähig. Die Rundfunkanstalten haben kein eigenes Vollstreckungspersonal, sondern sind für Vollstreckungen auf die Amtshilfe örtlicher Behörden angewiesen. Das dauert viel länger und geht oft schief.

Ein anderer Grund dafür, dass ich mich mit meinem Barzahlungsansinnen zuerst den Rundfunkanstalten zugewendet habe, liegt im Rundfunkbeitrag selbst. Ich lehne diesen, wie sehr viele Menschen, ab, und im Laufe meiner Befassung damit ist diese Ablehnung immer stärker geworden. Eine verkappte Wohnungssteuer, die der alleinerziehenden Mutter, die mit Ach und Krach durchkommt, die gleichen überzogenen 17,50 Euro im Monat abknöpft wie dem Rundfunkintendanten mit seinem Jahresgehalt von 300.000 Euro, sollte es nicht geben.

Wenn ich den öffentlich-rechtlichen Rundfunkanstalten mit meiner Aktion das Leben finanziell etwas schwerer machen sollte, so kann ich mit dieser Nebenwirkung ganz gut leben. Wenn sie dazu beiträgt, den Rundfunkbeitrag verstärkt in die öffentliche und politische Diskussion zu rücken, und wenn er dann vielleicht sogar in dieser Form abgeschafft oder gesenkt würde, dann wäre das ein sehr erfreulicher Nebeneffekt.

Der Beitragsservice bricht sein Schweigen

Der Beitragsservice konnte sich irgendwann den vielen Anfragen von Journalisten nicht mehr entziehen und äußerte sich schließlich doch. Am 5. Juni erhielten meine bei anderen Medien tätigen Kollegen ein Schreiben, das ich weder als Privatperson noch als Journalist bis dahin bekommen hatte: eine Presseerklärung des Beitragsservice, in der dieser erklärte, dass er nach geltender Rechtslage kein Bargeld entgegennehmen müsse, ja nicht einmal nehmen dürfe:

»Der Beitragsservice von ARD, ZDF und Deutschlandradio ist nicht verpflichtet, Bargeld als Zahlung zu akzeptieren. Der Rundfunkbeitrag ist bargeldlos zu zahlen. Dies ist ausdrücklich in § 9 Abs. 2 Satz 2 des Rundfunkbeitragsstaatsvertrags in Verbindung mit § 10 Abs. 2 der Satzungen der Rundfunkanstalten über das Verfahren zur Leistung der Rundfunkbeiträge geregelt. (...) Hintergrund dieser Regelung ist, dass die Bargeldzahlung bei über 40 Mio. Rundfunkteilnehmern einen Verwaltungsaufwand und damit Kosten verursachen würde, mit denen der Gesetzgeber die Beitragszahler bewusst nicht belasten wollte. Auf § 14 Bundesbankgesetz kommt es in diesem Zusammenhang hingegen nicht an, weil die Regelungen des Beitragsrechts die hierfür speziellen Vorschriften enthalten.«

Immerhin vier Monate hatten die Juristen der Rundfunkanstalten gebraucht, um eine Antwort auf meinen Barzahlungswunsch zu formulieren. Am 18. Juni erhielt ich meine eigene, ausführlichere Version dieses Schreibens – mit förmlicher Zustellung als Bescheid vom Hessischen Rundfunk. Dass der Brief nicht vom Beitragsservice kam, liegt daran, dass dieser nicht rechtsfähig ist. Er kann keine Zahlungsaufforderung ausstellen, die vollstreckbar ist, und er kann auch sonst keine verbindlichen Bescheide ausstellen. Ungeachtet dieses Papiers bestreite ich weiterhin, dass Satzungen, die Barzahlung verbieten, mit § 14 Bundesbankgesetz vereinbar sind, der Euro-Banknoten zum unbeschränkten gesetzlichen Zahlungsmittel erklärt.

Catch 22: Bargeld annehmen geht nicht, Bargeld ablehnen aber auch nicht

Die Aussage des Hessischen Rundfunks, Barzahlung sei mit der Rechtslage unvereinbar, weil es der Satzung der Rundfunkanstalten widerspreche, ist einerseits pikant, andererseits ein großes Problem für die Rundfunkanstalten.

Pikant ist sie, weil die Servicestelle des Hessischen Rundfunks in Frankfurt zwar tatsächlich kein Bargeld annimmt – ich habe es ausprobiert –, andere Rundfunkanstalten aber Münzen und Scheine unter der Hand durchaus akzeptieren. Einen Tag nach Zugang des Bescheids des Hessischen Rundfunks war im Privatsender »Sat 1« zu sehen, wie ein Reporter beim RBB in Berlin seinen Rundfunkbeitrag bar bezahlt. Ich wusste davon vorab, weil ich eigentlich an diesem Tag in die Sendung eingeladen war, um über meine Barzahlungsaktion zu sprechen. Dazu sollte ein Film laufen, der zeigt, wie der Reporter mit seinem Bargeld abgewiesen wird. Stattdessen wurde sein Geld anstandslos genommen. Deshalb wurde ich wieder ausgeladen und musste nicht um fünf Uhr morgens aufstehen.

Der Beitragsservice, der nicht müde wird zu betonen, dass Barzahlung nicht möglich sei, sitzt in Köln. Ausgerechnet in der dortigen Servicestelle kann man, wie mir ein Leser meines Blogs verriet, unter der Hand seit Langem bar bezahlen. Ich machte am 18. Juni die Probe aufs Exempel und rief vom Mobiltelefon aus bei der Servicestelle in Köln an. »Ja gern, kommen Sie persönlich vorbei und bringen Sie das Geld mit«, lautete die freundliche Antwort auf meine Barzahlungsanfrage. Aber weil das laut der verunglückten Satzung der Rundfunkanstalten eigentlich verboten ist und weil sonst alle auf Gleichbehandlung pochen könnten, darf der Beitragsservice diese Möglichkeit nicht offen zugeben. Allerdings heißt es an versteckter Stelle im Geschäftsbericht 2014 des Beitragsservice auf Seite 21 verräterisch: »Darüber hinaus waren rd. 31,0 Mio. Zahlungseingänge (Einzel- oder Dauerauftragsüberweisungen, Bareinzahlungen) zu verarbeiten.«

Das letzte Wort in der Klammer ist das bemerkenswerte: »Bareinzahlungen«, also das, was angeblich nicht rechtmäßig ist und mir deshalb als Option verweigert wird. Wie viele das waren, steht da nicht, aber immerhin die Information, dass noch 2.030 Scheckeinreichungen verarbeitet wurden. Dabei sind

Schecks ebenfalls nicht im Katalog der laut Satzung zulässigen Zahlungsarten enthalten.

Die Sender haben sich in eine rechtliche Zwickmühle manövriert. Denn die Annahme von Barzahlung darf einerseits nach meinem Rechtsverständnis von Gesetz wegen nicht verweigert werden, andererseits ist sie in der Satzung nicht vorgesehen. Die Rundfunkanstalten können damit eigentlich von Barzahlungsanbietern kein Geld mehr einfordern, ohne vorher ihre Satzungen zu ändern.

Ich legte also Widerspruch gegen den Bescheid der Rundfunkanstalt ein und begründete diesen wie beschrieben. Diesmal ging es schneller. Mitte Juli bekam ich wieder Post per förmlicher Zustellung. Der Hessische Rundfunk schrieb mir, mein Widerspruch sei zulässig, aber nicht begründet. Jetzt war es so weit. In der Rechtsbehelfsbelehrung am Ende stand, dass nun der Weg zum Verwaltungsgericht frei sei. Diesen Weg beschritt ich. Um mein Kostenrisiko in Grenzen zu halten, wandte ich mich an »Prometheus – Das Freiheitsinstitut« unter Leitung von Frank Schäffler. Denn der FDP-Politiker ist zum einen ein großer Bargeldfreund, zum anderen kämpft sein Institut gegen den Rundfunkbeitrag. Ich erhielt die Zusage der Prozesskostenübernahme. Als Anwalt vermittelte mir Frank Schäffler Carlos A. Gebauer, der sich in Sachen Geldrecht hervorragend auskennt. Das dürfte mit seinem Engagement als Stellvertretender Vorsitzender der liberalen Vereinigung Friedrich A. von Hayek-Gesellschaft in Zusammenhang stehen. Der Ökonomie-Nobelpreisträger von Hayek befasste sich intensiv und kritisch mit dem Geldsystem. (Um Missverständnissen vorzubeugen, möchte ich erwähnen, dass ich mit vielen Positionen der FDP und den meisten Positionen von Hayek und der Hayek-Gesellschaft nicht übereinstimme.) Gebauer ist Rechtsanwalt und Fachanwalt für Medizinrecht sowie Richter am Anwaltsgerichtshof Nordrhein-Westfalen. Am 18. August 2015 reichte er die Klageschrift beim Verwaltungsgericht Frankfurt am Main ein.

Dann wurde, wie bereits erwähnt, mein Vertrauen in den Rechtsstaat auf die Probe gestellt. Zunächst gab es eine ganze Reihe von Urteilen von Verwaltungsgerichten in Bayern über Nachahmerfälle. Der Präsident des Bayerischen Verwaltungsgerichtshofs ist qua Amt Mitglied im Verwaltungsrat des Bayerischen Rundfunks. Ein bayerischer Verwaltungsrichter, der für oder gegen den bayerischen Rundfunk urteilen soll, weiß also, dass ein für seine Karriere nicht ganz unwichtiger Mensch die Entscheidungen dieser Quasi-Behörde geprüft und für gut befunden hat. Entsprechend fielen die Urteile und ihre Begründungen aus. Jedes Gericht fand eine andere kreative Antwort darauf, warum »gesetzliches Zahlungsmittel« nicht bedeutet, dass man den Staat mit diesem bezahlen kann. Das Verwaltungsgericht München schoss den Vogel mit folgender Begründung ab: »Aufgrund der (...) Rundfunkbeitragssatzung ist die geschuldete Leistung von Anfang an Buchgeld, so dass § 14 Abs. 1 Abs. 2 BBankG – der nur Barzahlungen betrifft – keine Anwendung findet.«

In meinem Fall befand schließlich das Verwaltungsgericht, dass § 14 des Bundesbankgesetzes nicht gelte, wenn das für die Verwaltung unpraktisch wäre, etwa in einem »Masseverfahren«, wobei das Gericht sich nicht die Mühe machte, diesen in keinem Gesetz vorkommenden Begriff zu definieren. Um zu diesem Ergebnis zu kommen, griffen die Richter auf den Kunstgriff der »teleologischen Verengung« des mit § 14 Gemeinten zurück. Das bedeutet laienhaft ausgedrückt: So wie es da steht, kann es der Gesetzgeber nicht gemeint haben. Hätte er genauer nachgedacht, hätte er dazugeschrieben, dass das natürlich nicht gilt, wenn es der Verwaltung lästig ist. Es dauerte nicht lange, bis in der juristischen Fachzeitschrift *Kommunikation & Recht* ein Artikel von Benjamin Beck und Dominik König erschien, der diesen Beschluss zerpflückte. Ich ging in die Berufung beim Hessischen Verwaltungsgerichtshof.

Der Krieg gegen das Bargeld

D ass die Rundfunkanstalten sich weigern, den staatlich verordneten Zwangsbeitrag in Form des vom Staat bestimmten gesetzlichen Zahlungsmittels entgegenzunehmen, ist ärgerlich. Im internationalen Vergleich ist Deutschland mit solchen Erschwernissen der Bargeldnutzung allerdings recht zahm. Die Finanzbranche bezeichnet denn auch die rückständigen, weil bargeldliebenden Deutschen als »Nachzügler« bei der Einführung und Verbreitung effizienterer, elektronischer und mobiler Bezahlmethoden.

Auch die US-Amerikaner sind, entgegen dem, was hierzulande viele denken, sehr traditionsverhaftet. Dort wird noch sehr viel mit Scheck bezahlt. Es ist auch keineswegs ungewöhnlich, dass Rechnungen mit Bargeld auf der Bank beglichen werden oder dass Bankkunden ihre Kreditraten in bar bei der Bank vorbeibringen. Weil es sich nicht lohnt, gegen derartige emotionale Widerstände offensiv anzukämpfen, wählt die Finanzbranche einen diskreteren Weg: Sie führt den Kampf gegen das Bargeld zuerst dort, wo die Widerstände geringer sind, wie in Skandinavien, oder wo die Umstände gerade günstig sind, wie in den Krisenländern Europas. So werden die Menschen schleichend an etwas gewöhnt, das bei unvorbereiteter Einführung in Deutschland oder den USA zu großer Entrüstung führen würde. In Deutschland und den USA selbst wird gegen das Bargeld nicht offen vorgegangen, sondern indirekt – durch Erschwernisse, die anderweitig begründet werden – und durch Verunsicherung der Nutzer von Bargeld.

Frontlinien und Kämpfer

Die Einschläge kommen näher. Seit September 2015 dürfen Franzosen bei Käufen von Konsumgütern nur noch maximal 1.000 Euro bar bezahlen. Bis dahin lag die Grenze bei 3.000 Euro. Die Regierung begründet dies mit der Terrorismusbekämpfung sowie dem Ziel, Geldwäsche zu erschweren. Beim Kauf von Immobilien gilt ein Limit von 10.000 Euro in bar.

Man muss sich die Bedeutung dieses Gesetzes vergegenwärtigen. Der Staat verbietet das Bezahlen mit dem Geld, das er zum alleinigen unbeschränkten gesetzlichen Zahlungsmittel erklärt hat. Wie schizophren kann ein Gesetzgeber sein?

Die unbeschränkte Nutzung des eigentlich unbeschränkten gesetzlichen Zahlungsmittels ist in Europa nur noch in wenigen Ländern möglich. In Spanien darf man höchstens noch 2.500 Euro bar zahlen, in Portugal nur 1.000 Euro. In Griechenland gilt eine Obergrenze von 500 Euro. De facto müssen dort Gewerbetreibende alles bargeldlos bezahlen, denn Barzahlungen werden vom Finanzamt nicht anerkannt. Im Osten der EU, mit Ausnahme der drei baltischen Länder, gelten für Barzahlungen zumeist Obergrenzen von 2.000 bis 15.000 Euro.[5] Die Strafen bei Zuwiderhandlung sind oft drakonisch: mindestens 3.000 Euro und bis zu 40 Prozent des bezahlten Betrags etwa in Spanien.

Neue EU-Regeln machen zunehmend auch in Deutschland auf indirekte Weise dem Bargeld den Garaus. Wenn Einzelhändler für eine Rolle mit 50 Münzen zu einem Cent neben dem Münzwert von 50 Cent neuerdings auch noch Servicekosten von 30 oder gar 50 Cent an die Bank zahlen müssen, verlieren sie leicht die Lust, Bargeld anzunehmen. Denn das ist in der

Regel mit der Ausgabe von Wechselgeld verbunden. Da werden dann Kredit- und Maestro-Karten oder mobile Bezahlsysteme gleich viel attraktiver, trotz der beträchtlichen Gebühren der Anbieter. Der Umstand, dass die Banken den Abnehmern von Münzgeld und zunehmend auch denen, die es anliefern, hohe Kosten in Rechnung stellen, geht auf eine absurde neue europäische Richtlinie zurück. Diese schreibt vor, dass die Banken jede einzelne Münze, auch die Cent-Münzen, die kein Mensch fälschen würde, auf Echtheit prüfen müssen, bevor sie diese wieder in Umlauf bringen. Statt das eingelieferte Münzgeld sortiert wieder an die Nachfrager auszugeben, müssen sie jetzt tonnenweise Münzgeld in ihre Zentralen transportieren, damit es dort in teuren Maschinen geprüft wird. Von dort geht es dann wieder zurück in die Filialen. Und das, um ein geradezu lächerlich geringes Aufkommen von 50.000 gefälschten Münzen jährlich in Deutschland weiter zu reduzieren. Ein Schelm, wer Böses dabei denkt.[6]

Von der Peripherie ins Zentrum

Der Kampf gegen das Bargeld folgt einer Strategie. Er setzt darauf, dort zu beginnen, wo die Menschen entweder heilfroh sind, wenn sie Zugang zu elektronischem Geld erhalten, oder sich nicht wehren können – und auch dort, wo es nicht auffällt. Afrika erfüllt alle drei Kriterien, Südeuropa und die kleinen Länder Osteuropas einige davon, die ländlichen Gebiete der USA ebenfalls.

Die US-Großbank Citigroup ist massiv im Afrikageschäft tätig. Sie hat 2012 zusammen mit der amerikanischen staatlichen »Entwicklungshilfe«-Organisation USAID, die viele misstrauische Geister für einen verlängerten Arm des Auslandsgeheimdienstes halten, eine Partnerschaft geschlossen, um die Verbreitung der Nutzung von mobilen Bezahlsystemen in Afrika zu beschleunigen. Die Anstrengung solle dazu dienen, Alternativen zu einem auf Bargeld basierenden System zu stärken, das ineffizient, teuer und korruptionsanfällig sei, hieß es in der gemeinsamen Presseerklärung.[7]

Kleiner Schönheitsfehler: Die Bank, die sich so pflichtbewusst um die Korruptionsbekämpfung in Afrika kümmert, musste mehrere Milliarden Dollar an Strafe bezahlen, um eine Strafverfolgung wegen illegaler Praktiken bei der Vergabe und Eintreibung von Hypothekenkrediten sowie wegen großangelegter Marktmanipulationen, unter anderem des Devisenmarktes, abzuwenden. Citi ist nicht allein in ihrem Bemühen um Afrika. Die Durchsetzung von mobilen Bezahlsystemen ist kaum irgendwo so weit fortgeschritten wie auf dem afrikanischen Kontinent. Regierungsorganisationen arbeiten dort Hand in Hand mit sogenannten Nichtregierungsorganisationen (die ihr Geld meist auch überwiegend von Regierungen bekommen), Telekommunikationskonzernen und Banken an der fast völligen Verdrängung des Bargelds. Sie üben dabei für den Ernstfall in den Regionen, auf die es ihnen vor allem ankommt, nämlich den Industrieländern. Die Bill & Melinda Gates Foundation erklärte mobiles Bezahlen in ihrem »Gates Annual Letter« zu einer von drei Top-Prioritäten und beschrieb die Strategie so: »Weil es große Nachfrage bei den Armen nach Bankleistungen gibt und weil die Armen in der Tat eine profitable Kundenbasis darstellen, leisten Unternehmer in Entwicklungsländern beeindruckende Arbeit, von der einiges im Lauf der Zeit seinen Weg auch in die Industrieländer finden wird.«[8]

Auch in den USA begann der unerklärte Krieg gegen das Bargeld in der Peripherie und wird von dort langsam in die Zentren getragen. Im Bundesstaat Louisiana darf man seit einigen Jahren keinerlei gebrauchte Waren mehr bar bezahlen, weder Schmuck noch Autos. Selbst Flohmärkte haben dort ein rechtliches Problem.[9] Die größte Bank des Landes, JP Morgan Chase, hat im Januar 2015 probehalber in Filialen in Ohio, West Virginia und Oregon eine Regelung eingeführt, der zufolge die Kunden dort Bareinzahlungen nur auf Konten tätigen können, für die sie als (Mit-)Eigentümer eingetragen sind oder für die bei JP Morgan Chase eine ausdrückliche Genehmigung vorliegt. Bareinzahlungen auf fremde Konten sind nun nicht mehr ohne Weiteres möglich. Außerdem muss bei jeder Bareinzahlung ein gültiger Ausweis vorgelegt werden. Begründet wird das mit der Abwehr von »Kontenmissbrauch«, der angeblich immer dann vorliegt, wenn Geld ohne angemessene Aufzeichnungen eingezahlt oder bewegt wird.

Man halte inne und lasse das auf sich wirken: Der Versuch, sich der vollumfänglichen Überwachung zu entziehen, gilt bereits als Missbrauch eines Bankkontos. Daraus darf man wohl umgekehrt folgern, dass die Überwachung des Kontoinhabers eine elementare Funktion eines Bankkontos darstellt.

Und man erinnere sich, welche Bank hier den Saubermann spielt, wenn es um kleine Bargeld-Dollarbeträge ihrer Kunden geht: JP Morgan Chase zahlte 2013 im Wege eines Vergleichs mit dem Justizministerium 13 Milliarden Dollar wegen betrügerischer Vergabe und Betrug bei der Eintreibung von Immobilienkrediten – die höchste Strafe aller Zeiten.

Die Sache hat einen weiteren Schönheitsfehler: In den USA ist die Pflicht zur Annahme von Bargeld besonders offenkundig, denn dort steht auf allen Dollarnoten: »This note is legal tender for all debts, public or private«, also zu Deutsch: »Diese Banknote ist gesetzliches Zahlungsmittel zur Begleichung aller Schulden, öffentlicher wie privater.« Dennoch weigern sich Banken wie JP Morgan Chase zunehmend, Kunden ihre Schulden bei der Bank und die darauf geschuldeten Zinsen mit den Scheinen bezahlen zu lassen, auf denen solches steht. Sie müssen sich sehr sicher fühlen, dass sie bei diesem illegalen Tun staatliche Deckung genießen. Dass diese Praxis tatsächlich illegal ist, bestätigt auch Helmut Siekmann. Der Frankfurter Professor für Geld-, Währungs- und Notenbankrecht hält die um sich greifenden Praktiken und Gesetze zur Begrenzung der Bargeldnutzung für klar gesetzwidrig.

Doch es geht noch weiter: Per Brief hat JP Morgan Chase außerdem ihre Schließfachkunden über neue Geschäftsbedingungen ab April 2015 informiert. Es ist diesen seither nicht mehr erlaubt, Bargeld in die Schließfächer der Bank zu legen. Die Bank begründete das auf Anfrage erstaunlicherweise nicht mit dem so vielseitig gegen Bargeld einsetzbaren Geldwäscheargument, sondern damit, dass die Kunden das Geld, anstatt es (körperlich) in ihr Schließfach zu legen, lieber (fiktiv) auf ihrem Konto verwahren sollten. Denn dort sei es sicherer, weil von der Einlagensicherung versichert, und sie könnten es jederzeit per Geldautomat vom Bankkonto abheben, nicht nur während der Geschäftszeiten. Die Griechen, denen ab Ende Juni 2015 nur noch maximal 60 Euro pro Tag von ihrem Geld ausgehändigt wurde, oder die Zyprer, deren Bankguthaben zu einem großen Teil einkassiert wurden, als die Banken in Schwierigkeiten gerieten, könnten über dieses Argument wahrscheinlich nicht einmal lachen.

Deutlicher als JP Morgan Chase, bekanntlich die größte Bank der USA, kann man nicht machen, welches Ziel der Krieg gegen das Bargeld verfolgt: Wir sollen mit unserem Geld zu Geiseln der Banken werden. Wir sollen gezwungen werden, es ihnen unwiderruflich als Kredit anzuvertrauen, ob sie nun kreditwürdig sind oder nicht.

Noch wird der Krieg gegen das Bargeld in den USA meist subtiler und unauffälliger geführt als in Europa. Es gibt kaum entsprechende Gesetze, aber Einschüchterung durch weitreichende und sehr ungenau definierte Eingriffsrechte der Heimatschutzbehörde und anderer Stellen. Wer viel mit Bargeld hantiert, etwa weil er ein Geschäft betreibt, der lebt schon gefährlich. Bargeldtransaktionen von mehr als 10.000 Dollar sind, ähnlich wie bei uns, für die Banken meldepflichtig. Die Regelung zu umgehen, indem man größere Einzahlungen stückelt, ist verboten und strafbewehrt. Ganz schnell ist das Geld konfisziert und das Konto eingefroren, etwa wenn man mehrmals etwas weniger als 10.000 Dollar einzahlt. Und dann muss man erst einmal beweisen, dass man das Geld legal erworben hat, um es wiederzubekommen. Wer Pech hat, ist bis dahin pleite. Ausländisches Bargeld kann man in den USA schon seit Jahren nur noch an ganz wenigen ausgewählten Stellen in Dollar umtauschen.

Am weitesten vorgewagt im Kampf gegen das Bargeld haben sich in Europa die schwedischen Banken. In den meisten Filialen schwedischer Banken kann man kein Bargeld mehr einzahlen und auch keines mehr bekommen. Wer in Filialen, wo das noch geht, Bargeld einzahlen möchte, muss dessen Herkunft nachweisen oder zumindest plausibel machen und muss mit einer Anzeige bei der Polizei rechnen, wenn dem Bankmitarbeiter etwas nicht ganz koscher erscheint. Laut einer Prognose von Niklas Arvidsson vom schwedischen KTH Royal Institute of Technology von Oktober 2015 wird es nur noch wenige Jahre dauern, bis Schweden weitgehend bargeldfrei ist.[10] Die Bedingungen für den Kampf gegen das Bargeld sind in Schweden wohl deshalb so gut, weil dort die Bevölkerung den Grundsatz akzeptiert hat, dass Menschen, die nichts Illegales oder Unanständiges tun, auch keine Privatsphäre und keinen Datenschutz benötigen, und alle anderen diese nicht verdient haben.

In Europa ist Griechenland, das unter direkter Kontrolle der Anti-Bargeld-Troika aus Internationalem Währungsfonds, EU-Kommission und Europäischer Zentralbank steht, gezwungenermaßen Vorreiter in Sachen Illegalisierung des Bargeldes. Die Troika kann es dort einfach erzwingen, denn auf den Willen der Bevölkerung kommt es nicht mehr an. Auch in anderen Teilen der südeuropäischen Peripherie treiben Brüssel und Frankfurt die Bargeldabschaffung mit besonderem Eifer voran.

Wie alles anfing

»War on Cash« – mit dieser griffigen Formel beschrieb Professor Joseph Salerno vom Ludwig von Mises Institute in den USA derartige Bemühungen, das Bargeld zurückzudrängen. Aber ist das alles wirklich Teil eines »Krieges gegen das Bargeld«, wie Salerno behauptet, oder einfach nur eine notwendige Maßnahme, um die Bürger zur Steuerehrlichkeit zu erziehen und die Legalisierung von Einnahmen aus illegalen Geschäften zu erschweren? Ein Blick auf die Akteure und die Abfolge der Schläge gegen das Bargeld kann zur Erhellung beitragen.

Schwarzarbeit und Geldwäsche gibt es seit jeher, und der »Krieg gegen den Terror« hält nun auch schon fast 15 Jahre an. Unbarer Zahlungsverkehr ist zudem keine ganz neue Erfindung. Man hätte also erwarten können, dass entsprechende Maßnahmen gegen das Bargeld schon vor langer Zeit ergriffen wurden. Wenn über die letzten Jahrzehnte hinweg mal hier, mal dort ein Bargeldverbot erlassen worden wäre, so wäre man geneigt, der offiziellen Begründung dieser Maßnahmen – dem Kampf gegen Geldwäsche, Steuerhinterziehung und Terrorfinanzierung – Glauben zu schenken. Allein: Der Krieg gegen das Bargeld ist ziemlich frisch. Er fällt mit der Finanzkrise zusammen.

Noch 2010 war aufseiten der europäischen Regierungen und Notenbanken keinerlei Neigung für einen solchen Kampf erkennbar. Eine Arbeitsgruppe aus Vertretern der Finanzministerien und Notenbanken aller EU-Staaten veröffentlichte damals einen Bericht zur genauen Bedeutung des Begriffs »gesetzliches Zahlungsmittel«.[11] Er sollte dazu dienen, Unterschiede im Rechtsverständnis und der Rechtstradition verschiedener Länder zu identifizieren und zu einem gemeinsamen Verständnis dessen zu kommen, was dieser Begriff beinhaltet. Die EU-Kommission erließ auf Basis des Berichts dieser Arbeitsgruppe eine Empfehlung.[12] Der Bericht und die Empfehlung sind sehr bargeldfreundlich. So sprechen sie sich beispielsweise dagegen aus, neue Regeln zur Rundung von Bargeldbeträgen auf den nächsten durch fünf oder zehn Cent teilbaren Wert einzuführen und Münzen von einem und zwei Cent abzuschaffen, »da dadurch die Entlastung von einer Zahlungsverpflichtung durch Zahlung des exakten geschuldeten Betrags beeinträchtigt wird und dies in einigen Fällen zu einem Aufschlag bei Barzahlungen führen kann«.

In ihrer Empfehlung definiert die Kommission das gesetzliche Zahlungsmittel wie folgt:

- *»Verpflichtende Annahme:* Sofern sich die Parteien nicht auf andere Zahlungsmittel geeinigt haben, ist der Empfänger einer Zahlungsverpflichtung nicht befugt, eine Zahlung mit Euro-Banknoten und -Münzen abzulehnen.
- *Annahme zum vollen Nennwert:* Der monetäre Wert von Euro-Banknoten und -Münzen entspricht dem auf den Banknoten und Münzen angegebenen Wert.
- *Entlastung von Zahlungsverpflichtungen:* Ein Schuldner kann sich selbst von einer Zahlungsverpflichtung entlasten, indem er dem Zahlungsempfänger eine Zahlung mit Euro-Banknoten und -Münzen anbietet.«

Der letzte Satz ist die Grundlage dafür, dass ich der festen Überzeugung bin, dass ich das Recht habe, meinen Rundfunkbeitrag bar zu bezahlen. Hier steht, dass ich mich nach verbindlichem, europäischem Recht meiner Zahlungsverpflichtung entledigen kann, indem ich Bargeld anbiete. Wenn der Gläubiger es nicht annimmt, ist das sein Problem, nicht meins.

In der Empfehlung heißt es auch: »Bei Zahlungen mit Euro-Banknoten und -Münzen sollten keine Aufschläge verrechnet werden.« Man sieht deutlich, dass die Geisteshaltung in den europäischen Finanzministerien und Notenbanken 2010 noch nichts von der latenten Gleichsetzung von Bargeldnutzern mit

Kriminellen und Steuerhinterziehern spüren ließ, wie sie seither betrieben wird.

Allerdings hatte es schon im Jahr 2007 einen ersten Vorstoß gegen das Bargeld gegeben. 2007 war das Jahr, in dem Eingeweihte bereits erkannten, dass der Finanzbranche großes Ungemach drohte. Hypothekenbanken, Geldmarktfonds und erste Investmentbanken wie Bear Stearns gerieten in schweres Fahrwasser. Im Juli desselben Jahres tat Citigroup-Chef Charles Prince den berühmten Ausspruch. »Solange die Musik noch spielt, muss man aufstehen und tanzen. Wir tanzen noch.« Erst wenn die Musik aufhöre zu spielen, werde es kompliziert, fügte er hinzu.

Guillermo de la Dehesa, Senior-Mitglied der Group of Thirty, einer Gruppe, die im Folgenden noch eine wichtige Rolle spielen wird, trat in jenem Jahr als Erster mit der Forderung nach Abschaffung des Bargelds an die Öffentlichkeit. Die Group of Thirty mit Sitz in Washington ist eine sehr einflussreiche Gruppe, in der sich das Führungspersonal der großen internationalen Finanzinstitute mit aktiven und ehemaligen Notenbankern hinter geschlossenen Türen trifft, um sich auszutauschen und Pläne zu schmieden. Der ehemalige spanische Notenbanker war auch stellvertretender Direktor sowohl des Internationalen Währungsfonds als auch der Weltbank und natürlich Berater von Goldman Sachs. Im Oktober 2007 propagierte er in einem großen Gastbeitrag in Spaniens führender Zeitung El País die Vorteile einer Welt ohne Bargeld. Dabei formulierte er nicht gerade zurückhaltend. Er geißelte die Unfähigkeit der Regierungen, sich zur Bargeldabschaffung zu entschließen, obwohl dieser Schritt »eine Welt erschaffen würde, die sicherer und gerechter wäre, in der man nicht so viel öffentliche und private Polizeikräfte bräuchte, in der die Anzahl der Kriege drastisch geringer wäre, ebenso wie die der Terroranschläge und Einbrüche, in der man Drogen nur noch legal kaufen könnte und in der es keine Gewalt gegen Unschuldige gäbe.«[13]

Man höre und staune: Sogar an den Kriegen ist das Bargeld schuld und an aller Gewalt gegen Unschuldige!

Ende 2007 führte Italien die erste mir bekannte Barzahlungsgrenze von 12.500 Euro ein.[14] Regierungschef war Romano Prodi, ein internationaler Berater von Goldman Sachs. Als Finanzminister amtierte Tommaso Padoa-Schioppa, der bis 2005 Mitglied im sechsköpfigen Direktorium der Europäischen Zentralbank gewesen war. Chef der italienischen Zentralbank war damals Mario Draghi, ein früherer hochrangiger Goldman-Sachs-Manager, heute Chef der Europäischen Zentralbank.

Prodi und Padoa-Schioppa wurden bald durch die Regierung Berlusconi abgelöst. Diese hatte kein Interesse am damals noch unerklärten Krieg gegen das Bargeld. Auch die Anti-Bargeld-Krieger scheinen mit dem offenen Ausbruch der Finanzkrise erst einmal das Interesse verloren zu haben. Es war nicht möglich, das Bargeld rechtzeitig vor Ausbruch der Krise zurückzudrängen, und es erschien wohl auch aussichtslos, der Öffentlichkeit mitten in einer Bankenkrise schwersten Ausmaßes die Vorzüge des Bankengeldes gegenüber Bargeld schmackhaft zu machen.

Die Anti-Bargeld-Krieger warteten aber nicht allzu lange. Im Jahr 2010 nahm der frisch gebackene bulgarische Finanzminister Simeon Djankov mit einer seiner ersten Amtshandlungen den Krieg wieder auf: Er führte eine rechtliche Obergrenze für Barzahlungen in seinem Land von 2.500 Euro ein.[15] Vor seinem Amtsantritt war Djankov ein langjähriger und einflussreicher Mitarbeiter der Weltbank in Washington gewesen. Bulgarien war ein idealer Ort, um die unpopuläre Maßnahme einzuführen und auszuprobieren. Kaum jemand nahm davon Notiz.

Der nächste Akt spielt wieder in Italien. Silvio Berlusconi war im November 2011 unter massivem Druck aus Brüssel und seitens der Europäischen Zentralbank zurückgetreten.[16] Ministerpräsident und gleichzeitig Finanzminister eines Technokratenkabinetts von Brüssels Gnaden wurde der ehemalige EU-

Kommissar und Goldman-Sachs-Berater Mario Monti. Eine seiner ersten Amtshandlungen war ein Gesetz, das die Obergrenze für Barzahlungen drastisch auf 1.000 Euro absenkte.[17] Chef der Bank von Italien war auch damals noch Mario Draghi. Seine Aufgabe wäre es gewesen, die Europäische Zentralbank auf diese Maßnahme hinzuweisen, die nach einer Stellungnahme der EZB verlangte. Dies scheint ausgeblieben zu sein. Eine Stellungnahme ist jedenfalls auf der Website der EZB nicht zu finden.

In Portugal erließ im Mai 2012 der langjährige Leiter der wirtschaftswissenschaftlichen Forschungs-Abteilung der Europäischen Zentralbank, Vítor Gaspar, als frisch gebackener Finanzminister des Landes ein Verbot jeglicher Barzahlungen von mehr als 1.000 Euro. Von 2007 bis zu seinem Amtsantritt 2011 war er Generaldirektor im Büro der Wirtschaftsberater des EU-Kommissionspräsidenten gewesen.

Danach ging es Schlag auf Schlag. 2012 folgten noch Bargeldeinschränkungen in Spanien (Grenze 2.500 Euro) und der Slowakei (5.000 Euro), Dänemark (10.000 Kronen), 2013 dann in Litauen (2.900 Euro), Dänemark, Finnland (bei Lohnzahlungen), 2014 in Belgien (3.000 Euro beim Goldkauf) sowie 2015 in Dänemark (Aufhebung des Annahmezwangs), Frankreich (1.000 Euro) und Rumänien (1.100 Euro). Ein Anspruch auf Vollständigkeit wird nicht erhoben.

Zu fast allen dieser Bargeldverbote gab die Europäische Zentralbank, ab 2011 unter Mario Draghis Präsidentschaft, im Entwurfsstadium ihre Stellungnahme ab. Diese enthielt jeweils keine nennenswerten Einwände.

Matteo Renzi, der derzeitige italienische Ministerpräsident, war und ist nicht Berater oder Mitarbeiter von Goldman Sachs und hatte auch keine Funktion bei der EU-Kommission, der Europäischen Zentralbank oder anderen Institutionen des Anti-Bargeld-Netzwerks. Er kündigte im Oktober 2015 an, die Bargeldgrenze von 1.000 Euro auf 3.000 Euro anzuheben.[18]

Zum Jahresanfang 2016 machten sich wie aus dem Nichts heraus plötzlich die Spitzen der deutschen Politik die Kampagne für Bargeldobergrenzen zu eigen. In einer wohlchoreografierten Aktion prognostizierte zuerst der Chef der Deutschen Bank, John Cryan, bei der Tagung des Milliardärsclubs World Economic Forum, in zehn Jahren sei das Bargeld weg. Kurz darauf forderte die SPD-Bundestagsfraktion eine Obergrenze für Barzahlungen, und schon bald danach kam diese Forderung ganz offiziell aus dem Finanzministerium. Umgehend erhielt die EU-Kommission von den Regierungschefs den Auftrag, die Umsetzbarkeit einer europaweiten Obergrenze für Barzahlungen zu überprüfen. Nebenbei wurde eine Diskussion darüber losgetreten, ob man den 500-Euro-Schein abschaffen sollte, und innerhalb weniger Wochen entschied die Europäische Zentralbank, keinen dieser Scheine mehr zu drucken. Die Entscheidung hat eine interessante Vorgeschichte.

Nur ein Dreivierteljahr vorher, am 18. Juni 2015, hatte die Schweizerische Nationalbank (SNB), die Notenbank der Schweiz, zusammen mit dem Hedgefonds Brevan Howard in London eine Konferenz zur Abschaffung des Bargelds ausgerichtet. Die Presse war nicht eingeladen und wurde »aus Platzgründen« auch auf Anfrage nicht zugelassen. Bekannt wurde die Konferenz nur, weil Blogger davon Wind bekamen. Die Europäische Zentralbank war gut mit Rednern und Teilnehmern vertreten. Dem Titel nach ging es um die Überwindung der Nullzinsgrenze, für die das Bargeld verantwortlich gemacht wird, also die Tatsache, dass die Bankzinsen kaum deutlich unter Null Prozent fallen können. Das hatte der ehemalige US-Finanzminister Larry Summers als erster prominenter Ökonom als zentrales Problem der Geldpolitik in einer schweren Krise identifiziert. Hauptredner der Konferenz waren Ken Rogoff und Willem Buiter. Sie betonten aber nicht die Rolle von Bargeld für die Nullzinsgrenze, sondern die Rolle von Bargeld bei der Ermöglichung von Kriminalität und Steuerhinterziehung. Ihr Rezept: die größten Scheine sukzessive zu beseitigen, bis höchsten noch 20-Euro- oder 20-Dollar-Scheine verfügbar sind. Weniger als ein Jahr nach dieser abgeschirmten Konferenz stellte die EZB den Druck des größten Euro-Scheins ein. Dazu trugen Summers und Rogoff, wie wir noch sehen werden, zusätzlich bei.

Wer sind diese Leute?

Larry Summer war Chefökonom der Weltbank, bevor er Finanzminister der Clinton-Regierung wurde. Er hatte sich in seiner Zeit als Finanzminister und zuvor als stellvertretender Finanzminister durch rabiate Durchsetzung von Deregulierungsmaßnahmen, auch gegen politische Widerstände, bei der Finanzbranche sehr beliebt gemacht. Danach strich er über fünf Millionen Dollar für eine Nebentätigkeit beim Finanzinstitut D.E. Shaw ein und verdiente viele weitere Millionen mit Reden bei diversen großen Finanzinstituten, darunter Goldman Sachs. Im Hauptberuf war er Präsident der Harvard-Universität, wo er vorher bereits als Professor gelehrt hatte und auch heute noch lehrt. Er ist Mitglied der Group of Thirty. Auch in anderen Runden, in denen sich die internationalen politischen und Finanzeliten hinter verschlossenen Türen abstimmen, wie etwa der Trilateral Commission und den Bilderberg-Konferenzen, ist er dabei. Alle drei Elite-Gesprächskreise verbindet, dass sie auf eine Initiative David Rockefellers oder der Rockefeller-Stiftung zurückgehen oder von diesen maßgeblich unterstützt wurden.

Summers' Forderung nach Bargeldabschaffung schloss sich publikumswirksam ein weiteres Mitglied der Group of Thirty an, der Harvard-Professor und ehemalige Chefvolkswirt des Internationalen Währungsfonds, Ken Rogoff. Man sieht, die Wall Street schickt gern Ökonomen vor, die der Sache einen seriösen Anstrich geben. Das wirkt überzeugender, als einfach zu sagen: »Uns ist das Bargeld lästig, schafft es ab, damit wir mehr verdienen können.«

Neben Rogoff tat sich noch Willem Buiter mit der offenen Forderung nach Bargeldabschaffung hervor. Der Brite und

Amerikaner, der einige Jahre im geldpolitischen Rat der Bank von England saß, ist heute Chefvolkswirt der US-amerikanischen Großbank Citigroup, die sich um die Bargeldabschaffung in Afrika besonders verdient macht. Abseits dieser Verbindung mit der internationalen Bankenelite fällt er etwas aus dem Rahmen, weil er ansonsten nicht erkennbar Teil des Netzwerks der Anti-Bargeld-Krieger ist.

Etwa zur gleichen Zeit, zu der die Londoner Konferenz gegen das Bargeld stattfand, gewährte Larry Summer dem geschassten britischen Bankmanager Peter Sands, der über keinerlei wissenschaftliche Meriten verfügte, Asyl in der von ihm selbst geleiteten Harvard-Abteilung und beauftragte ihn mit einer Studie, die zeigen sollte, wie böse Bargeld ist. Als dann die EZB im Februar die Abschaffung des 500-Euro-Scheins erstmals zur Diskussion stellte, legte Summers in Zeitungskolumnen mit der Forderung nach Abschaffung weiterer großer Geldscheine nach. Er berief sich auf die Studie von Sands, ohne zu erwähnen, dass diese unter seiner Ägide entstanden war. Es handelte sich um eine oberflächliche Aneinanderreihung von Berichten über Bargeldfunde bei Kriminellen. In einer weiteren Kolumne, in der Summers zusammen mit Sands seine Forderung noch mal verteidigte, fügten die Redaktionen die Offenlegung hinzu, dass Summers bei Fintech-Unternehmen engagiert ist und somit selbst zu den Profiteuren von Bargeldbeschränkungen gehört.

Rogoff kam kurz nach der EZB-Entscheidung mit seinem Buch *The Curse of Cash*, deutsch *Der Fluch des Bargelds*, auf den Markt. Es besteht aus den üblichen Argumenten gegen das Bargeld. In der Einführung lobt er sich selbst, dass er bereits 1998 in einem akademischen Papier die Abschaffung großer Banknoten gefordert habe. Obwohl der Aufsatz in einer obskuren Fachzeitschrift erschienen sei, habe der damalige Finanzminister Robert Rubin davon gehört und die Idee mit seinem Stab diskutiert. Rogoff dazu: »Zu meinem Leidwesen erfuhr ich später, dass sich Rubin nicht etwa auf mein Argument fokussierte, man solle alle großen Banknoten abschaffen (z. B. 50-Dollar und darüber). Vielmehr fokussierte er auf meine Vermutung, dass die geplante neue 500-Euro-Note die Dominanz des 100-Dollar-Scheins der USA in der globalen Untergrundwirtschaft gefährden könnte.« Das ist eine eklatante Falschdarstellung. Es ging in dem Aufsatz »Blessing or Curse? Foreign and Underground Demand for Euro Notes« nicht um die Abschaffung aller großen Noten ab 50 Dollar, sondern ganz dezidiert um die 500-Euro-Note, die im Zuge der Euro-Einführung geplant war. Rogoff kritisierte das als Versuch, dem US-Dollar Marktanteile abzunehmen. Nur ganz kurz und verschämt deutete er an, dass manche der vorgebrachten Argumente vielleicht auch für die 100-Dollar-Note gelten könnten. Rubin hat also den Aufsatz ganz genau so rezipiert, wie er geschrieben war. Die Zeitschrift, in der der Aufsatz erschien, war auch nicht obskur. Hätte Rogoff die Stoßrichtung seines damaligen Aufsatzes und die beträchtliche Elite-Publizität, die er damals bekam, korrekt dargestellt, käme vielleicht der ein oder andere Leser auf den Gedanken, dass Rogoff damals aus dem Umfeld von Rubin, einem früheren Goldman-Sachs-Chef, die Anregung bekommen haben könnte, er möge die einträgliche Vorherrschaft des Dollars als Weltleitwährung argumentativ gegen die Bedrohung durch den Euro verteidigen

Die Gemeinsamkeiten Rogoffs mit Summers erschöpfen sich nicht in der Mitgliedschaft in der Group of Thirty und der Harvard-Professur. Rogoff ist auch wie Summers gelegentlicher Besucher der geheimnisumwitterten Bilderberg-Konferenzen, war wie Summers Mitglied der Trilateral Commission und hat wie dieser in der zweiten Hälfte der 1970er-Jahre am Massachusetts Institute of Technology (MIT) studiert.

Eine dritte zentrale Figur im Krieg gegen das Bargeld ist Mario Draghi, Chef der Europäischen Zentralbank. Auch er lehrte an der Harvard University, ist Mitglied der Group of Thirty und war eifriger Bilderberger, als er noch Präsident der Bank von Italien war. Daneben war er einige Jahre in leitender Position bei Goldman Sachs tätig, ebenso sechs Jahre lang als Exekutiv-direktor der Weltbank, der ebenfalls in Washington angesiedel-ten Schwesterorganisation des IWF. Auch er hat in den 1970er-Jahren am MIT Ökonomie studiert.

Draghi hat sich zwar nicht mit Forderungen nach der Ab-schaffung von Bargeld aus dem Fenster gelehnt. Das wäre auch ein bisschen zu gewagt für den »Hüter des Euro«, dessen Unter-schrift die Euro-Banknote ziert. Aber die Europäische Zentral-bank unter seiner Leitung hat die Flut an Bargeldverboten, die in den letzten Jahren über Europa geschwappt ist, wohlwollend durchgewinkt, obwohl sie sie leicht hätte aufhalten können. Mit windigen juristischen Argumenten erklärte sie in ihren Stellungnahmen Bargeldverbote jeweils für vereinbar mit dem EU-Vertrag. Das ist bemerkenswert, verbieten diese Gesetze doch, die Banknoten zu nutzen, welche die EZB herausgibt und Draghi unterschreibt. Man darf daraus schließen, dass die zu technokratischen Regierungsmitgliedern mutierten ehemali-gen EZB-Manager Gaspar und Padoa-Schioppa durchaus im Sinne der EZB handelten, als sie einige der ersten Bargeldver-bote in Europa einführten.

Die Anti-Bargeld-Connection

Betrachten wir die Pioniere der Bargeldbeschränkung, die Laut-sprecher der Bewegung sowie ihre wichtigsten Unterstützer im Hintergrund einmal aus der Vogelperspektive, so ergeben sich interessante Querverbindungen.

Guillermo de la Dehesa, Larry Summers, Ken Rogoff und Mario Draghi hatten wir schon etwas ausführlicher dargestellt. Bei Ersterem ist noch nachzutragen, dass auch er mehrfacher Besucher der Bilderberg-Konferenzen war.

Tommaso Padoa-Schioppa war bis zu seinem Ableben im Jahr 2010 ein sehr eifriger Bilderberger und langjähriges Mitglied der Group of Thirty. Auch die Zugehörigkeit zu den internationalen Finanzinstitutionen in Washington verband ihn mit der Kerntruppe der Anti-Bargeld-Connection. Von Oktober 2007 bis April 2008 war er Vorsitzender des IMFC, des Lenkungsgremiums des Internationalen Währungsfonds. Mit Mario Draghi saß er zeitweise zusammen im geldpolitischen Rat der Europäischen Zentralbank.

Simeon Djankov, der Weltbank-Mitarbeiter, der Finanzminister Bulgariens wurde, ist mit Larry Summers über dessen Freund, den Harvard-Skandalprofessor Andrei Shleifer, verbunden. Djankov hat gemeinsam mit Shleifer den jährlichen Doing-Business-Bericht der Weltbank entwickelt. Nach seinem durch Bevölkerungsproteste erzwungenen Rücktritt als Finanzminister wurde Djankov Professor an keiner anderen als der Harvard University, wo Summers Professor ist und früher Präsident war und wo auch Rogoff lehrt.

Der ehemalige EU-Kommissar Mario Monti ist als Mitglied des Exekutivkomitees der Bilderberg-Konferenzen einer der eifrigsten Besucher dieser Geheimtreffen der Reichen und Mächtigen. Er war bis zu seinem Amtsantritt Senior-Berater von Goldman Sachs.[19] Mit Summers und Rogoff verbindet ihn zudem die Mitgliedschaft in der Trilateral Commission, wo er ebenfalls dem Executive Committee angehört.

Thomas Jordan, der Chef der Schweizer Notenbank, ist ein eher unauffälliges Eigengewächs der Bank. Nach seinem Amtsantritt 2012 wurde er allerdings umgehend zu einem Treffen der Bilderberger eingeladen. Philipp Hildebrand jedoch, dessen Vize Jordan bis zu Hildebrands Rücktritt Anfang 2012 war, ist fester Teil des Netzwerks von Summers, Rogoff und Draghi. Er war und ist Mitglied der Group of Thirty und eifriger Bilderberger sowie Harvard-Absolvent. Wenige Tage nachdem er vom Magazin »Banker« zum Notenbanker des Jahres gekürt worden war, musste er zurücktreten, weil seine Frau über sein Konto zu einer Zeit Devisen gekauft hatte, als Hildebrand und seine

Kollegen Eingriffe in den Devisenmarkt vorbereiteten. Er arbeitet in London, wo die Anti-Bargeld-Konferenz stattfand, und verantwortet dort für den weltgrößten amerikanischen Vermögensverwalter BlackRock das Geschäft mit institutionellen Kunden in Europa.

Sie erkennen das Muster. Die Anti-Bargeld-Aktivitäten entspringen einem Netzwerk, dessen Zentrum an der Ostküste der USA liegt und zu dessen zentralen Figuren Larry Summers, Ken Rogoff und Mario Draghi gehören, die über eine äußerst enge Seilschaft miteinander verbunden sind. Diese umspannt Harvard, das MIT, die Group of Thirty, Bilderberg, Goldman Sachs, die internationalen Finanzinstitutionen (IWF und Weltbank) und zum Teil die Trilateral Commission. Personell eng eingebunden in dieses Netzwerk sind die EU-Kommission, die Europäische Zentralbank und direkt oder indirekt auch viele europäische Zentralbanken und Finanzministerien.

Es wäre erstrebenswert, das Netzwerk graphisch darzustellen, aber die Verknüpfungen sind so vielfältig, dass das Bild verwirrend wäre. Doch auch eine tabellarische Darstellung der Kerninstitutionen und der Institutionen der zweiten Reihe (in Klammern) ist recht eindrucksvoll. »IFI« steht dabei der Kürze halber für die beiden benachbarten Washingtoner Finanzinstitutionen Weltbank und IWF:

Das Netzwerk der Anti-Bargeld-Krieger	
Larry Summers	G30, MIT, Harvard, Bilderberg, IFI, Goldman Sachs
Mario Draghi	G30, MIT, Harvard, Bilderberg, IFI, Goldman Sachs, (EZB)
Ken Rogoff	G30, MIT, Harvard, Bilderberg, IFI
G. de la Dehesa	G30, Goldman Sachs, Bilderberg, IFI
T. Padoa-Schioppa	G30, Bilderberg, IFI, (EZB)
Mario Monti	Goldman Sachs, Bilderberg, (EU-Kommission)
Romano Prodi	Goldman Sachs, (EU-Kommission)

Simeon Djankov	Harvard, IFI
Vitor Gaspar	(EZB), (EU-Kommission)
Philipp Hildebrand	G30, Harvard, Bilderberg

Die Frage, warum die EU-Kommission als Hüterin der Verträge und die EZB als Währungshüterin nichts dagegen unternehmen, dass die Funktion des Euro als gesetzliches Zahlungsmittel europarechtswidrig ausgehöhlt wird, hat also eine unerfreuliche Antwort: Die beiden Institutionen müssten dafür sinnbildlich sich selbst auf die Finger hauen.

Werfen wir nun einen näheren Blick auf die zentralen Institutionen dieses Netzwerks.

Die Group of Thirty

Der Group of Thirty wurde 1978 auf Initiative der Rockefeller-Stiftung gegründet, die ihr eine Grundausstattung von 500.000 Dollar gewährte.[20] Dem exklusiven Club gehören meist etwas über 30 aktive und ehemalige Topmanager großer internationaler Finanzinstitute und Zentralbanken an, außerdem ehemalige und aktive Regierungsmitglieder und ein paar staatstragende Professoren, wie momentan Paul Krugman und Ken Rogoff. Die Verschränkung zwischen privater Finanzbranche und Zentralbanken ist vielfältig. Dem Club gehören etwa zehn ehemalige Zentralbanker an, die heute ein zumeist sehr hohes Salär als Topmanager eines großen internationalen Finanzhauses verdienen. Zur Gruppe der 30 zählen außerdem viele aktive Zentralbankchefs der weltweit bedeutendsten Zentralbanken. Drei der wichtigsten, nämlich EZB-Chef Mario Draghi, der Chef der Bank von England, Mark Carney, und der Chef der Federal Reserve Bank of New York, William Dudley, der für die Aufsicht über die Wall Street zuständig ist, waren früher hochkarätige Privatbanker – und zwar alle bei der gleichen Firma, Goldman Sachs. Auch die Verschränkung mit dem Internationalen Währungsfonds in Washington ist intensiv. Erster Vorsitzender war Johannes Witteveen, der kurz zuvor noch IWF-Chef gewesen war. Auch der ehemalige IWF-Chef Jacques de Larosière wurde ein wichtiges und langjähriges G30-Mitglied, ebenso wie mindestens vier ehemalige Leiter der IWF-Forschungsabteilung, unter ihnen auch Ken Rogoff.

Das Übergewicht der Wall Street ist groß, selbst wenn man Leute wie Draghi und Carney nicht dazuzählt. Dreizehn Mitglieder der Group of Thirty kommen von US-Institutionen; aus Großbritannien und Japan, den am zweitbesten vertretenen Ländern, je drei. Aus Deutschland sind der Ex-Bundesbankchef und jetzige UBS-Chef Axel Weber sowie der ehemalige Bundesbanker und IWF-Abgesandte Gerd Häusler dabei. Unter den privaten Banken ist Goldman Sachs mit vier sowie Morgan Stanley mit drei aktiven und ehemaligen leitenden Mitarbeitern am stärksten präsent.

Das G30-Mitglied der ersten Stunde Peter Kenen schrieb in seiner Eloge zum 30-jährigen Jubiläum der Gruppe im Jahr 2008:

>»Die Group of Thirty hat mit Sicherheit die Erwartungen derjenigen erfüllt, die sie gegründet und unterstützt haben. Sie hat geholfen, die Art festzulegen, wie über die internationalen Wirtschaftsfragen der letzten drei Jahrzehnte diskutiert und nachgedacht wurde (...) Die Gruppe ist einzigartig in ihrem Auftrag, ihren Mitgliedern und ihren Leistungen, und ihre Unterstützer wurden in hohem Maße belohnt.«[21]

Zur Erinnerung: Es war die Finanzoligarchie der US-Ostküste, die die Group of Thirty bestellt hatte und bezahlte. Wenn also die großen internationalen Finanzinstitute ein Interesse daran haben sollten, Bargeld abzuschaffen, wäre es ein Wunder, wenn die G30, einschließlich der darin vertretenen Zentralbanker, dies nicht unterstützen würden. Und nicht nur das: Die G30 scheinen sogar das Koordinationszentrum und die Keimzelle des Kriegs gegen das Bargeld zu sein.

Harvard-Universität und MIT

Harvard University in Cambridge, Massachusetts, einer Nachbarstadt von Boston, ist die älteste und renommierteste Universität der USA sowie die weltweit reichste und einflussreichste, international bekannt nicht zuletzt für ihre ökonomische Fakultät und die Kennedy School of Government. Der Anteil ausländischer Studenten, insbesondere in den Graduiertenprogrammen, ist sehr hoch. Harvard zählt neben einigen weiteren Eliteuniversitäten zu den Kaderschmieden für internationale Organisationen wie Weltbank und Internationaler Währungsfonds. Und das nicht nur für US-Amerikaner, sondern weltweit. Zu den Aufnahmekriterien für den Internationalen Währungsfonds gehört seit jeher ein abgeschlossenes Doktorandenstudium an einer der US-Elitehochschulen oder an der London School of Economics als einziger außeramerikanischer Universität. Das ist kein Zufall. Washington ist sich des Wertes von Universitäten, die bei der höheren Ökonomenausbildung eine weltweite Führungsrolle einnehmen, sehr bewusst. Schon eine Studie der US-Haushaltsbehörde von 1957 betont die Vorteile, welche die USA daraus ziehe, wenn der ausländische Stab der internationalen Organisationen eine Ausbildung an amerikanischen Universitäten erhalte. Entsprechend viele Stipendien werden vergeben, um ausländische High-Potentials nach Harvard und an die anderen US-Elitehochschulen zu holen.[22]

Das Massachusetts Institute of Technology (MIT), an dem Summers, Rogoff und Draghi zu sich überschneidenden Zeiten Ökonomie studiert haben, wurde 1861 gegründet und ist Harvard unmittelbar benachbart. Das MIT gilt als eine der weltweit führenden Universitäten. Die technisch orientierte Hochschule pflegt enge Kontakte zum US-Militär. Sie ist Gründungsorganisation und Sitz des World Wide Web Consortium, des Standardisierungsgremiums für das World Wide Web.

Welchen Einflüssen die ausländischen (und inländischen) Studenten der US-Eliteuniversitäten abseits der Sozialisation mit angelsächsischem, ökonomischem Gedankengut noch ausgesetzt werden, darüber kann man nur spekulieren. Allerdings liefern die Fakten, die aus der Vergangenheit bekannt sind, durchaus Futter für begründete Spekulation. Die entsprechenden Dokumente aus der Nachkriegszeit sind inzwischen wissenschaftlich aufgearbeitet. Aus ihnen geht hervor, dass das Verteidigungsministerium der USA von der American Economic Association, dem weltweit wichtigsten Ökonomenverband, nach dem Zweiten Weltkrieg eine Revision der Lehrpläne verlangte; eine Forderung, die der Verband nicht ablehnen zu können glaubte. Schon der Vorläufer der Central Intelligence Agency, das Office of Strategic Services, rekrutierte viele der einflussreichsten Professoren, darunter fünf frühere Präsidenten der American Economic Association und einen späteren Nobelpreisträger. Es war normales Prozedere, dass die Dekane der führenden Ökonomie-Fakultäten der Central Intelligence Agency halfen, die besten Doktoranden anzuwerben.[23]

Bilderberg-Konferenzen

Die Bilderberg-Konferenzen, an denen fast alle Anti-Bargeld-Krieger regelmäßig oder mindestens gelegentlich teilgenommen haben, sind informelle, meist dreitägige Treffen von einflussreichen Personen aus Wirtschaft, Militär, Politik, Medien, Hochschulen und Adel. Sie finden seit 60 Jahren meist einmal jährlich statt und sind nach dem ersten Tagungshotel benannt. Organisator war Józef Retinger, ein Generalsekretär der Europäischen Bewegung, die von US-Regierung und CIA sowie dem American Committee for a United Europe finanziert wurde. Ziel war es, Spannungen zwischen den USA und Europa zu beseitigen und das gegenseitige Verständnis zu fördern. David Rockefeller, einer der eifrigsten Teilnehmer der Treffen, half bei der Gründung.

Es gibt keine offiziellen Beschlüsse oder Protokolle, allerdings erhalten alle aktuellen und ehemaligen Teilnehmer vertrauliche Zusammenfassungen des Gesagten ohne Namenszuordnung. Das Steering Committee übermittelt Synthesen an alle Teilnehmer, die gehalten sind, im Laufe des folgenden Jahres die darin beschriebenen Strategien im eigenen Umfeld umzusetzen.[24] Derzeitiger Vorsitzender ist Henri de Castries, Chef des französischen Versicherungskonzerns Axa. Die Teilnehmer werden zwar offenkundig in aller Regel wegen ihres wichtigen Amtes eingeladen, nach außen wird allerdings behauptet, sie nähmen ausschließlich als Privatpersonen und nicht in ihrer offiziellen Position teil. Seit einigen Jahren macht die Konferenz die Teilnehmerliste öffentlich, weil die bis dahin geheime Liste ohnehin immer wieder publik wurde. Das hatte es kritischen Publizisten erlaubt, den Geheimbundcharakter der Organisation zu betonen und zu belegen.

Beim Treffen in Österreich 2015 nahmen folgende Personen aus Deutschland teil: Springer-Chef Mathias Döpfner und die Chefin von Gruner + Jahr, Julia Jäckel, der Aufsichtsratschef der Deutschen Bank, Paul Achleitner, Siemens-Chef Joe Kaeser, Airbus-Chef Thomas Enders, Verteidigungsministerin Ursula von der Leyen und ihre Staatssekretärin Katrin Suder sowie Kurt Lauk von Globe Capital Partners, der auf eine lange Karriere im Who's Who der deutschen Industrie zurückblickt.

Thema war Cybersecurity. Die drei anwesenden Vertreter von Google und verschiedener Firmen, die Überwachungssoftware anbieten, konnten sich dort zwanglos unter anderem mit den Chefs des französischen und dänischen Geheimdienstes und allen interessierten Regierungsvertretern darüber austauschen, was in Sachen Massenüberwachung geht und gehen könnte, ohne Protokoll, ohne Konventionen, in konstruktiver

Atmosphäre. Man darf vermuten, dass Bargeld und sein Ersatz durch Buchgeld und womöglich durch sogenannte Krypto-Währungen wie Bitcoins ein wichtiger Diskussionspunkt waren – und das wohl nicht zum ersten Mal.

Bilderberg-Mitorganisator Rudolf Scholten von der Kontrollbank antwortete im ORF auf öffentliche Kritik mit den Worten, er finde es gut, dass der Staat die beträchtlichen Kosten für die Abschirmung und den Schutz der Reichen und Mächtigen bei dieser Konferenz übernehme – obwohl sie angeblich privat ist und die Amtskonventionen für die Teilnehmer nicht gelten sollen. Er wolle nicht in einem Land leben, wo solche schönen Veranstaltungen nur stattfinden könnten, wenn sich Sponsoren fänden, die voll dafür zahlten, sagte er.

JP Morgan Chase und Goldman Sachs

JP Morgan Chase, die Vorreiterin bei der Verbannung von Bargeld aus Kundensafes von Banken, muss natürlich als neben Goldman Sachs wichtigste Bank der Welt auch in der illustren G30-Gruppe vertreten sein. Diese Aufgabe übernimmt der Chairman von JP Morgan Chase International und Mitglied des Vorstands von JP Morgan Chase, Jacob Frenkel, der auch schon den Vorsitz des Gremiums innehatte. Er kennt Summers bestens. Als Frenkel 2009 noch Vize-Chairman des grandios gescheiterten Versicherungsriesen AIG war, gab es einen Riesenskandal wegen der hohen Boni, die der mit 170 Milliarden Dollar Steuergeld gerettete Konzern seinen Spitzenkräften ausschütten wollte. Summers gehörte als damaliger Vorsitzender des Nationalen Wirtschaftsrats zu den ganz wenigen, die diese Entscheidung öffentlich verteidigten. Er hatte vorher schon gemeinsam mit Finanzminister Tim Geithner dafür gesorgt, dass Boni vom Gehaltsdeckel für Manager geretteter Unternehmen ausgenommen wurden. David Rockefeller, eine zentrale Figur in Trilateral Commission, Group of Thirty und Bilderberg, war eng mit der in JP Morgan Chase aufgegangenen Chase Manhattan Bank verbunden.

Während JP Morgan Chase seine seit vielen Jahrzehnten bestehende große politische Macht im Verborgenen ausübt, ist Goldman Sachs so etwas wie der Blitzableiter für alle, die sich an dem großen Einfluss der Finanzbranche auf die Politik stören. Die Firma schickt ihre Manager in alle einflussreichen politischen Positionen und stellt Leute ein, die einflussreiche politische Positionen hatten (und diese nicht allzu sehr zum Verdruss der Bank ausübten). Der ehemalige Chef von Goldman Sachs, Hank Paulson, durfte in der Finanzkrise in seiner neuen Rolle als Finanzminister Goldman Sachs und die ganze Wall Street mit staatlichem Geld retten (nur nicht den Konkurrenten Lehman Brothers). Zuvor hatte auch schon Goldman-Sachs-Mann Robert Rubin das Amt des Finanzministers bekleidet. Larry Summers war unter ihm Vizeminister. Auch der Chef der Europäischen Zentralbank, Mario Draghi, zählt zum Kreis der ehemaligen Goldman-Sachs-Manager, ebenso wie der Chef der Bank von England, Mark Carney, und der Chef der New York Federal Reserve, William Dudley. Bereits erwähnt wurde der EU-Kommissar und spätere italienische Regierungschef Mario Monti. Der EZB-Vizepräsident und spätere Übergangsregierungschef Griechenlands, Lucas Papademos, war Chef der griechischen Notenbank, als diese zusammen mit der Regierung einen Deal mit Goldman Sachs einging, um einen Teil der griechischen Staatsschuld mit Derivaten zu verstecken und sich so Zutritt zur Währungsunion zu verschaffen. Petros Christodoulous, der auf der technischen Ebene für die Bank von Griechenland diesen unsauberen Deal einfädelte,[25] war von 1987 bis 1989 Trader bei Goldman Sachs in London gewesen, bevor er zu JP Morgan ging und es dort bis zum Managing Director brachte. 1998 ging er zur griechischen Notenbank. 2010 wurde ausgerechnet Christodoulous zum Chef der griechischen Schuldenverwaltung berufen.

Otmar Issing, erster Chefvolkswirt der Europäischen Zentralbank, wechselte nach Ablauf seiner achtjährigen Amtszeit als Berater zu Goldman Sachs und beriet gleichzeitig Bundeskanzlerin Angela Merkel bei der Reform des Finanzsystems. Der ehemalige US-Handelsbeauftragte und Vize-Außenminister Robert Zoellick war zuvor Berater für internationale Angelegenheiten bei Goldman Sachs und kündigte nach seinem Rücktritt beim State Department an, zu Goldman Sachs zurückzukehren. Er ließ sich dann aber doch noch zum Chef der Weltbank berufen, bevor er endgültig wieder zu Goldman Sachs ging. Zoellick ist eifriger Bilderberger. Peter Sutherland, ehemaliger EU-Kommissar und Generalsekretär der Welthandelsorganisation, sitzt heute Goldman Sachs International vor. Im Nebenberuf ist er Berater des Papstes in Sachen Güterverwaltung. Auch Sutherland ist engagierter Bilderberger. Philip D. Murphy arbeitete bis 2006 insgesamt 23 Jahre lang in hochrangigen Positionen für Goldman Sachs, teilweise in Frankfurt. Danach verhalf er Barack Obama durch eifriges Spendengeldsammeln zur Präsidentschaft. Anschließend wurde er US-Botschafter in Deutschland.

Diese Liste stellt nur eine Auswahl dar, ohne jeden Anspruch auf Vollständigkeit.

Die Anti-Bargeld-Allianz und ihre Versuchskaninchen

Zentrale Institutionen in diesem Netzwerk scheinen die Group of Thirty als Koordinierungs- und Planungsstab sowie IWF, EZB und EU-Kommission als durchsetzende Instanzen zu sein. In Griechenland, wo diese drei Institutionen als Troika seit fünf Jahren der Regierung vorschreiben, was sie zu tun hat, ist Bargeld in weiten Teilen des Wirtschaftslebens bereits illegal – in flagranter Verletzung des EU-Vertrags, der Bargeld zum gesetzlichen Zahlungsmittel erklärt. Und die Troika macht weiter.

Für die Zustimmung zu einem neuen Umschuldungspaket im Sommer 2015 musste die griechische Regierung den Gläubigerinstitutionen unter anderem versprechen, weitere »Anreize« für den bargeldlosen Zahlungsverkehr einzuführen. Dies wurde auch mit freundlicher Unterstützung der Troika umgesetzt. Zu den ersten Maßnahmen gehörte ein Verbot der Bargeldannahme für Handwerker und Ärzte. Die Pflicht, Verträge mit Kartenfirmen einzugehen und diesen einen Anteil am Umsatz abzugeben, wurde nach und nach auf fast alle Unternehmen und selbstständige Berufsgruppen erweitert. Bargeld, das man in nennenswerten Mengen zu Hause aufbewahrt, muss man inzwischen den Behörden melden. Damit nicht genug, gibt es seit 2017 die Pflicht, einen bestimmten Anteil seines Einkommens bargeldlos im Einzelhandel umzusetzen und dies mit Kassenzetteln nachzuweisen. Wer das nicht tut, bekommt eine Steuerstrafe aufgebrummt. Die Obergrenze für erlaubte Barzahlungen wurde auf 500 Euro gesenkt.

Noch radikaler ging die indische Regierung mit tatkräftiger Unterstützung von der Stiftung des Microsoft-Gründers Bill Gates und des US-Außenministeriums vor. Am 8. November 2016, am Tag der US-Präsidentschaftswahl, verkündete Regierungschef Narendra Modi völlig überraschend, dass die beiden größten Geldscheine von 500 und 1000 Rupien, umgerechnet rund sieben und 14 Euro, ihre Gültigkeit als Zahlungsmittel mit sofortiger Wirkung verloren. Man konnte das Geld nur noch bei Banken einzahlen. Rund 85 Prozent des umlaufenden Bargelds waren dadurch nicht mehr nutzbar. Auszahlungen mit neuem Bargeld, das die Notenbank erst mit vielen Wochen Verzögerung in ausreichender Menge bereitstellte, waren streng rationiert. Das alles hatte für hunderte Millionen Inder große Härten und zum Teil existenzielle Bedrohungen zur Folge. In einem Land, in dem über 90 Prozent der Transaktionen in der informellen Wirtschaft ablaufen und nur mit Bargeld abgewickelt werden können, gab es plötzlich kaum noch Bargeld. Die

Menschen mussten tagelang vor Banken Schlange stehen, anstatt sich ihren Lebensunterhalt zu verdienen. Viele konnten das ohnehin nicht mehr, weil potentielle Kunden kein Bargeld mehr hatten, um sie zu bezahlen. Die Regierung begründete die drastische Maßnahme mit dem Kampf gegen Schwarzgeld, von dem sie erwartete, dass ein großer Teil wertlos verfallen würde. Tatsächlich stellte die Notenbank im August 2017 fest, dass über 98 Prozent der für ungültig erklärten Geldscheine umgetauscht worden waren. Aber bis dahin hatte Modi schon längst eine neue Begründung parat: Es gehe um die Modernisierung und Digitalisierung des Zahlungsverkehrs, hieß es nun.

Das Ganze wurde mit jeder Menge Rat aus den USA eingefädelt. Es gab ein Partnerschaftsabkommen der vom US-Außenministerium geleiteten Entwicklungshilfeorganisation USAID mit dem indischen Finanzministerium zur Förderung der Digitalisierung des indischen Zahlungsverkehrs. Und Microsoft-Gründer Bill Gates erklärte auf dem »Financial Inclusion Forum« in Washington im Herbst 2015, dass man schon seit Jahren zu diesem Zweck mit der indischen Regierung zusammenarbeite.

Die Motive hinter dem Krieg gegen das Bargeld

Das meistgenannte Argument gegen die Nutzung von Bargeld lautet, dass es Schwarzarbeit, Steuerhinterziehung, illegale Aktivitäten bis hin zum Terrorismus, ja sogar Krieg befördere, wenn man dem schon zitierten Guillermo de la Dehesa glauben mag: Sie alle werden angeblich mit Bargeld finanziert und würden erheblich erschwert, wenn es kein Bargeld mehr gäbe.

Doch die hier genannten Übel sind alle nicht neu. Warum also der plötzliche Eifer zur Abschaffung des Bargelds? Wie heuchlerisch das Argument ist, sieht man am Eifer der britisch-multinationalen Großbank HSBC, ihren Kunden schon Abhebungen mittelgroßer Bargeldbeträge zu verwehren. Nach einem BBC-

Bericht von Januar 2014 durften viele HSBC-Kunden Bargeld in der Größenordnung von 5.000 bis 10.000 Pfund nicht abheben, wenn sie keine oder keine befriedigende Erklärung dafür abgaben, wofür sie so viel Bargeld brauchten. Der Vorstoß ins Herz der Industrieländer kam in dieser ungeschminkten Form wohl etwas zu früh. Nach einem Proteststurm gab HSBC ihre Maßnahme, die angeblich der Bekämpfung der Geldwäsche dienen sollte, auf.

Das Pikante daran: HSBC ist berüchtigt als eine der großen Geldwäsche-Einrichtungen für den internationalen Drogen- und Waffenhandel. Erst auf Druck der Medien ermittelte die Staatsanwaltschaft. Das Verfahren wegen Beihilfe zu Geldwäsche und Steuerhinterziehung in unzähligen Fällen wurde gegen eine Strafzahlung eingestellt, die HSBC nur zu einem schnellen Griff in die Portokasse nötigte. Aus einem Bericht von *Zeit Online* von Juni 2015:

>»Die britische Großbank HSBC hat sich mit den Schweizer Behörden
>in Zehntausenden Fällen von Geldwäsche außergerichtlich geeinigt.
>Die Bank zahlt umgerechnet 38 Mio. Euro, im Gegenzug stellt die
>Genfer Staatsanwaltschaft ihre Ermittlungen wegen Verdachts auf
>Geldwäsche ein. (...) Die Bank soll in der Vergangenheit weltweit
>Zehntausenden Kunden geholfen haben, rund 180 Mrd. Euro vor
>den Steuerbehörden zu verstecken oder Geldwäsche zu betreiben.
>Zu den Kunden gehörten Diktatoren und bekannte Kriminelle.
>Darauf deuteten Enthüllungen durch ein internationales Recherche-
>Netzwerk hin, die als Swissleaks-Affäre bekannt wurden.«[26]

Dabei hatte die Bank im Dezember 2012 bereits 1,4 Milliarden Dollar dafür bezahlt, dass sie in den USA künftig nicht mehr wegen ihrer prominenten Rolle bei der großangelegten Geldwäsche für den lateinamerikanischen Drogenhandel verfolgt würde.[27]

Das also ist die Bank, die sich weigerte – vorgeblich aus eigener Initiative –, Kunden 5.000 Pfund auszuzahlen, weil nicht hinreichend geklärt sei, ob damit vielleicht irgendeine illegale Aktivität begünstigt werde, etwa das Pflastern einer Terrasse ohne Rechnung. Nein, diese Argumentation klingt zwar gut, aber man muss sie nicht allzu ernst nehmen.

»Beseitigung der Nullzins-Untergrenze« lautete übersetzt das Thema der Anti-Bargeld-Konferenz der Schweizerischen Nationalbank im Juni 2015 in London. »Die Existenz von Bargeld ist der Grund, warum es eine effektive Untergrenze für die Notenbankzinsen gibt«, führte Willem Buiter, Chefvolkswirt der Citigroup und ehemaliger Notenbanker, aus und forderte daher die umgehende Abschaffung des Bargelds. Wenn die Wirtschaft so schlecht laufe, dass die Zinsen eigentlich noch stärker negativ sein müssten, um sie wieder zu beleben, dann stehe Bargeld dem entgegen, lautete sein Argument.

Harvard-Ökonom Rogoff sieht das ebenso und betont daneben die Rolle des Bargelds als Schmiermittel illegaler Geschäfte. Untersuchungen hätten ergeben, dass mindestens 50 Prozent des Bargelds der Verheimlichung illegaler Transaktionen diene.

Dass die Schweizer Notenbank die Konferenz mit ausrichtete, ist kein Zufall. Die SNB ist mit einem Zinssatz von minus 0,75 Prozent auf Sichteinlagen eine der Vorreiterinnen bei der Einführung von Negativzinsen. Selbst nach Abzug von Versicherungs- und Tresorkosten ist ein Aufbewahren von Bargeld in der Schweiz bei diesem Strafzins billiger, als Geld auf der Bank zu halten. Wenn die SNB die Zinsen noch tiefer drücken wollte, käme es wohl zu massiven Ausweichbewegungen in Bargeld.

Schon vor der Konferenz wurde berichtet, dass Banken in der Schweiz sich rechtswidrig weigerten, große Bargeldsummen auszuzahlen. Der Direktor des schweizerischen Pensionskassenverbands ASIP, Hanspeter Konrad, protestierte öffentlich dagegen und äußerte den Verdacht, dass die Notenbank dahinterstecke. Tatsächlich bestätigte die Notenbank dem Schweizer

Rundfunk: »Die Nationalbank hat deshalb Banken auch schon empfohlen, mit Bargeldnachfragen restriktiv umzugehen.«

Wenn man Bargeld gleich ganz abschafft, hat man dieses Problem nicht mehr. Wer Geld hat, kann ungeniert per Strafzins zur Kasse gebeten werden, ohne dass er sich wehren kann.

Die großen amerikanischen Kreditkartenunternehmen Visa, MasterCard und American Express, die weltweit das Geschäft dominieren, profitieren natürlich erheblich von der Zurückdrängung des Bargelds. Nicht nur machen sie dadurch mehr Umsatz. Wenn es für die Händler und Verbraucher keine Möglichkeit mehr gibt, auf Bargeld auszuweichen, können sie auch deutlich höhere Preise für ihre Dienstleistung nehmen. Das Gleiche gilt für die Banken, die den unbaren Zahlungsverkehr über andere Formen von Kartenzahlungen und Überweisungen abwickeln.

Wie wir ebenfalls noch genauer sehen werden, verdienen die Banken außerdem daran, dass sie das für den unbaren Zahlungsverkehr benötigte Geld selbst auf eigene Rechnung schaffen können. Am Bargeld verdienen sie dagegen nichts. Es ist nur ein lästiger Konkurrent für das eigene Buchgeld.

Wie schön Bargeldbeschränkungen im Sinne der Finanzbranche wirken, konnte man schon am Titel eines *Handelsblatt*-Berichts aus Athen vom 6. August 2015 ersehen: »Die Griechen entdecken das Plastikgeld«. Nachdem wochenlang die Griechen nur 60 Euro Bargeld pro Tag abheben durften, »entdeckten« sie dem Bericht zufolge bei Wiedereröffnung der Banken notgedrungen das Plastikgeld: »Während die griechischen Banken normalerweise in einem Monat rund 100.000 Karten ausgeben, waren es im Juli dieses Jahres eine Million.« Auch in Indien gab es nach der zeitweisen Fast-Abschaffung des Bargelds euphorische Berichte der Banken darüber, wie viel mehr Einlagen sie bekommen hatten, und auch die Zahlungsdienstleister freuten sich über deutlich bessere Geschäfte und Gewinne in Indien.

Das vermutlich wichtigste Motiv der Anti-Bargeld-Krieger

hatten wir bereits angedeutet: Wenn es kein Bargeld mehr gibt, dann kommt es auch nicht mehr zu Bank Runs, wenn die Banken in Schwierigkeiten geraten. Dann muss auch keine Bank mehr vom Staat gerettet werden. Man kann notfalls einfach die Einleger auf so viel von ihrem Geld verzichten lassen, dass die (meisten) Banken liquide und solvent bleiben.

Zusammengefasst gibt es fünf Motive, von denen vor allem das erste in den Vordergrund geschoben, das zweite in Fachkreisen diskutiert und die letzten drei nie genannt werden:

- Erschwerung illegaler Aktivitäten
- Durchsetzbarkeit (kräftig) negativer Zinsen
- Gewinnsteigerung derer, die den elektronischen Zahlungsverkehr abwickeln
- Erhöhung des Geldschöpfungsgewinns der Banken
- Festhalten der Einlagen im Bankensystem, damit man sie zur Bankensanierung heranziehen kann.

Kurz vor der Anti-Bargeld-Konferenz in London hatte ich Gelegenheit, für das *Handelsblatt* ein Interview mit dem Harvard-Ökomom und Bargeldkritiker Ken Rogoff zu führen. Angesprochen auf die Gefahren einer Bargeldabschaffung, wurde er auffallend konziliant und nannte auch Bedingungen, die vorher erfüllt sein müssten. Zunächst aber zählte er die bekannten Argumente auf, Bargeld werde für illegale Transaktionen genutzt und es hindere die Notenbanken, die Zinsen bei Bedarf auch weit unter null zu drücken. Als ich ihm vorhielt, dass man ohne Bargeld gezwungen wäre, sein Geld den Banken als Kredit zu überlassen und es bei einer Pleite auch verlieren könnte, erkannte er das Problem an und sagte, man müsse vor einer Abschaffung des Bargelds »gleichwertige, insolvenzgeschützte Alternativen« schaffen. Das könne etwa die Möglichkeit für jedermann sein, ein Konto bei der Bundesbank oder bei einer auf Basis-Bankdienstleistungen beschränkten Institution zu führen, die mit einer staatlichen Einlagengarantie ausgestattet ist. Dies müsse dann jedem offenstehen, notfalls subventioniert.

Bemerkenswert war Rogoffs Antwort auf den Einwand, nur mit Bargeld könne man sich der Totalüberwachung entziehen: »Wir sollten realistisch sein: Die Überwachungstechnologie ist schon weit fortgeschritten. Es wäre eine Illusion zu glauben, man könnte sich mit Bargeldnutzung der Überwachung effektiv entziehen. Denken Sie an die allgegenwärtigen Überwachungskameras, Gesichtserkennungssoftware und die Auswertung von Telekommunikationsdaten.«

Die Bundesbank denkt auch überhaupt nicht daran, uns oder den deutschen Unternehmen Zugang zu einem sicheren Zahlungsverkehrskonto bei ihr zu gewähren. Denn das würde es uns ermöglichen, den Geschäftsbanken den Rücken zu kehren und unser Geld bei der Bundesbank sicher aufzubewahren. Dies aber wäre nicht gut für das Geschäft und die Stabilität der privaten Geschäftsbanken. Das musste zum Beispiel der Versicherungskonzern Talanx erfahren, der ein Konto bei der Bundesbank eröffnen wollte und gegen deren Weigerung klagte. »Die Bundesbank führt grundsätzlich keine Konten für Wirtschaftsunternehmen«, beharrte die Notenbank.[28]

Hinter der spektakulären Klage stand tiefes Misstrauen des drittgrößten deutschen Versicherers gegenüber den Geschäftsbanken. »Nur ein Konto bei der Bundesbank ist wirklich insolvenzsicher«, sagte ein Talanx-Sprecher. Die Kundeneinlagen bei privaten Geldhäusern sind normalerweise vom Einlagensicherungsfonds abgedeckt – dieser allerdings sei »völlig unzureichend«. Der Sprecher verwies auf die Probleme der Fonds nach der Pleite der deutschen Lehman-Tochter während der Finanzkrise: »Wenn eine Geschäftsbank insolvent wird, dann ist das Geld zum größten Teil weg.«

Die Bundesbank setzte sich mit ihrer bankenfreundlichen Verweigerungshaltung zulasten der Wirtschaft und der Bürger durch. Die Klage wurde abgewiesen.

Die Mittäterschaft
der »Währungshüter«

Zentralbanker lassen sich gern als Währungshüter bezeichnen. Tatsächlich ist es Aufgabe und Privileg der Europäischen Zentralbank (EZB), Gesetzesvorhaben, die das Geldsystem betreffen, vorab zu kommentieren. Wenn sie zu dem Ergebnis kommt, dass ein Vorhaben in ihrem Aufgabenbereich schädliche Auswirkungen hätte, die möglicherweise den Zielen des EU-Vertrags widersprechen, kann sie das rechtzeitig kundtun. Die EU-Kommission als Hüterin der Verträge würde dann wahrscheinlich ein paar sehr ernste Worte mit der betreffenden Regierung wechseln.

So hat die EZB denn auch zu einer Reihe von Gesetzen, die die Nutzung von Bargeld beschränkten, ihre Stellungnahme abgegeben.[29] Es wäre zu erwarten gewesen, dass sie dabei regelmäßig auf Artikel 128 des EU-Vertrags hinweist, der Euro-Bargeld zum gesetzlichen Zahlungsmittel erklärt. Die unbeschränkte Annahme durch staatliche Stellen sei »konstitutives Merkmal« eines gesetzlichen Zahlungsmittels, betont der Währungsrechtler Helmut Siekmann, Herausgeber eines juristischen Kommentars zur Europäischen Währungsunion. Eine rechtliche Grundlage für Gesetze, die Barzahlung bei bestimmten Geschäften verbietet, sieht er nicht. In einem Kommentar zum Bundesbankgesetz heißt es ebenfalls, ein gesetzliches Zahlungsmittel sei »obligatorisches Geld, das ohne Rücksicht auf die Höhe der zu zahlenden Summe als Erfüllung für Geldverbindlichkeiten zum Nennwert [!] angenommen werden muss.«[30] Dass die EU-Kommission das mindestens bis 2010 ebenso sah, hatten wir oben bereits festgestellt.

Der EU-Vertrag steht klar über nationalen Gesetzen und kann von diesen nicht einfach ausgehebelt werden. Dennoch erhob die EZB jeweils keine grundsätzlichen Einwände, was sie mit einer ebenso langen wie brüchigen Argumentationskette begründet. Artikel 128 des EU-Vertrags erwähnt sie in ihren Stellungnahmen sicherheitshalber gar nicht. Sie beruft sich zur Rechtfertigung des teilweisen Verbots des von ihr selbst in Umlauf gebrachten Geldes auf die Erwägungsgründe einer EU-Ratsverordnung aus dem Jahr 1998 zu deren Artikel 11, in dem es um die Begrenzung der Annahmepflicht für Münzen geht. Konkret behauptet sie zum Beispiel in ihrer Stellungnahme zu einem finnischen Gesetz aus dem Jahr 2013, das die Bargeldnutzung für Lohnzahlungen begrenzt, dieses sei »vereinbar mit dem Gemeinschaftsrecht«,[31]

> »(...) und insbesondere mit Erwägungsgrund 19 der Ratsverordnung (EC) Nr. 974/98 vom 9. Mai 1998 zur Einführung des Euro, in der es heißt, dass ›Begrenzungen des Bezahlens mit Noten und Münzen, die es in den Mitgliedstaaten (bereits) gibt, nicht unvereinbar mit dem Status des gesetzlichen Zahlungsmittels sind, wenn andere gesetzliche Mittel zur Begleichung monetärer Schulden zur Verfügung stehen.‹ Die EZB stellt fest, dass (i) solche anderen gesetzlichen Mittel (...) in Finnland vorhanden sind und (ii) das Ziel des Gesetzentwurfs, Steuervermeidung zu bekämpfen, einen Grund im öffentlichen Interesse darstellt, der die Wirkung der Begrenzungen von Barzahlungen überwiegt.«

Den gleichen Textbaustein nutzte die EZB für eine Reihe weiterer Bargeldverbote und -beschränkungen.[32] Auch ein dänisches Gesetz aus dem Jahr 2012, das Barzahlungen auf 10.000 Kronen begrenzte und den Barzahler zu einem Komplizen erklärt, wenn der Empfänger Steuern hinterzieht, fand bei der EZB Gefallen.[33]

»Erwägungsgründe« sind der eigentlichen Verordnung vorangestellte Überlegungen, die lediglich erklären sollen, warum man die nachfolgenden Bestimmungen so und nicht anders verfasst hat. Erwägungsgrund 19 lautet:

> »Von den Mitgliedstaaten aus Gründen der öffentlichen Ordnung eingeführte Begrenzungen für Zahlungen in Banknoten und Münzen sind mit der den Euro-Banknoten und Euro-Münzen zukommenden Eigenschaft eines gesetzlichen Zahlungsmittels nicht unvereinbar, sofern andere rechtliche Mittel für die Begleichung von Geldschulden bestehen.«

Währungsrechtler Siekmann hält den Verweis auf Erwägungsgrund 19 für fehlerhaft, ebenso wie der Chemnitzer Professor Ludwig Gramlich, Verfasser einer Kommentierung des Bundesbankgesetzes.[34] Hier ist nämlich von »eingeführten« Begrenzungen die Rede, also von solchen, die bereits bestehen. Hier sollte also so etwas wie Bestandsschutz gewährt und nicht neue Beschränkungen gerechtfertigt werden. Die in vielen Ländern vorher schon bestehende Begrenzung der Annahmepflicht für Münzen wird laut Erwägungsgrund 19 zu Recht als unproblematisch angesehen, weil es ja noch das gleichwertige gesetzliche Zahlungsmittel Banknoten gibt, mit dem man stattdessen bezahlen kann. Der unmittelbar vorangehende Artikel 10 zu Banknoten enthält wohlgemerkt keine Beschränkung von deren dort festgestellter Eigenschaft als gesetzliches Zahlungsmittel. Eine solche ließe sich schwerlich mit der Begründung aus Erwägungsgrund 19 rechtfertigen, denn dort wird eine andere »rechtliche« Möglichkeit zum Bezahlen vorausgesetzt. Anders als die EZB behauptet, existiert eine andere »rechtliche« Möglichkeit zum Bezahlen aber nicht, wenn auch noch die Nutzung von Banknoten beschränkt oder gar verboten wird. Denn es gibt kein Gesetz, das Bankguthaben zu gesetzlichen Zahlungsmitteln erklären würde.

Mutloser Löwe Bundesbank

Die Bundesbank gibt sich als Verteidigerin des Bargelds, denn »es ist für jedermann verfügbares Zentralbankgeld«, wie der zuständige Bundesbank-Vorstand Carl-Ludwig Thiele am 28. Januar 2015 auf dem Deutschen Bargeldlogistikkongress sagte. Thiele zählte dort weitere positive Eigenschaften des Bargelds auf: Es hinterlasse keine Datenspuren und schütze die Privatsphäre der Bürgerinnen und Bürger, es könne ohne technische Hilfsmittel zum Bezahlen genutzt werden und diene daher als Ausfalllösung für unbare Zahlungsinstrumente, es garantiere die sofortige und vollständige Vertragserfüllung am Point-of-Sale – Ware gegen Geld –, und schließlich erlaube die Verwendung von Banknoten und Münzen den Menschen einen guten Überblick über ihre Ausgaben.

Den Argumenten der Bargeldgegner entgegnete Thiele: »Ich bin der festen Überzeugung, dass schattenwirtschaftliche oder kriminelle Aktivitäten ohne Bargeld vielleicht schwieriger, aber noch lange nicht unmöglich würden.« Es würden sicherlich Ausweichmöglichkeiten gefunden, und das organisierte Verbrechen käme ohne Bargeld aus. Daraus entwickelte er in einer Rede zur »Zukunft des Bezahlens« am 5. Mai die eigentlich unmissverständliche Position: Restriktionen für die Bargeldhaltung lehne die Bundesbank ebenso ab wie die Forderung nach einer Abschaffung von Banknoten und Münzen. »Staatliche Stellen haben nicht das Recht, den Bürgerinnen und Bürgern vorzuschreiben, wie sie bezahlen sollen.«

Gut gebrüllt, Löwe. Deutlicher geht es nicht. Zehn Tage später, auf meine konkrete Anfrage hin, über die der gesamte Bundesbank-Vorstand einige Tage lang brütete, klang das dann plötzlich ganz anders: Der EZB-Rat habe in seinen Stellungnahmen regelmäßig ausgeführt, die Entwürfe seien mit EU-Recht vereinbar, insbesondere mit besagtem Erwägungsgrund 19 der Verordnung (EG) Nr. 974/98, ließ die Bundesbank wissen.

Die Bundesbank referierte also nur die EZB-Linie und vermied jede eigene Stellungnahme. Ich vermute, der Bundesbank-Vorstand hat sich die Antwort von der EZB formulieren lassen. Bei aller öffentlich zur Schau getragenen Entschlossenheit: Der EZB zu widersprechen, trauen sich Thiele und die anderen Bundesbank-Vorstandsmitglieder dann doch nicht, wenn sie Farbe bekennen müssen. Selbst wenn die EZB einen Feldzug gegen das eigene Geld startet.

Etwas weniger Mut wäre nötig gewesen, um auf meine andere Frage zu antworten: ob es mit dem Bundesbankgesetz vereinbar sei und die Unterstützung der Bundesbank finde, dass Finanzämter, Rundfunkgebühren-Einzieher oder andere hoheitliche Stellen die Annahme von Bargeld verweigern. Darauf antwortete die Bundesbank, gesetzliche Reglungen könnten »eine andere Möglichkeit der Erfüllung einer Geldschuld regeln, wie beispielsweise § 224 Abs. 3 AO, der vorschreibt, dass Zahlungen an Finanzbehörden unbar zu leisten sind«.

Wie war das, Herr Thiele? »Staatliche Stellen haben nicht das Recht, den Bürgerinnen und Bürgern vorzuschreiben, wie sie bezahlen sollen«, hatten Sie nur zehn Tage vorher ganz forsch verkündet.

Nicht einmal auf die Frage, ob es in Deutschland und im Euroraum zulässig und wünschenswert sei, wenn Banken größere Bargeldauszahlungen verweigern, war der Bundesbank mehr als eine ausweichende Antwort zu entlocken. Es ist schon erstaunlich, dass die Bundesbank nicht in der Lage ist, sich kritisch zu äußern, wenn die Banken von sich aus oder auf Geheiß der Notenbank vertragsbrüchig werden und die den Kunden versprochene jederzeitige Auszahlung von Bargeld verweigern.

Wenn also die Europäische Zentralbank beim Abdrängen ihres eigenen Geldes in die Illegalität hinter den Kulissen die Fäden zieht und wenn die Bundesbank nur so tut, als würde sie das Bargeld verteidigen, dann ist eine gehörige Portion Misstrauen angezeigt.

Warum die Notenbanken ihre eigenen Banknoten nicht verteidigen

Anscheinend ist es also nicht damit getan, dass die Europäische Zentralbank unser Bargeld – die Banknoten, die sie selbst herausgibt – nicht verteidigt, sondern sie gehört in diesem Kampf gegen das Bargeld offenbar sogar zu denen, die im Hintergrund die Fäden ziehen. Damit treibt sie uns immer mehr in die Arme der Geschäftsbanken. Denn es ist deren Buchgeld, das wir stattdessen benutzen müssen. Bei der Bundesbank, die sich aber der EZB unterordnet, weiß man, was das bedeutet:

> »Menschen haben gute Gründe, Geld bar aufzubewahren. So ist Bargeld das liquideste Zahlungsmittel; außerdem sind Banknoten Zentralbankgeld. Dies ist insbesondere in Zeiten erhöhter Unsicherheit von Bedeutung, in denen die Bevölkerung physisch greifbares Geld einer Notenbank halten möchte, anstatt Forderungen gegenüber einer Geschäftsbank zu haben. Es ist noch gar nicht so lange her, dass die Menschen in Zypern [die] Erfahrung gemacht haben, (...) dass ich nicht weiß, ob ich am nächsten Tag noch Bargeld von meiner Bank abheben kann, ob ich aus dem Buchgeld in Bargeld komme.«

So hatte Bundesbank-Vorstand Carl-Ludwig Thiele noch am 28. Januar 2015 auf dem Deutschen Bargeldlogistikkongress das vorgebliche Eintreten der Bundesbank für das Bargeld begründet.

Warum also verteidigen die Notenbanken das Bargeld nicht, sondern beteiligen sich sogar am Kampf gegen das eigene Geld? Da gibt es natürlich immer das plausible Argument der Bekämpfung von Schwarzgeld, Steuerhinterziehung und Geldwäsche. Dafür haben sich die Notenbanken in der Vergangenheit allerdings nie sonderlich interessiert, obwohl das uralte Phänomene sind.

Bei der Motivsuche hatten wir festgestellt, dass die Notenbanken das Bargeld unter anderem deshalb loswerden wollen, weil es ihnen im Weg ist, seit sie die Zinsen auf null und teilweise darunter gesetzt haben, um der Finanzbranche zu helfen und nebenher die Wirtschaft anzukurbeln – mit mäßigem Erfolg. Weiter als knapp unter null können die Notenbanken die Zinsen aber nicht senken, weil sonst die Einleger, auch Großeinleger wie zum Beispiel Investmentfonds, ihr Geld von der Bank holen und als Bargeld in einen Safe legen. Wenn Negativzinsen wirklich eine sinnvolle Maßnahme zur Belebung der Wirtschaft wären und nicht vor allem ein Instrument, um die Vermögenswerte aufzupumpen, wie wir bald noch genauer sehen werden, dann wäre man ja geneigt, diese Erklärung zu akzeptieren und gute Absichten zu unterstellen.

So aber liegt eine andere Interpretation nahe: Notenbanker – obwohl sie formal ein (unabhängiger) Teil der Regierung sind – verstehen sich seit jeher als Teil der Bankbranche und als Bewahrer von deren Interessen. Die ersten Notenbanken, die Ende des 17. Jahrhunderts in England und Schweden gegründet wurden, waren private Geschäftsbanken. Die Bank von England blieb es bis weit ins 20. Jahrhundert hinein. So schreiben die hochvermögenden Bankmanager der Group of Thirty, die früher meist selbst Zentralbanker waren:

> »Die frühen Zentralbanken wurden in der Regel gegründet, um in Kriegszeiten die Regierungen zu finanzieren. Dafür erhielten sie bestimmte Vorteile, die es ihnen anfangs ermöglichten, die größten

kommerziellen Banken zu werden, die Manager der Staatsschuld und die größten Emittenten von Banknoten. Als große private Banken wuchs ihnen auch eine zentrale Rolle bei der Abwicklung des Handels zwischen Banken und bei der Erbringung einer Reihe von Dienstleistungen für ihre Korrespondenzbanken zu.«[35]

Was mit diesen gewissen »Vorteilen« gemeint ist, wird hier wohl absichtsvoll ein wenig im Dunkeln gelassen. Ich vermute, weil es für Banker nicht opportun ist, offen zuzugeben, dass ihr Privileg, Geld zu drucken, von Anfang an ein staatlich gewährtes Privileg war. Der angesprochene Vorteil bestand nämlich darin, dass der Staat die Banknoten dieser privaten Zentralbanken zu allgemeinen Zahlungsmitteln machte.

Banken und Staaten standen zueinander immer in einer symbiotischen Beziehung gegenseitiger Abhängigkeit, und die – ursprünglich privaten – Notenbanken formten schon immer ein wichtiges und mächtiges Bindeglied zwischen beiden Seiten. Es war selten so, dass die Regierungen die Banken dem eigenen Machtanspruch unterwerfen konnten. Die Macht der Banken war zu groß, und die Chefs der Zentralbanken waren die mächtigsten Banker.

Die historische Rolle der Notenbanken

Nur wer die Geschichte der Zentralbanken nicht kennt, wundert sich, dass ihr Führungspersonal die Interessen der privaten Bankbranche vertritt und nicht die der Bürger. Die Gründung der US-Notenbank Federal Reserve (eigentlich ein Notenbanksystem) wurde an Weihnachten 1913 auf Initiative der großen internationalen Banken in einer Nacht-und-Nebel-Aktion durch ein widerstrebendes und größtenteils abwesendes Parlament gebracht. Den Plan dafür hatten Vertreter der wichtigsten internationalen Banken geschmiedet. Der Einfluss des Staates wurde absichtlich klein gehalten. Der Staat sollte im Wesentlichen die tiefen Taschen beisteuern, um in Not geratene Banken zu retten. Bis heute gehört die Federal Reserve Bank of New York, die die Wall-Street-Banken beaufsichtigen soll, ebendiesen Wall-Street-Banken. Dasselbe gilt für die anderen elf regionalen Notenbanken des Systems. Nur die Zentrale in Washington ist eine öffentliche Einrichtung.

Lange taten auch die regionalen Federal Reserves so, als wären sie so etwas wie öffentliche Einrichtungen. Das Gegenteil wurde erst dann weithin bekannt, als der Aufsichtsratschef der Federal Reserve Bank of New York, Stephen Friedman, 2009 zurücktreten musste. Friedman war nebenher Aufsichtsrat der Investmentbank Goldman Sachs gewesen und hatte während der Bankenrettung 2008 durch die New York Fed, von der Goldman Sachs massiv profitierte, privat Goldman-Aktien gekauft. Wie dieser Insider-Fall offenbarte, gibt es keine Sicherungsmechanismen dagegen, dass die Banker, welche die Fed eigentlich überwachen soll, ihren Einfluss auf die Notenbank zum eigenen Vorteil und dem ihrer Branche und zum Schaden der Allgemeinheit nutzen. Ganz offiziell aufgegeben wurde die Vortäuschung, dass die Fed eine öffentliche Institution sei, als die Öffentlichkeit von der New York Fed wissen wollte, wie sie die Notkredite für die Banken und Broker-Häuser in Höhe von 1,7 Billionen Dollar einsetzte und wohin die Milliarden an öffentlichen Mitteln für die Wall Street genau geflossen waren. Da besann sich die Fed öffentlich darauf, dass sie eine private Organisation sei und daher nicht an das Informationsfreiheitsgesetz gebunden.

Da muss man sich über die Laxheit der Aufsicht vielleicht nicht wundern. Oder hätte man wirklich erwarten sollen, dass der Chef der New York Fed dem Chef von Lehman Brothers auf die Finger haut, wenn der im eigenen Aufsichtsrat sitzt?

Nicht nur die Federal Reserve entstand als private Einrichtung für die kommerziellen Banken. Die ältesten Notenbanken der Welt, die Schwedische Reichsbank und die Bank von England, wurden beide gegen Ende des 17. Jahrhunderts als private Bankkonsortien gegründet. In seinem Buch *The Mystery of Banking* beschreibt der verstorbene liberale Ökonomieprofessor Murray Rothbard plastisch die enge Symbiose von Banken, Zentralbanken und Staat unter Vorherrschaft der Banker, aus der sich unser heutiges Geldsystem entwickelte.[36]

Die britische Krone war im Jahr 1694 nach einer Serie von Bürgerkriegen praktisch pleite. Der schottische Unternehmer William Patterson schlug einen Handel vor, der König William und Königin Mary einen großen Kredit bescheren und Patterson und seine Partner reich machen würde. Dem Konsortium wurde das Recht gewährt, die Bank von England zu gründen und Geld zu schöpfen. Das Geld, das in Form von Banknoten, also Schuldscheinen der Bank von England, geschaffen wurde, gab die Bank gegen hohe Zinsen unmittelbar als Kredit an die Krone weiter, die damit ihre Rechnungen bezahlte. Damit das möglich war, wurden diese Schuldscheine zu Zahlungsmitteln erklärt, mit denen man seine Steuern und jede sonstige Zahlungsverpflichtung an den Staat zum Nennwert begleichen konnte. Das private Konsortium war klug genug, den König und Parlamentarier einzuladen, sich als Aktionäre zu beteiligen. Das sicherte ihnen politische Unterstützung und verhinderte vielleicht auch, dass jemand auf die Idee kam, der Staat könne das einträgliche Geschäft der Schaffung von Geld aus dem Nichts selbst in die Hand nehmen, statt das Privileg einer privaten Bank zu überlassen und dieser dann hohe Zinsen zu zahlen. Die Bank von England wurde erst im 20. Jahrhundert, zweieinhalb Jahrhunderte nach ihrer Gründung, verstaatlicht. Bis dahin war sie eine gewinnorientierte private Bank.

Auch in den USA bestand von Anfang an diese einträgliche Symbiose von Bankern, Notenbankern und Staatslenkern, wobei dort oft die Banker nicht nur die Rolle der Notenbanker übernahmen, sondern gleich auch die Rolle der Staatslenker, jedenfalls was die Finanzen angeht. Die Währungsgeschichte der

USA kann die Interessengegensätze in Zusammenhang mit der Geldordnung sehr gut veranschaulichen, weil die USA so jung sind. Während in Europa die entsprechenden Machtkämpfe schon in grauer Vorzeit ausgefochten und gelöst wurden, sodass sie heute kaum noch sichtbar sind, war das in den USA anders.

Die Bank von Nordamerika, die erste Vorläuferin der heutigen Notenbank Federal Reserve, wurde von Robert Morris 1781 auf ähnliche Weise gegründet wie die Bank von England. Allerdings wurde dabei nicht einmal der Anschein einer Unabhängigkeit von privatem Gewinninteresse und öffentlichem Amt gewahrt. Morris gründete und besaß die Bank, während er zur selben Zeit das Amt des Finanzkommissars innehatte. Er dominierte gleichzeitig das Finanzwesen, die Wirtschaft und die Politik der frühen Vereinigten Staaten. Als seine Bank einsatzfähig war, trat er im Namen der Regierung als eigener Kreditkunde auf, zum eigenen Vorteil als Eigentümer der Bank. Er gewährte außerdem seiner Bank das Monopol auf die Ausgabe von Papiergeld und das Privileg, dass diese Banknoten für Zölle und Steuern zu ihrem nominalen Goldwert akzeptiert wurden.

Im Hintergrund tobte zwischen den Vertretern der Bauern und Handwerker und den einflussreichen Händlern und Bankern an der Ostküste, wie Morris, ein heftiger Streit darüber, wer das dringend benötigte Geld bereitstellen sollte. Geld war sehr knapp und die Preise fielen, weil der junge Staatenbund durch seinen Importüberschuss laufend Gold und Silber verlor, das als Geld fungierte. Die Händler, denen die wenigen existierenden Handelsbanken gehörten, hatten ein Interesse an knappem Geld. Es sollte nur so weit vermehrt werden, dass nicht zu viele Insolvenzen zu Kreditausfällen führten. Herausgegeben werden sollte das Geld von den Handelsbanken – und zu deren Profit. Ein beträchtlicher Teil der Bevölkerung saß wegen nicht bezahlter Steuern hinter Gittern. Die Vertreter der Bauern und Handwerker, die hohe Steuerschulden hatten, die sie aufgrund der immer weiter fallenden Preise nicht erwirtschaften konnten, forderten eine stärkere Papiergeldausweitung und verlangten, dass der Staat das Geld zum Vorteil der Steuerzahler emittierte. Es sollte von Grundstücken im Staatseigentum gedeckt sein.

In mehreren Bundesstaaten kam es zu bewaffneten Scharmützeln. Steuereintreiber wurden überfallen und Parlamente besetzt, um die Ausgabe von staatlichem Papiergeld zu erzwingen. Wo das geschah, boykottierte Morris' Erste Bank dieses Papiergeld. Den Höhepunkt und Endpunkt bildete 1786 die gescheiterte Shays-Rebellion, benannt nach dem Offizier Captain Daniel Shays, der sich mit einer Truppe von 800 Farmern einen Kampf mit einer Miliz der Händler und Handelsbanken lieferte.[37] Nachdem die Rebellion der kleinen Leute und des Mittelstandes niedergekämpft war, wurde das Bankensystem im Sinne der reichen Händler und Bankiers gestaltet.

Morris wurde zwar 1785 nicht ganz zu Unrecht beschuldigt, seine politische Macht zu missbrauchen, und das Parlament in Philadelphia annullierte die Lizenz seiner Notenbank. Das ihm dennoch 1789 angetragene Amt des ersten Finanzministers der Vereinigten Staaten lehnte Morris ab und schlug stattdessen seinen Bankiersfreund Alexander Hamilton vor. Hamilton brachte sehr schnell die Genehmigung der Ersten Bank der Vereinigten Staaten durch den Kongress, einer Bank mit speziellen Geldschöpfungsrechten. Dabei widersetzte sich Hamilton entschieden der Idee, dass die Regierung selbst Geld emittieren und diese Bank leiten sollte. Vielmehr sollte dies auf privatwirtschaftlicher Basis, aber mit starker Rückendeckung durch die Regierung geschehen. Und so wurde Morris' Erster Bank der Vereinigten Staaten die Geldschöpfung überlassen, indem ihre Banknoten de facto gesetzliches Zahlungsmittel wurden.[38]

Die Privilegien der Bankiers bildeten jahrzehntelang eine Quelle politischer Kontroversen. Als die Lizenz der Ersten Bank 1811 auslief, scheiterte ein Gesetz zur Verlängerung der Lizenz im Parlament. Doch fünf Jahre später kam eine Finanzkrise zu Hilfe. Die privaten Banken waren in eine Klemme geraten, weil sie zu viele Banknoten emittiert hatten, die angeblich mit Gold und Silber gedeckt waren. Weil die Banken nicht genug Edelmetall besaßen, um ihre Noten wie versprochen zum Nennwert in Gold oder Silber einzutauschen, ließ der Bankier Alexander Dallas als Finanzminister den Kongress über die Gründung der Zweiten Bank der Vereinigten Staaten abstimmen. Diese privilegierte, private Bank half den Geschäftsbanken, indem sie neue Banknoten emittierte, welche die Regierung per Gesetz als gleichberechtigt mit Gold und Silber erklärte. Mit diesen konnten die Geschäftsbanken dann ihre alten Banknoten ablösen.

Präsident Andrew Jackson war kritisch gegenüber dieser Privatbank mit ihren staatlichen Geldschöpfungs-Privilegien eingestellt, weil er bezweifelte, dass Papiergeld der Verfassung entsprach, und weil er darauf bestand, dass es laut Verfassung mindestens Sache der Regierung und des Kongresses sei, die lukrative und wichtige Aufgabe der Geldbereitstellung und der Regulierung des Geldwertes zu übernehmen. Er wollte die staatlichen Mittel von der Zweiten Bank abziehen. Dafür musste Jackson einen jahrelangen Kampf mit dem mächtigen Präsidenten der Zweiten Bank, Nicholas Biddle, ausfechten. Bevor seinem Befehl entsprochen wurde, musste er zwei widerspenstige Finanzminister entlassen beziehungsweise versetzen. Als der dritte tat, wie ihm geheißen, setzte Biddle zur Vergeltung die Zinsen hoch und verursachte damit eine Rezession. Jackson und der Kongress ließen sich jedoch nicht umstimmen, und 1836 lief die Lizenz der Bank planmäßig aus. Es folgten über sieben Jahrzehnte, in denen die USA keine Zentralbank hatten.

Als Reaktion auf eine Reihe von Bankenkrisen und auf Initiative der großen Banken wurde 1913 das Federal Reserve System geschaffen. Bei einem geheimen Treffen auf Jekyll Island in Georgia wurden im Dezember 1910 die wesentlichen Merkmale des neuen Notenbanksystems vereinbart. Das Treffen wurde dominiert von Bankiers, die die Interessen von Rockefeller, J.P. Morgan und Kuhn, Loeb & Company vertraten, den mächtigsten Finanziers und Institutionen jener Zeit. Die Grundidee war, den Geldschöpfungsprozess geordneter ablaufen zu lassen und eine Institution mit tiefen Taschen ins Leben zu rufen, die den Banken aus der Bredouille helfen konnte, wenn die Öffentlichkeit das Vertrauen in das Bankengeld verlieren sollte. Die Regierung war aber nur als Zahlmeister erwünscht und sollte möglichst geringe Entscheidungsmacht haben. Das ist der Grund, warum die Direktoriumsmitglieder der Zentrale des Federal Reserve Systems in Washington mit zwölf Jahren sehr lange und versetzte Mandate haben. Auf diese Weise kann ein US-Präsident pro Amtszeit höchstens zwei der Direktoriumsmitglieder ersetzen. Wenn ein ernster Konflikt zwischen den Bankeninteressen und der Regierung auftreten sollte, wie damals zwischen Jackson und Biddle, dann hätte die Bankengemeinde jahrelang Zeit, ihre Abwehrfront zu errichten und ihren politischen Einfluss spielen zu lassen, bevor der Präsident im Führungsgremium der Fed-Zentrale eine Mehrheit von Unterstützern versammelt hätte.

Bank der Banken

Emmanuel Farhi von der Harvard University und Nobelpreisträger Jean Tirole von der Universität Toulouse gehören zu den ganz wenigen Ökonomen, die beim Stichwort »Unabhängigkeit von Zentralbanken« nicht nur an Unabhängigkeit von der Regierung denken. Sie schelten ihre Zunft dafür, dass sie zwar viele Bände mit Forschungen und Meinungen über die Unabhängigkeit der Zentralbanken vom Staat gefüllt, die Frage der (fehlenden) Unabhängigkeit von der Finanzbranche aber völlig ignoriert hätten.[39] Dabei war schon bei Gründung der Federal Reserve in den USA auf Betreiben der Banken klar, dass die eingebaute Unabhängigkeit von der Regierung zu nichts anderem diente als dazu, den Banken die alleinige Kontrolle zu sichern. Die Sicherung der Preisstabilität, welche die Ökonomen ab den 1980er-Jahren als Begründung für die angebliche Notwendigkeit, die Zentralbanken von der Regierung unabhängig zu machen, heranzogen, war bei Gründung der Federal Reserve noch gar kein Thema. Viele Ökonomen haben sich beim Propagieren der Unabhängigkeit der Notenbanken zu nützlichen Idioten der Finanzbranche gemacht, deren Interessen die Notenbanken auf diese Weise viel ungenierter vertreten konnten. Einige werden es auch ganz bewusst getan haben.

Denkt man an den Investmentbanker Nicholas Brady, der 1989 als Finanzminister der USA die Banker mit ihren faulen Lateinamerika-Krediten herauspauken durfte, oder an den Goldman-Banker Robert Rubin, der als Finanzminister dafür sorgte, dass das Glass-Steagall-Gesetz zur Trennung von Kredit- und Investmentbanking aufgehoben wurde – eine Maßnahme, die mitverantwortlich für die Subprime-Krise von 2008/2009 war, in der Hank Paulson von Goldman Sachs als Finanzminister wieder die Banken retten durfte –, dann sieht man, dass sich bis heute an der Dominanz der Banker über die Regierungen in Sachen Geldsystem nichts geändert hat.

Eine ganze Reihe von Zentralbanken, nicht nur die regionalen Federal Reserve Banks der USA, gehören bis heute der privaten Finanzbranche. Das gilt auch für die Bank von Italien, deren Aktien von Banken und Versicherern gehalten werden. Das hat sich im Zuge der Finanzkrise als praktisch herausgestellt. Per Dekret Nr. 133 vom 30 November 2013 bewertete die Regierung das Aktienkapital der Notenbank neu. Es stieg mit einem Schlag von 156.000 Euro auf 7,5 Milliarden Euro. Parallel dazu wurde die Höhe der zulässigen Beteiligung für einzelne Aktionäre begrenzt: Die Notenbank wurde ermächtigt, die Aktienanteile, die über das Limit für individuelle Aktionäre hinausgingen, zum neu festgelegten Wert aufzukaufen und stillzulegen. Da sich einige Banken deshalb von Anteilen trennen mussten, machten sie automatisch Kasse. Das half vor allem den größten Anteilseignern der Bank von Italien, der Intesa Sanpaolo und Unicredit, ihr Eigenkapital ohne Anstrengung um einige Milliarden aufzubessern.

Die Europäische Zentralbank gab eine Stellungnahme zu dem Dekret ab und erhob keine grundsätzlichen Einwände, obwohl sie ausdrücklich feststellte, dass auf diese Weise Kapital der Bank von Italien an private Aktionäre ausgeschüttet wurde. Aber da das Geld ja nicht an eine Regierung floss, sondern an private, gewinnorientierte Finanzinstitute, war es keine schädliche monetäre Staatsfinanzierung, sondern harmlose monetäre Finanzierung privater Banken – zumal das Ganze ja, wie die EZB feststellt, eine Idee der Bank von Italien war und somit nicht wirklich schlecht sein konnte.[40]

Bis zum Ausbruch der Finanzkrise wurde immer so getan, als wären solche Besitzverhältnisse eine irrelevante Formalie, eine rein historisch bedingte Kuriosität, und als wären diese Notenbanken öffentliche Einrichtungen wie alle anderen auch. Doch nach diesem Vorgehen in Italien dürfte klar sein, wem die großen italienischen Goldvorräte gehören, die von der Bank von Italien gehalten werden: nicht dem italienischen Volk, sondern den italienischen Finanzinstituten, denen die Notenbank gehört. Aber wem gehören denn jetzt die US-Goldvorräte, die in Fort Knox lagern, teilweise auch bei der Federal Reserve of New York, einer privaten Einrichtung der Banken? Sie stehen sowohl bei der New York Fed als auch beim Finanzminister in der Bilanz. In der Notenbanksprache nennt man das konstruktive Zweideutigkeit. Denn solange Volk und Parlamentarier nicht Bescheid wissen, ändern sie auch nichts.

Bis heute erfüllen die Notenbanken vor allem Funktionen, die im Interesse der Banken sind. Sie sind die Bank der Banken und regeln die Angelegenheiten der Banken. Nur weil die Banken es geschafft haben, dass ihr Wohl und Wehe untrennbar mit dem der Wirtschaft verbunden ist, befördern die Notenbanken mit dem Wohl der Geschäftsbanken auch das der Öffentlichkeit. Doch während der Finanzkrise konnte man deutlich sehen, dass – wenn das Bankeninteresse und das Interesse der Allgemeinheit deutlich auseinanderfielen – die Notenbanker sich immer auf die Seite der Banker geschlagen haben. Harte Auflagen, wie sie Staaten mittlerweile erhalten, gab es für Banken vonseiten der Zentralbank nicht, wenn sie von ihren Notenbanken mit geschenktem Geld gerettet wurden – weder für ihre Kreditvergabepraxis noch für die Dividendenpolitik. Ebenso wenig gab es Obergrenzen für die Boni, die sie mit dem Rettungsgeld ihren Spitzenmanagern bezahlten. Gleichzeitig durften die Banken in den USA ebenso wie in Irland und Spanien millionenfach Hausbesitzer aus ihren Häusern vertreiben, die – aufgrund der von den Bankern verschuldeten Krise – mit dem Schuldendienst in Rückstand geraten waren. Wo Regierungen in Europa diese Praxis einschränken wollten, wurden sie von einer Troika unter Mittäterschaft der EZB daran gehindert.

Die Kofferträger der Fünften Gewalt

Auch in ihrer Geisteshaltung bleiben die Notenbanker fest in der Welt der Banker verankert. Das erkennt man unter anderem an der Einigkeit der Notenbanker mit den privaten Bankmanagern hinsichtlich der Auffassung, dass die Finanzmärkte die oberste Kontrollinstanz über das Handeln der Regierungen bilden sollten. Dieses durchzusetzen ist aus ihrer Sicht eine wichtige Funktion der Europäischen Union, wenn nicht die wichtigste. Es lohnt sich, in diesem Zusammenhang Rolf Breuers Aufsatz über »Die fünfte Gewalt« aus dem Jahr 2000 zu lesen.[41] Denn was der ehemalige Chef der Deutschen Bank da über die anzustrebende Vorherrschaft der Finanzmärkte ausbreitet, ist genau das, was ehemalige und heutige Notenbanker auch vertreten, etwa der ehemalige EZB-Chefvolkswirt und heutige Goldman-

Sachs-Lobbyist Otmar Issing, der ehemalige EZB-Chef Jean-Claude Trichet oder Bundesbankpräsident Jens Weidmann. Wenn im Folgenden von »Finanzmärkten« die Rede ist, sollte man sich das übersetzen mit »Banken, Hedgefonds und sonstige große Fondsgesellschaften« oder kurz »private Finanzbranche«. Denn die Richtung der Märkte wird von diesen Institutionen bestimmt, insbesondere von den größten unter ihnen. Sie halten oder kontrollieren die große Mehrheit aller Aktien und Anleihen. Breuer gab zu bedenken:

> »Politik muss heute mehr denn je auch mit Blick auf die Finanzmärkte formuliert werden. Wenn man so will, haben die Finanzmärkte quasi als ›fünfte Gewalt‹ neben den Medien eine wichtige Wächterrolle übernommen. Ist die Politik im Schlepptau der Finanzmärkte? Diese Sicht unterstellt einen Interessengegensatz zwischen den Zielen der Finanzmarktteilnehmer und den Zielen der Politik. Doch ist nicht beiden Bereichen der Wunsch nach stabilem Wachstum und der Mehrung von Wohlstand gemein? (...) Wenn die Politik im 21. Jahrhundert in diesem Sinn im Schlepptau der Finanzmärkte stünde, wäre dies vielleicht so schlecht nicht. Anleger müssen sich nicht mehr nach den Anlagemöglichkeiten richten, die ihnen ihre Regierung einräumt, vielmehr müssen sich die Regierungen nach den Wünschen der Anleger richten.«

Sehr ähnlich klang es auch bei Otmar Issing in einem Interview aus dem Jahr 2014:

> »Es bedarf eines von der Politik unabhängigen Wächters. Die Finanzmärkte müssen daher eine wichtige Rolle spielen. (...) Es müssen also dringend die Voraussetzungen geschaffen werden, dass die Märkte ihre Wächterfunktion besser erfüllen können. Die europäische Überwachung der nationalen Politik muss verschärft werden. Und ich kann es nur wiederholen: Die Finanzmärkte sind als unpolitischer Kontrolleur unentbehrlich.«[42]

In den Worten von Bundesbank-Chef Jens Weidmann, gesprochen 2013 vor dem Bundesverfassungsgericht: »Es ist unter den Notenbanken des Eurosystems Konsens, dass die Marktzinsen für Staatsanleihen eine zentrale disziplinierende Wirkung haben müssen.«[43]

Die Notenbanker wollen also, dass ihre Schützlinge, die Finanzinstitute, über die Regierungen wachen. Breuer erklärt, wofür das gut ist und wohin das führt. Er trägt der Politik auf, dafür zu sorgen, dass »das Verhältnis zwischen staatlichen Leistungen und der Abgabenlast aus Sicht der mobilen Gruppen stimmt«. Auf die mobilen Gruppen kommt es dem Staat also an. Das sind im Wesentlichen die Multimillionäre, die sich frei entscheiden können, wo sie ihr Vermögen rechtlich ansiedeln, indem sie es in eine Gesellschaft oder Stiftung stecken, deren Sitz sie frei wählen können, oder aber die institutionellen Investoren, die ihr Kapital fast nach Belieben dort einsetzen können, wo man ihm die besten Bedingungen bietet. Umverteilungsmaßnahmen seien bei wachsender Bedeutung mobiler Gruppen halt schwerer, damit müsse sich die Politik abfinden, denn sie müsse »im Bewusstsein einer globalisierten Welt« denken und dafür auch Souveränitätsrechte an supranationale Institutionen (die EZB) und regionale Integrationsverbünde (die EU) abgeben. Nicht von ungefähr ist nicht nur Breuer euphorischer Europa-Befürworter, sondern mit ihm die gesamte Finanzbranche.

Breuers Aufsatz ist so wichtig, weil er etwas klarstellt, was sonst meist ungesagt bleibt: Grundlage der »Wächterfunktion« der Finanzmärkte ist die Annahme einer Interessenharmonie von Finanzbranche und Politik. Diese ist laut Breuer gegeben, wenn man als Aufgabe oder faktisches Ziel der Politik die Nutzenmehrung der »mobilen Faktoren« annimmt. Nur unter dieser Annahme ist die »Wächterfunktion« der Finanzmärkte über die Politik, die die Vertreter der Geschäftsbanken und der Notenbanken propagieren, eine gute Sache. Dann ist es auch nicht problematisch, dass Ex-Notenbanker wie Issing und Weber und die meisten übrigen ehemaligen Hochkaräter der Notenbankszene heute neben ihrer Rolle als Regierungsberater regelmäßig als hochbezahlte Manager oder Lobbyisten der internationalen Großbanken tätig sind. Würde man dagegen fordern, dass die Regierung vor allem im Sinne der Mehrheit der überwiegend immobilen Steuerzahler und Bankkunden handelt, sieht es ganz anders aus. Dann besteht die Interessenharmonie von Finanzmärkten und Politik nicht. Dann wäre vielmehr zu wünschen, dass die Politik die Finanzmarktakteure beaufsichtigt, und nicht umgekehrt.

In der Group of Thirty besprechen sich die hochvermögenden Finanzmanager nicht nur hinter geschlossenen Türen mit Notenbankern wie Mario Draghi, dem Chef der Europäischen Zentralbank. Nein, die G30 geben gemeinsam auch noch Berichte mit Empfehlungen an Banker und Aufseher heraus. Darin werden regelmäßig die Vorzüge der Selbstregulierung der Finanzbranche gepriesen und die Interessenharmonie von Finanzbranche und Aufsehern oder Notenbanken betont. So sollten die Notenbanker nach Ansicht der G30 ein Interesse an ordentlichen Gewinnen der wichtigen Finanzinstitute haben und dazu beitragen, diese Gewinne zu steigern. Denn das mache diese Institute widerstandsfähiger und damit das Finanzsystem sicherer.[44]

Und die Notenbanker nehmen sich das auch zu Herzen, was Mario Draghi mit seinen Freunden empfiehlt. So betonte die Chefin der Bankaufsicht bei der Europäischen Zentralbank, Danièle Nouy, am 10. November 2015 auf einem Kongress in Frankfurt, ihre Behörde wolle künftig die Treiber der Profitabilität einzelner Institute und deren Geschäftsmodelle genauer beurteilen. »Ein gesundes Geschäftsmodell, das zu Profitabilität führt, ist auch aus einer aufsichtsrechtlichen Perspektive heraus essenziell«, sagte sie. Wie die Banker der G30 in ihrer Studie so richtig feststellten, haben die Bankaufseher viel privilegierte Insiderinformation über die Branche und die Märkte, die sie nutzen können, um die Geschäftsmodelle der beaufsichtigten Großbanken zu verbessern. Die Zeche zahlen die kleineren Banken, die keine Aufseher haben, die sich um ihre Gewinne kümmern, und natürlich die Bankkunden und Anleger, die diese Gewinne finanzieren dürfen.

Als Interessenwahrer der Großbanken, in denen sie später einmal Millionengehälter als Berater oder Manager verdienen wollen und es meist auch werden, obliegt es den tonangebenden Notenbankern, den Bankkunden die Möglichkeit zu nehmen, die Banker zu disziplinieren, indem sie ihre Guthaben in Bargeld umwandeln, wenn die Banker es zu toll treiben. Die einzelnen Banken müssen zwar auch im Interesse der Bankengemeinschaft diszipliniert werden. Aber das übernehmen die Banker lieber in eigener Regie, gemeinsam mit ihrer Notenbank.

Der Weg in die totale Kontrolle

Wenn es nach der Bundesregierung geht, dann wird Datenschutz überbewertet. Angela Merkel hat gefordert, dass die EU-Parlamentarier die geplante Datenschutzverordnung der EU »nicht nur unter dem Blickwinkel Datenschutz« betrachten, sondern auch an den wirtschaftlichen Wert unbeschränkter Datennutzung für die Konzerne denken. »Daten sind der Rohstoff der Zukunft«, sagte Merkel zur Begründung auf dem Mitgliederkongress der CDU im September 2015 – einer Veranstaltung, die bezeichnenderweise von Google, Facebook, dem Bundesverband digitale Wirtschaft und dem Bundesverband deutscher Kapitalbeteiligungsgesellschaften gesponsert wurde. Wertschöpfung entstehe künftig vor allem über die Nutzung von Kundendaten.

Der »Rohstoff der Zukunft« sind also wir, fein säuberlich zerlegt in Datenpakete und dann wieder zusammengesetzt zu dem, was die jeweiligen Rohstoffnutzer zur Gewinnerzielung brauchen. »Um den Wohlstand zu halten, muss Deutschland mit der Konkurrenz im Ausland Schritt halten«, mahnte Merkel. Wenn es also in den USA keinen Datenschutz gibt, kann es aus wirtschaftlichen Gründen auch bei uns keinen geben. Dass die Datenkraken aus den USA hierzulande unter Bruch aller bestehenden Datenschutzgesetze ihre Geschäfte machen, soll nicht etwa abgestellt werden, sondern den deutschen Unternehmen soll durch »vernünftigen Datenschutz« ermöglicht werden, Gleiches zu tun, also uns Konsumenten als Datenrohstoff auszubeuten. Die zweite große Regierungspartei SPD sieht das auch nicht anders. Ihr Chef und Wirtschaftsminister Sigmar Gabriel spricht beim Thema Digitalisierung nur noch von Datensicherheit – dem Schutz gegen Hacker –, aber nicht mehr von Datenschutz, denn der ist ja beim Versuch, mit der amerikanischen Konkurrenz Schritt zu halten, nur im Weg.

Das alles geschieht in einer Zeit, in der uns die Enthüllungen Edward Snowdens gezeigt haben, wie unglaublich weit die Technologie des Datensammelns, -speicherns und -auswertens bereits fortgeschritten ist und wie ausgiebig davon Gebrauch gemacht wird, für kommerzielle Zwecke ebenso wie für die Massenüberwachung der Bevölkerung. Auch das Gerichtsurteil des Europäischen Gerichtshofs gegen die Kollaboration der Europäer mit den datensaugenden US-Amerikanern wird bisher in bewährter Manier einfach ignoriert, so lange bis man einen Weg gefunden hat, es zu umgehen. Die Luxemburger Richter urteilten Anfang Oktober 2015, die Annahme der EU-Kommission, dass die USA ein angemessenes Schutzniveau bei personenbezogenen Daten wahrten, sei offenkundig falsch und damit unzulässig. Mit dieser weltfremden Annahme hatte die EU-Kommission sich um ihre eigene Regel herumgemogelt, wonach Daten von EU-Bürgern und -Unternehmen nicht in Ländern mit schwächerem Datenschutz gespeichert werden dürfen. Weil man aber wohl nicht die Macht oder den Mut hatte, die digitalen Großkonzerne der Schutzmacht USA auszusperren, genügte es, wenn diese – offenkundig wahrheitswidrig – versicherten, sich an europäische Datenschutzstandards zu halten. Tatsächlich haben jedoch US-Geheimdienste und -Behörden relativ freien Zugang zu diesen Daten. Das oberste EU-Gericht schrieb der Kommission und den Regierungen ins Stammbuch, eine Regelung, die es Behörden gestatte, generell auf den Inhalt elektronischer Kommunikation zuzugreifen, verletze das Grundrecht auf Achtung des Privatlebens. Auch sei das Grundrecht auf Rechtsschutz verletzt, wenn der Bürger den Zugang zu seinen personenbezogenen Daten verliere und keine Möglichkeit habe, deren Löschung oder Korrektur zu verlangen.

Initiator des ganzen Verfahrens war der österreichische Jurastudent Max Schrems, der gegen die unkontrollierte Datensammelwut von Facebook geklagt hatte. Auch zwei Monate später hatte das Urteil allerdings noch keine rechtlichen Konsequenzen. Die Firmen senden weiter Daten ihrer Kunden in die USA. Erst einmal gewährten ihnen die Bundesländer, die absurderweise in Deutschland immer noch für den Datenschutz im World Wide Web zuständig sind, eine Übergangsfrist. Doch auch nach deren Ablauf haben die Unternehmen kaum etwas zu befürchten. Die Landesdatenschutzbehörden haben nicht den erforderlichen Überblick und nicht genügend Personal, um ernsthaft etwas zu unternehmen.

Das Gerichtsurteil hat aber immerhin die Chance erheblich gesteigert, dass es nicht gelingen wird, den europäischen Datenschutz über das im Geheimen ausgehandelte TISA-Abkommen zu beseitigen, auch nicht hinsichtlich unserer Finanzdaten. TISA steht für Trade in Services, Handel mit Dienstleistungen, und bei den international handelbaren Dienstleistungen steht die Finanzbranche an erster Stelle. Ein 2014 von WikiLeaks veröffentlichter, geheimer Entwurf sah vor, dass Finanzinstitute alle Daten ihrer Kunden beliebig von einem Land zum anderen übertragen können, egal wie der Datenschutz in diesen Ländern geregelt ist beziehungsweise praktiziert wird.

Unter dem Vorwand der Terrorbekämpfung werden den USA jetzt schon Finanzdaten europäischer Bankkunden ausgehändigt. Dem betreffenden Abkommen von 2010 ging ein zähes Ringen mit dem EU-Parlament voraus, das zunächst ein Veto dagegen einlegte, dass die Datenübermittlung, die vorher illegal stattgefunden hatte und aufgeflogen war, ohne viel Federlesen einfach legalisiert wurde. Die Regelungen in TISA würden solche Kämpfe überflüssig machen. Alle Tore wären weit geöffnet.

Doch auch ohne TISA hat die US-Regierung vielfach bewiesen, dass sie nicht davor zurückschreckt, international tätige Banken, die den Dollar als Abrechnungswährung nutzen müssen, mit der Drohung des Lizenzentzugs zu erpressen oder ihre Manager so lange einzusperren, bis sie die gewünschten Daten bekommen. So haben sie auch das Schweizer Bankgeheimnis außer Kraft gesetzt. Wollen wir unter solchen Bedingungen wirklich zulassen, dass das Bargeld abgeschafft wird und wir gezwungen sind, den Staat und seine Geheimdienste über jede Milchtüte zu informieren, die wir kaufen?

Big Data is watching you

Und es sind bei Weitem nicht nur die Regierungen und Geheimdienste, die sich für unsere Finanzdaten interessieren. Die meist unter dem Begriff »Big Data« zusammengefassten Technologien zur automatisierten Analyse und Auswertung großer Datenmengen ermöglichen es, Persönlichkeitsprofile zu erstellen und Individuen anhand der Aufzeichnung ganz alltäglicher Verhaltensweisen, Vorlieben und Abneigungen zu klassifizieren. Aber noch haben wir uns nicht völlig in überwachbare Datenbestandteile aufgelöst. Bis die Videoüberwachung, kombiniert mit Gesichtserkennungssoftware, so allgegenwärtig und so effektiv ist, wie im Film *Minority Report* vorweggenommen, wird es noch etwas dauern. Und es gibt Leute, die sich in den sozialen Medien vorsichtig verhalten, anstatt generell alles preiszugeben, und die nicht alles per Smartphone erledigen, wo sie von allen möglichen Apps mit Spionagefunktion überwacht werden. Es gibt sogar noch welche, die mit Bargeld bezahlen – sehr zum Ärger der Datenkraken, die uns als Rohstoff der Zukunft ausbeuten wollen.

Die automatisierte Verarbeitung unserer Daten, auch »Data Mining« genannt, zielt darauf ab, bestimmte Verhaltensweisen und »Marker« zu identifizieren, die als zuverlässige Indikatoren für Zukunftsprognosen dienen. Wir werden bereits heute, meist ohne dass wir es merken, eingeteilt in Kunden, die profitabel sein werden, und solche, die es wahrscheinlich nicht sind. Oder auch in Kunden, die loyal sind, sodass man sich nicht sehr intensiv um ihre Zufriedenheit kümmern muss, und solche, die man eher hofieren sollte, weil sie lukrativ, aber wenig loyal sind. Entsprechend werden wir empfangen und behandelt. Versicherer teilen uns in Typen ein und machen uns entsprechende Angebote oder verweigern sie uns.

Selbst wenn wir bewusst auf solche Aktivitäten verzichten, die die Datenmaschinen mit unseren Daten füttern, hilft uns das oft nicht, jedenfalls wenn wir eine kleine Minderheit sind. Wir sind dann schlechte Risiken, mit denen man nichts zu tun haben will, weil man sie nicht gut genug einschätzen kann – sprich: nicht so gut wie die anderen Datenpakete.

Informationen über unsere Finanztransaktionen sind ein besonders wertvoller Rohstoff für die Datenkraken, weil sie unmittelbar unsere Konsummuster betreffen und es daher besser als alles andere ermöglichen, unsere Eignung als Gewinnlieferanten einzustufen. Das erklärt den Eifer, mit dem die größten Datenkraken wie Google, Facebook und Apple darum ringen, im Zahlungsverkehr zu einem Hauptakteur zu werden. Das Abwickeln des Zahlungsverkehrs an sich ist kommerziell eher unattraktiv. Die Geschäftsbanken erledigen große Teile davon aus Kundenbindungsgründen umsonst. Das große Interesse der Datenkraken erklärt sich daher nur damit, dass sie die Informationen über unsere Finanztransaktionen versilbern wollen.

Apple führt in Großbritannien ein Online-Bezahlsystem ein, mit dem Apple-Nutzer sich gegenseitig Geld überweisen können. Der Konzern tritt damit in Konkurrenz zu Paypal. Damit wird der Smartphone-Bezahldienst Apple-Pay ergänzt, den es bisher nur in den USA, Großbritannien und einigen anderen Ländern gibt. Facebook hat einen ähnlichen, kostenlosen Dienst im Juni 2015 auf die gesamten USA ausgeweitet.

Paypal arbeitet sogar aktiv daran, die Nutzer daran zu gewöhnen, ihre Finanztransaktionen öffentlich zu machen. Mit dem stark wachsenden Dienst Venmo, der schon im dritten Quartal 2015 innerhalb von drei Monaten 700 Millionen Transaktionen abgewickelt haben soll, kann man sich für nichtkommerzielle Angelegenheiten Geld überweisen. In der Standardeinstellung können alle Nutzer im jeweiligen Freunde-Netzwerk den Vorgang mitverfolgen. Nur der Betrag ist ausgeblendet. Damit macht Paypal konsequent dort weiter, wo es mit neuen Geschäftsbedingungen für seinen führenden Internet-Bezahldienst für kommerzielle Transaktionen am 1. Juli 2015 begonnen hat. Die neuen Bedingungen, die wahrscheinlich nur die verdeckte vorherige Praxis legalisierten, galten sofort, wenn man den Dienst weiter nutzte, ohne dass man ihnen explizit zustimmen musste. Die aktualisierten Regeln hatten ausgedruckt einen Gesamtumfang von über 100 Seiten, die von Paypal zur Verfügung gestellte Übersicht über die Änderungen 20 Seiten. Personenbezogene Daten und Kontoinformationen können von Paypal nun AGB-konform an eine Vielzahl von europäischen und außereuropäischen Firmen zu unterschiedlichsten Zwecken weitergegeben werden.[45]

IT-Rechtler Carsten Ulbricht von der Kanzlei Bartsch in Stuttgart ist überzeugt, dass dieses Vorgehen sowohl gegen das Recht von Luxemburg verstößt, wo die Paypal Europe SARL ihren Sitz hat, als auch gegen europäisches Datenschutzrecht. Das verfassungsrechtlich garantierte Recht der Nutzer auf informationelle Selbstbestimmung, das jedem das Recht der Kontrolle über »seine« Daten zugesteht, wird durch solch komplexe und viele Seiten lange Datenschutzbestimmungen und die automatische Wirksamkeit einfach ausgehöhlt. Der Nutzer ist faktisch nicht mehr in der Lage, seine Daten zu kontrollieren. Nicht ein-

mal eine Widerspruchsmöglichkeit ist in den Datenschutzbe-
dingungen vorgesehen.[46]

Paypal räumt sich ausdrücklich das Recht ein, die Nutzerdaten für sehr viele Zwecke selbst zu verwenden, bis hin zur
gezielten Bereitstellung von Marketing- und Werbeinformati-
onen und -angeboten. Kontoinformationen gehen auch an eine
Vielzahl von deutschen und ausländischen Firmen, von denen
viele hierzulande unbekannt und für Unkundige schwer einzu-
ordnen sind, etwa eine Zoot Enterprises Inc. (USA) und deren
deutsche und britische Ableger und eine ganze Reihe ähnlicher
Firmen. Die weitergegebenen Daten umfassen neben Namen,
Adresse und E-Mail-Adresse auch Telefonnummer, Benutzer-
name, Foto, IP-Adresse, Geräte-ID, Standortdaten, Kontonum-
mer, Kontoangaben, Angaben zu den genutzten Zahlungs-
instrumenten, Details der Zahlungsvorgänge, spezielle Details
zu geschäftlichen Zahlungen und die gesamte Kundenkorres-
pondenz. Zoot nennt sich selbst den führenden Anbieter von
Kreditentscheidungs-Lösungen für große und innovative Finanzinstitutionen. An diese Firma werden also Paypal-Daten
verkauft, die ihre Datenbank zur Bewertung der Kreditwürdigkeit füllen – eine Datenbank, mittels derer sie nach eigenen Angaben einer Bank innerhalb von drei Sekunden sagen können,
ob sie einen Kredit gewähren soll oder nicht. Verkauft wird
auch gleichzeitig an verschiedene Banken »zur gemeinsamen
Erstellung von Finanzprodukten«.[47]

Noch länger ist die Liste der »Drittanbieter«, an die Daten zu
Marketing- und PR-Zwecken weitergegeben werden können.
Dazu zählen nicht nur zahlreiche Agenturen und Webdienste
wie Facebook oder Twitter, sondern auch Datenbroker.[48]

Nun stellen Sie sich einmal vor, es gäbe kein Bargeld mehr
und alle Ihre Finanztransaktionen, von der kleinsten bis zur
größten, würden von Datenbanken wie die von Acxiom erfasst,
deren Inhalt kommerziell an alle veräußert wird, die sich dafür interessieren und Kunde der Firma sind. Damit wäre fast

Ihr gesamtes Leben zugänglich. Zusammen mit Informationen über Ihren jeweiligen Standort und sonstigen Infos, die Smartphone-Apps so sammeln, ist es Ihr ganzes Leben im Detail.

Die Versuchskaninchen zeigen, was geht

In Afrika, Schweden und China wird schon mit Eifer ausprobiert, wie diese totale Überwachungsgesellschaft aussehen könnte. In Schweden hängt das Schild »Wir nehmen kein Bargeld« inzwischen fast an jeder Wurstbude. Ein Vorreiter war das Abba-Museum, das sich dafür von MasterCard sponsern ließ. Auch in Dänemark nutzen bereits 40 Prozent der erwachsenen Bevölkerung die Smartphone-App MobilePay und lassen damit all ihre Einkäufe aufzeichnen. In Afrika, wo vorher mangels Bankkonto sehr große Teile der Bevölkerung ohne Zahlungsverkehrsdienstleistungen auskommen mussten, ist man in einigen Ländern noch weiter. Dort läuft ein riesiges Experiment zur Bargeldverdrängung, weil es dort so billig ist, die Regierungen einzukaufen, und man der Bevölkerung nebenher etwas Gutes tun kann, zumindest kurzfristig. In Kenia hat MasterCard 2015 eine Ausschreibung für eine Karte zur elektronischen Bezahlung staatlicher Dienstleistungen gewonnen. In Nigeria mit seinen 170 Millionen Bürgern gibt der Kreditkartenanbieter seit Ende 2014 einen amtlichen Personalausweis aus, der gleichzeitig zum bargeldlosen Zahlen verwendet werden kann.[49] Die Daten dürften ohne Weiteres ihren Weg zur MasterCard-Zentrale in den USA finden und von dort zu allen Regierungsstellen und Datenbanken, die sich dafür interessieren, wer in Nigeria und Kenia Geld hat und was er damit macht. Ähnlich in Ägypten: Dort hat MasterCard mit einer elektronischen Karte für öffentliche Bedienstete, die der Staat für seine Gehaltszahlungen verwendet, viele Millionen bargeldlos zahlende Kunden gewonnen.[50]

In Indien arbeitet der frühere Chef des großen IT-Konzerns Infosys, Nandan Mohan Nilekani, ein Vorstandsmitglied des Clubs der Ultrareichen »World Economic Forum«, daran, die bargeldlose Gesellschaft zu schaffen. Er ist Leiter der Unique Identification Authority of India (UIDAI), einer Regierungsstelle, die seit 2009 auf Basis eines Dekrets daran arbeitet, die biometrischen Daten jedes Inders zu speichern und mit einer Nummer zu verknüpfen. Das Parlament hat die entsprechende Gesetzgebung noch nicht beschlossen; der oberste Gerichtshof interveniert immer wieder, wird aber weitgehend ignoriert. Knapp eine Milliarde Inder sollen bereits erfasst sein. Nilekani hat jüngst in einem Buch gefordert, die Regierung müsse helfen, parallel den bargeldlosen Zahlungsverkehr durchzusetzen und mit der Identitätsdatenbank zu verknüpfen.

In Somaliland, einer Gebietskörperschaft ohne international anerkannte Regierung, die sich 1991 von Somalia abgespalten hat, betreibt der größte Mobilfunkanbieter des »Landes«, Telesom, einen Zahlungsdienst namens Zaad, über den ein großer und wachsender Teil des Zahlungsverkehrs abgewickelt wird, mobil, bargeldlos – und in US-Dollar statt in der Landeswährung. Telesom nutzte den Umstand aus, dass keine effektive Finanzaufsicht existiert, und bekam Hilfe von US-Unternehmen wie Coca-Cola, die ihre Angestellten und nach Möglichkeit auch ihre Lieferanten per Zaad bezahlen. Natürlich speichern die Server von Telesom alle Daten – für immer – und verkaufen sie an jeden, der sich dafür interessiert. Dabei sind die Daten, welche die Smartphones über Standort und tägliches Tun der Telefonnutzer liefern, praktischerweise schon direkt mit den Informationen über den Zahlungsverkehr der Kunden verknüpft. Die Menschen von Somaliland sind wahrhaft gläsern.[51]

Das kleine Somaliland kann man als Labor betrachten, das nur als solches Bedeutung hat. Anders sieht es in China mit seinen über 1,3 Milliarden Bürgern aus. Hier arbeitet die Regierung an einem Sozialpunktesystem, das mit Daten von Banken, kommerziellen Webseiten und von sozialen Medien gefüttert wird. Das Ergebnis wird eine umfassende Beurteilung der jeweiligen Person sein, die Kreditgeber, aber auch Vermieter und vielleicht sogar potenzielle Lebenspartner, Arbeitgeber und natürlich die Regierung nutzen können, um zu entscheiden, mit wem sie unter welchen Bedingungen ein Geschäft oder eine Beziehung eingehen.[52]

Wohin man geht, was man kauft, wie man von seinen Schülern bewertet wird, was man auf den sozialen Medien unternimmt und mit wem, alles bringt oder kostet Punkte in den verschiedenen Kategorien. Eine der ersten Komponenten des Systems ist das Kreditratingsystem Sesame Credit von ANT Financial, einer Tochter des chinesischen Amazon-Äquivalents Alibaba. Punkte gibt es nicht nur, wenn man immer brav bezahlt. Je öfter man dazu Alibabas Bezahl-App Alipay nutzt, desto höher die Punktzahl. Höhere Punktzahlen bringen Privilegien ein, zum Beispiel schnelleres Ein- und Auschecken in Hotels oder bei Autovermietern. Selbst ein Visum für Singapur bekommt man mit weniger Bürokratie, wenn die chinesische Datenkrake einem ein gutes Zeugnis als gläserner Bürger ausstellt. Die Menschen geben sogar auf den sozialen Medien mit einem hohen Kreditrating an. In westlichen Medien gab es kritische Berichte darüber, dass Sesame Credit auch die sozialen Medien durchsuche und Informationen über die Freunde der Bewerteten mit in das Kreditrating einfließen lasse,[53] was ANT Financial dementiert. Irgendwie scheint das, was in China passiert, die betreffenden Medien mehr zu beunruhigen als die Tatsache, dass solches in den USA schon seit Längerem gang und gäbe sein dürfte.

Bis 2020 soll das Sozialpunktesystem berücksichtigen, wie viele Verkehrsstrafpunkte man gesammelt hat oder wie die eigene Arbeit von Kunden oder Schülern bewertet wird, wenn man Arzt, Rechtsanwalt, Lehrer, Professor oder Ähnliches ist. Die Regierung hat bereits eine Website freigeschaltet, die es jedem Chinesen erlaubt, das Rating jedes anderen Mitbürgers zu erfahren. In die Bewertung gehen die Informationen ein, welche Gerichte und die verschiedensten anderen öffentlichen Stellen über die jeweiligen Bürger gesammelt haben. Das chinesische Google-Äquivalent Baidu ist daran beteiligt. Experten erwarten, dass in den nächsten Jahren eine Verbindung mit Sesame Credit hergestellt wird.

Clement Chen, ein Spezialist für Datenschutzrecht an der Universität Hongkong, unterstellt der Regierung, dass sie beabsichtige, auch alle anderen verfügbaren Datenquellen über die Bürger anzuzapfen und die gesammelten Daten dann allen öffentlichen Stellen zur Verfügung zu stellen. Im Juni 2015 hat die Regierung angekündigt, dass jede Organisation in China – Unternehmen, Vereine, Initiativen und Regierungsstellen – eine eindeutige Identifikationsnummer bekommt, unter der die Informationen über ihre finanziellen und sonstigen Aktivitäten gesammelt werden.

Christo Wilson, ein IT-Wissenschaftler an der Northeastern University in Boston, sieht bereits einen riesigen Markt für Dienstleistungen rund um die Manipulation des Sozialpunktesystems in China voraus.

Die meisten werden sich einig sein, dass die Gefahr des gefährlichen Missbrauchs eines solchen Überwachungssystems unter Einschluss aller Finanzdaten in einem Einparteiensystem wie dem chinesischen sehr groß ist. Demgegenüber kann man die Hoffnung haben, dass in Ländern wie Schweden oder Dänemark selbst in einer völlig bargeldlosen Gesellschaft sich die Übergriffe des Staates auf die Freiheit seiner Bürger in erträglichen Grenzen halten. Doch wenn die bargeldlose Gesellschaft zur Norm wird, dann ist nicht wahrscheinlich, sondern sicher, dass es Regierungen geben wird, die die Gelegenheit ergreifen, einen totalitären Überwachungsstaat zu installieren, gegen den der Große Bruder aus George Orwells Horrorvision *1984* wie ein harmloser Waisenknabe wirkt. Es ist auch damit zu rechnen, dass bislang halbwegs funktionierende Demokratien durch immer weitergehende Nutzung von Überwachungsmöglichkeiten für vermeintlich gute Zwecke auf einen abschüssigen Pfad in diese Totalüberwachung durch Staat und Konzerne rutschen.

Totalüberwachung und Manipulation durch Unternehmen

Eine lesenswerte österreichische Studie aus dem Jahr 2014 von Wolfie Christl zur digitalen Überwachung kann einem mit der Beschreibung dessen, was es heute schon gibt, das Gruseln lehren.[54] So nutze das Hamburger Unternehmen Kreditech, das online kleine bis mittlere Ratenkredite zu sehr hohen Zinsen vergibt, zur Prognose der Bonität unter anderem Standortinformationen und verlange von den potenziellen Kreditkunden Zugriff auf deren Profile auf Facebook, Xing oder LinkedIn. Auf öffentlich zugängliche Profile greife es ohnehin zu. Beim Online-Kreditantrag werde nicht nur berücksichtigt, welches Gerät die Nutzer verwendeten und welche Apps sie installiert hätten, sondern auch, mit wem sie in sozialen Medien kommunizierten.

Ähnliche Geschäftsmodelle wurden im November 2015 in einer Werbebeilage im *Handelsblatt* beschrieben. So wirbt eine Firma namens Vexcash, die teure Ratenkredite vergibt, mit einer extrem schnellen, automatisierten Kreditprüfung, was nur mithilfe von Big Data aus dem Internet und Datenbanken gelingen kann. Das stark wachsende Unternehmen Billpay schreibt ausdrücklich: »Wir sind ein Fintech-Unternehmen, das Big Data für seine Kunden nutzt.« Vom Händler nur mit Namen und Adresse eines Kunden ausgestattet, kombiniert und analysiert das Unternehmen binnen Sekunden alle verfügbaren Daten über diesen Kunden und gibt dem Händler bei positivem Ausgang eine Zahlungsgarantie, sodass dieser die Ware sofort verschicken kann. Und ganz besonders toll treibt es die Fintecsystems GmbH. Sie verführt Kreditnachfrager dazu, ihr per »einmaliger« digitaler Selbstauskunft Zugang zu ihrem Onlinebanking zu geben. »Kreditgeber, die unser Verfahren nutzen, bekommen sofort die wichtigsten vergaberelevanten Finanzdaten des Kunden durch dessen Onlinebanking bei seiner Hausbank«, liest sich das in der Selbstbeschreibung.[55]

Die weltweit fünftgrößte Versicherungsgesellschaft Aviva hat laut *Wall Street Journal* mit einem von der Beratungsfirma Deloitte entwickelten Vorhersagemodell untersucht, ob sich die traditionelle Gesundheitsuntersuchung auf Basis von Blut- und Urinproben durch Daten zum Konsumverhalten ersetzen lässt. Mit kommerziell erhältlichen Daten für 60.000 bestehende Kunden – über Konsumverhalten, Lebensstil oder Einkommen – wurde die Wahrscheinlichkeit des Auftritts von Krankheiten wie Diabetes, hoher Blutdruck oder Depression errechnet. Laut Aviva lagen die Ergebnisse nahe an denen, die durch traditionelle Verfahren der Gesundheitsuntersuchung gewonnen wurden, die parallel durchgeführt wurden.

Das Online-Reisebuchungsportal Orbitz hat laut Studienautor Christl 2012 bestätigt, dass es »Experimente« durchgeführt habe, bei denen Mac-Nutzern eine Auswahl teurerer Hotels angeboten wurde als PC-Nutzern, da man herausgefunden habe, dass Mac-Nutzer im Durchschnitt 20 bis 30 Dollar mehr für eine Hotelnacht ausgeben als PC-Nutzer. Das *Wall Street Journal* hat durch Selbstversuche gezeigt, dass »experimentell« eine Untertreibung sein könnte. Bei einer Suche nach einem Hotel seien an bestimmten Orten auf der ersten Ergebnisseite bei Nutzung eines Mac-Computers andere und um durchschnittlich etwa 12 Prozent teurere Resultate angezeigt worden als bei gleichzeitiger Suche mittels PC. Ein Sprecher des Reiseportals gab auch zu, dass Faktoren wie der Standort der Nutzer, deren vergangenes Verhalten auf der Website oder die Art der Website, von der aus sie auf das Angebot gelangt seien, einen Einfluss auf die angezeigten Ergebnisse hätten.

Auch die Preise eines gegebenen Produkts passen Unternehmen schon seit Jahren an die durch Massenüberwachung ermittelte Zahlungsfähigkeit und Zahlungsbereitschaft des Kunden an. So hat zum Beispiel das *Wall Street Journal* schon 2012 festgestellt, dass der Bürobedarfshändler Staples abhängig vom Standort des Käufers unterschiedliche Preise im Online-Shop aufruft. Auch bei anderen Unternehmen wie Discover Financial Services, Rosetta Stone oder Home Depot wurde festgestellt, dass abhängig von verschiedenen Charakteristika der Nutzer unterschiedliche Preise verlangt wurden. Der Bürobedarfshändler Office Depot hat danach immerhin zugegeben, dass Standort und Website-Nutzungsverhalten die Auswahl der im Online-Shop angebotenen Produkte beeinflussten.

Christl berichtet sogar von einem ehemaligen Facebook-Produktmanager, dessen Unternehmen Freshplum einen Service für den Online-Handel anbietet, der individuelle Preisrabatte für einzelne Kunden berechnet, um die Verkäufe zu steigern. Dabei werde versucht, Nutzer zu identifizieren, die ohne Preisrabatt keinen Kauf tätigten. In die Analyse einbezogen werden laut Eigenangabe auch Informationen wie der aktuelle Standort der Nutzer (Einkommen) und das Wetter an diesem Standort (Kauflaune). Seit 2011 ist Google an der Firma beteiligt. Man kann sich somit denken, auf was für eine Datenfülle das Unternehmen in Bezug auf jeden einzelnen Kunden zugreifen kann.

Eine spanische Studie hat in einem aufwändigen Forschungsdesign 600 Produkte in 35 Produktkategorien auf 200 großen internationalen Online-Shops untersucht. Für die Analyse des Einflusses der Kaufkraft auf die Preise wurden Nutzer simuliert, die sich zuvor sieben Tage lang in einer bestimmten Art und Weise automatisiert und systematisch auf einer Auswahl von 100 populären Websites bewegt haben. Das Ergebnis waren Unterschiede bei Preisen von bis zu 166 Prozent, die wohl teils auf dem Standort der Nutzer, teils auf deren vermuteter finanzieller Situation basierten, welche die Anbieter offenbar aus der ihnen zugänglichen Web-Aktivitätshistorie der Testkäufer ableiteten. Weil derartige Untersuchungen immer nur Teilaspekte beleuchten können, weiß niemand außerhalb der betreffenden Firmen, welche Variablen die Online-Shops mit welchen Rechenmodellen in die Preisgestaltung einbeziehen. Ebenso wenig ist bekannt, welche persönlichen Daten überhaupt genutzt werden. Klar ist nur, dass die Verbraucher keine Chance haben zu verstehen, wie ihr individueller Preis oder die Auswahl der ihnen angebotenen Produkte zustande kommen oder warum sie gegebenenfalls gar kein Angebot erhalten.[56]

Speziell für Deutschland zeigt die eingangs erwähnte Studie für die österreichische Arbeitskammer auf, welche Fülle an Finanzdaten über die Bürger die verschiedenen Tochtergesellschaften des Bertelsmann-Konzerns sammeln und zusammenführen – um uns genau zu klassifizieren und diese Information zu verkaufen. Zu diesen Datenkraken gehören vor allem die Arvato und ihre Tochtergesellschaften. Das Großunternehmen habe »Negativinformationen« zu 7,8 Millionen Personen gespeichert. Es bearbeite jährlich 100 Millionen Bonitätsabfragen und versende 26 Millionen Inkassoschreiben. Unter dem Titel »Risikomanagement« werden viele weitere Dienstleistungen angeboten. Per »Antrags-Scoring« können offenbar potenzielle Neukunden bewertet werden, um Kundengruppen mit hohen und niedrigen Ertragschancen schon bei Antragstellung unterscheiden zu können. »Storno-Scoring« soll ermöglichen, die »Loyalität und damit die Stornowahrscheinlichkeit« zu prognostizieren und die »Kommunikationsstrategie« darauf abzustimmen. »Verhaltens-Scoring« basiert auf dem vergangenen Verhalten jedes Kunden und soll eine zuverlässige Prognose für die Zukunft erlauben. Die Guten ins Töpfchen, die schlechten ins Kröpfchen, kann das Unternehmen dann daraus folgern. »Strategische Optimierung der Kundenbeziehungen im Kräftefeld von Risikoabwägung und Portfolio-Rentabilität« heißt das im Management-Sprech. Auch Mikrogeografie-Analyse werde angeboten, also die Bewertung von Personen anhand statistischer Informationen über den Wohnort oder Stadtteil. Unter der Bezeichnung »Profile Tracking« biete Arvato offenbar auch die Identifikation von Online-Nutzern anhand digitaler Fingerabdrücke ihrer Internetzugangsgeräte an. Mit einer »herausragenden Tracking-Technologie« verfüge man »über die Fähigkeit, einzelne Internetzugangsgeräte anhand ihrer ›Hash-ID‹ eindeutig und in Echtzeit zu erkennen«.

Praktischerweise ist die Arvato gleichzeitig ein großer deutscher Anbieter für Kundenbindungsprogramme, also »Kundenclubs, Kundenkartenprogramme, individuelle Prämienlösungen für Endkunden und Bonusprogramme«. Das Unternehmen betreibt über eine Tochterfirma auch die DeutschlandCard, ein Kundenbindungsprogramm, das unter anderem mit Edeka, Netto, der Deutschen Bank, MasterCard, L'TUR, Hertz, RWE, Esso und 350 Online-Shops kooperiert und dabei die Einkaufstransaktionen von 15 Millionen Bürgern verarbeitet. An Daten, um uns fein säuberlich in Datenpakete zu zerlegen und in Kommerztypen zusammenzufassen, herrscht also bei Arvato keinerlei Mangel.

In den USA ist die Datensammelei stärker ausgegliedert und wird an sogenannte Datenhändler (Data Brokers) delegiert. Im Mai 2014 erschien ein Bericht der Federal Trade Commission, in dem neun Datenhändler untersucht wurden. Dabei wurde unter anderem festgestellt, dass sie Daten von Konsumenten aus umfassenden Online- und Offline-Quellen sammeln. Erfasst werde alles vom Zahlungsverhalten über Aktivitäten in sozialen Medien und Zeitschriften-Abos bis hin zu religiösen und politischen Zugehörigkeiten – und zwar größtenteils ohne das Wissen der Konsumenten. Die Datenhändler hätten Daten über die kommerziellen Transaktionen beinahe aller US-Haushalte gespeichert.

Öffentlich verfügbare Informationen saugen die Datenhändler selbst ab. Informationen über Online-Käufe bekommen sie von den Online-Shops, Daten über Webseitenaufrufe von den betreffenden Webseiten. Auch Läden und Geschäfte verkaufen die Transaktionsdaten der bargeldlos zahlenden Kunden an die Datenhändler. Aus den Daten wird ermittelt, wie viel Geld die betreffende Person verdient, welcher Ethnie sie angehört, wie gesund oder krank sie ist, woran sie gegebenenfalls leidet, welche Charaktereigenschaften sie vermutlich hat und vieles mehr, je nach Bedarf der Kunden.

Einer dieser Datenhändler, Datalogix, verfügt nach Eigenangaben über Datensätze, die nahezu jeden US-Haushalt erfassen, und über mehr als eine Billion Transaktionsdaten von Konsumenten. Datalogix pflegt eine Partnerschaft mit Facebook. Konkurrent Acxiom verfügt mit bis zu 3.000 einzelnen Eigenschaften von etwa 700 Millionen Menschen über einen der größten Bestände an Daten über Konsumenten weltweit. Das Unternehmen wacht über 2,5 Milliarden Kundenbeziehungen und betreut 15.000 Kundendatenbanken von 7.000 Unternehmen aus Bereichen wie Finanzwirtschaft, Versicherung, Handel, Gesundheit, Technologie oder Autoindustrie – unter anderem für 47 der 100 größten US-Unternehmen, aber auch für US-Regierungsbehörden. Acxiom ist seit 2004 auch mit einer Tochterfirma in Deutschland aktiv und soll bereits Daten über rund 50 Millionen Deutsche gesammelt haben.

Im »Consumer Data Products Catalog« von Acxiom werden Hunderte von Eigenschaften aufgelistet, die Firmenkunden über Personen oder Haushalte zur Vervollständigung ihrer Kundendatenbanken erwerben können. Dazu gehören Dossiers über Ausbildung, Wohnen, Beschäftigung, Finanzen, Familie, Kriminalakten oder Wohnungs- und Fahrzeugeigentum. Darüber hinaus stünden Daten über Wahlverhalten, Neigung zum Glücksspiel oder »Interessen« wie Diät/Gewichtsverlust, Casino, Lotterie, Rauchen/Tabak oder Gewinnspiele zur Verfügung. Auch Daten über »Bedürfnisse« im Bereich Gesundheit sind vorhanden.[57]

Von alledem haben die allermeisten Menschen bestenfalls eine leise Ahnung. Schon jetzt ist die Überwachung und Manipulation durch kommerzielle Unternehmen, der wir ausgesetzt sind, sehr weitgehend, viel weitgehender als gesetzlich erlaubt und mit dem Grundrecht auf informationelle Selbstbestimmung vereinbar. In einer Welt, in der auch diejenige Hälfte der Transaktionen, die in Deutschland derzeit noch bar abgewickelt wird, dem Zugriff der Datenkraken ausgesetzt ist und es gar kein Entrinnen mehr gibt, bekommt diese Überwachung und Manipulation noch einmal eine ganz andere Qualität.

Die gute Seite: Sie und Ihre Kinder müssen, wenn das so weitergeht, zu keinem Vorstellungsgespräch oder Assessment-Center mehr gehen. Die Auswahl unter den Bewerbern kann vollautomatisch und computergestützt ablaufen. Auch einen Bankangestellten brauchen sie nicht mehr um einen Kredit anzubetteln und sich auch nicht mehr mit Versicherungsvertretern oder langen Formularen auseinanderzusetzen, wenn sie einen Kredit oder eine Versicherung benötigen. Ihr Name und der Fingerprint Ihres Computers genügen, alles andere weiß die andere Seite schon.

Das hat allerdings zur Folge, dass Sie und Ihre Kinder für Erfolg im Leben so viele Informationen über die Rechenmodelle sammeln sollten wie möglich und dann entsprechend so leben, dass Sie gute Noten kriegen. Sie sollten nur mit erfolgreichen, langweiligen, verlässlich gesetzestreuen und finanziell ebenso gut situierten wie konservativen Menschen Kontakt pflegen. Sie sollten Marken kaufen, für die sich erfolgreiche, ambitionierte Leute besonders häufig interessieren. Sie sollten sich an Orten aufhalten, an denen sich verlässliche Menschen aufhalten.

Wenn Sie gern so leben wollen, dann sollten Sie auch nichts dagegen haben, wenn Bargeld und der letzte Rest Privatsphäre abgeschafft werden. Wenn Sie gern so leben möchten, wie es

Ihnen gefällt, und nicht so, wie man viele Pluspunkte in Computermodellen sammelt, dann sollten Sie sich wehren.

Totalüberwachung durch den Staat

Ein früher Warner vor der größten Gefahr, die mit der Abschaffung des Bargeldes verbunden ist, war ausgerechnet ein Banker. Der Vorstandsvorsitzende der Signature Bank, Scott Shay, warnte bereits 2013 unter der Überschrift »Die bargeldlose Gesellschaft: Eine riesige Gefahr für unsere Freiheit« vor etwas, von dem er wohl zu Recht vermutete, dass es damals noch viele als paranoides Weltuntergangsszenario abtun würden.[58] Eine Überwachungstechnik, die es Kreditkartenanbietern erlaubt, Kunden ohne Zeitverzug zu warnen, wenn auf ihrem Konto für ihr bisheriges Zahlungsverhalten untypische Bewegungen stattfinden, erlaubt es auch Geheimdiensten und Regierungsstellen, den Zahlungsverkehr einer fast beliebigen Anzahl von Bürgern live zu überwachen, wenn sie das möchten, stellt Shay fest.

Im Jahr 2010 beugten sich Visa und MasterCard, die beiden weltweit dominierenden US-Kreditkartenanbieter, einfachem Druck der Regierung, keine Zahlungen für Anbieter von Glücksspiel mehr abzuwickeln, und zwar weltweit, ohne Rücksicht darauf, wo diese operieren oder ihren Sitz haben. Damit machten sie es vielen dieser Unternehmen praktisch unmöglich, ihren Betrieb aufrechtzuerhalten. Shay warnte schon 2013, dass die Kombination von Gesundheitsdaten einer Person und ihres Zahlungsverkehrs in einer bargeldlosen Gesellschaft dazu führen könnte, dass der Zahlungsverkehrsbetreiber Übergewichtigen den Einkauf von süßen Lebensmitteln verwehrt oder auch Autofahrern, Alkoholikern oder Menschen mit einer Bewährungsstrafe den Erwerb von Alkohol; und was man sich sonst noch alles an wohlmeinenden Eingriffen eines fürsorglichen Staates vorstellen kann.

In Deutschland wird etwas Ähnliches schon seit vielen Jahren genutzt, um zu verhindern, dass Jugendliche Zigaretten am Automaten ziehen. Das finden wir alle gut, denn gegen den Verkauf von Zigaretten an Jugendliche gibt es ein in der Bevölkerung ohne Weiteres akzeptiertes Gesetz. Zucker von Übergewichtigen und Alkohol von allen möglichen Leuten fernzuhalten, wird man aber wohl zunächst auf andere Weise versuchen. Wer einen bezahlbaren Tarif bei der Krankenversicherung ergattern will, der muss sich überwachen lassen und sich verpflichten, gesund zu leben. Jede Zuckerbrause, die man kauft, gibt dann Minuspunkte und erhöht den Tarif oder birgt die Gefahr, den günstigeren Tarif zu verlieren. Die ersten Versicherer gehen diesen Weg schon, mit verbilligten Angeboten für diejenigen, die ihren Fahr- oder ihren Lebensstil technisch überwachen lassen, etwa mit einer Box im Auto oder einem datensammelnden und -funkenden Armband. Erschreckend ist, wie billig sich dabei viele Menschen als Datenrohstoff verkaufen und damit dafür sorgen, dass es für die anderen immer teurer und irgendwann unmöglich wird, sich einen Rest an Privatsphäre zu bewahren.

Aber nicht nur von ungesunden und gefährlichen Nahrungsmitteln und Suchtstoffen kann man in einer bargeldlosen Gesellschaft ferngehalten werden. Auch bei gefährlichem Lesestoff und gefährlichen Gedanken funktioniert das. Das ist nicht einmal nur Zukunftsmusik. Denn auch WikiLeaks, die Website, die Dokumente veröffentlicht, welche die Bürger kennen sollten, aber nicht kennen dürfen, wurde 2010 auf kaltem Wege, ohne Gesetz, vom elektronischen Zahlungsverkehr und damit den meisten Spendern abgeschnitten. Dienstleister, die die Plattform genutzt hatten, wie Amazon, Paypal, Visa und die Bank of America, brachen die Geschäftsbeziehungen ab. WikiLeaks hatte große Mühe, diesen Ausfall zu kompensieren, und geriet in finanzielle Schwierigkeiten. Nur die Fantasie setzt den Möglichkeiten von Regierungen, gegen unliebsame Bürger und Organisationen vorzugehen, Grenzen, wenn es nicht einmal mehr Bargeld gibt, auf das man ausweichen kann. »Die Banken sind völlig von den Entscheidungen der Bankregulierer abhängig«, erklärt Bankmanager Shay auf die Frage, warum die Finanzinstitute so willfährig den Signalen der Regierung folgen, wenn es darum geht, die Geschäftsbeziehungen zu bestimmten Personen und Organisationen abzubrechen.

Ein Fall in Neuseeland zeigt, wie wenig auch außerhalb der USA auf das Bankgeheimnis Verlass ist. Dort forderte die Polizei ohne jegliche gerichtliche Verfügung von allerlei Organisationen Daten über den Journalisten Nicky Hager an, weil dieser bestimmte Informationen in einem Buch veröffentlicht hatte. Während die meisten anderen Unternehmen das freche Ansinnen ablehnten, händigte die Großbank Westpac anstandslos alle Kontodaten und Transaktionen von Hager an die Polizei aus.[59]

Die US-Regierung hat schon jetzt eine Macht über ihre Bürger, die man sich in einem Rechtsstaat kaum vorstellen will, stellt Shay fest. Er verweist auf die Ermächtigung der Regierung, schon auf den bloßen Verdacht eines Beamten hin die finanziellen Mittel von Unternehmen, Bürgern oder Organisationen zu beschlagnahmen und erst anschließend nach Beweisen zu suchen und sich mit den Betroffenen auseinanderzusetzen. So wurde einem kleinen familiengeführten Einzelhandelsunternehmen alles Geld auf dem Konto beschlagnahmt. Der Grund: Regelmäßige Einzahlungen von knapp unter 10.000 Dollar lösten eine Meldung der Bank aus und schürten bei einem Beamten den Verdacht, hier könnten Einzahlungen zum illegalen Unterlaufen der Meldepflicht für größere Bargeldtransaktionen gestückelt werden. Dabei erklärten sie sich vor allem daraus, dass die Versicherungspolice nur Bargeldbestände bis 10.000 Dollar abdeckte und die Kleinunternehmer das Geld deshalb spätestens dann zur Bank brachten, wenn ihr Bargeldbestand annähernd 10.000 Dollar erreichte.

Eine Regierung und ihre Angestellten, die derart in das finanzielle Leben einer auf elektronischen Zahlungsverkehr angewiesenen Firma oder Organisation eingreifen können, verfügen über ein enormes Erpressungspotenzial. Wer die Macht hat, einen solchen Verdacht zu äußern, dem gilt es jeden Wunsch von den Lippen abzulesen. Wenn die Regierung einem etwas vorwirft, tut man gut daran, es schnell zuzugeben, gegen die Zusage, dass die Regierung das Konto dann bald wieder freigibt. Wahrscheinlich, schreibt Shay sarkastisch, werde irgendwann ein geheim tagendes Gericht (Kriminalitätsbekämpfung verlangt Heimlichkeit) damit betraut, solche Fälle vorab zu prüfen, und werde 99,7 Prozent der Maßnahmen gutheißen. Aber der Anschein der Rechtstaatlichkeit wäre dann wieder gewahrt.

Wenn jemand wie Julian Assange oder Edward Snowden als Feinde einer Regierung, insbesondere der US-Regierung, eingestuft werden, muss die Regierung in einer künftigen, bargeldlosen Gesellschaft mit Totalüberwachung des Zahlungsverkehrs nicht mehr selbst Anklage mit windigen Begründungen erheben oder Regierungen anderer Staaten dazu bringen, Vergewaltigungsvorwürfe zu fingieren. Es genügt, unbemerkt von der Öffentlichkeit, in den einschlägigen Datenbanken dunkelrote elektronische Warntafeln aufzurichten, die allen Finanzdienstleistern signalisieren, dass sie mit diesen Personen und mit denen, die mit ihnen finanzielle Kontakte pflegen, keine Geschäftsbeziehungen unterhalten sollten. Wenn Shay schreibt, dies käme in einer bargeldlosen Gesellschaft fast der Verurteilung zum Hungertod gleich, ist das zwar etwas übertrieben, da man Lebensmittel ja immerhin analog weiterreichen kann. Aber das Leben dieser Menschen ist dann zerstört und eine effektive Bedrohung können sie ohne Zugang zu Geld nicht mehr darstellen. Und das alles ohne ein Gesetz oder öffentliche Erlasse, mit denen man sich angreifbar machen würde.

Ein Problem dabei ist noch, dass die mithelfenden Finanz- und IT-Unternehmen und ihre Manager das Gesetz zu fürchten haben, wenn irgendwann herauskommt, was sie im Auftrag einer gesetzlosen Regierung tun. Daran wird gearbeitet. So hat der Senat in Washington am 27. Oktober 2015 mit großer Mehrheit ein im Geheimen verhandeltes Gesetz mit dem Kürzel Cisa verabschiedet, das angeblich der digitalen Sicherheit dienen soll. Auch ein offener Brief von Universitätsprofessoren und die Kritik einer großen Anzahl von Organisationen und Unternehmen brachte die Senatoren nicht davon ab. Wenn auch noch das Unterhaus zustimmt, wird Cisa es Unternehmen, darunter allen Finanzinstituten, erlauben, private Informationen über ihre Kunden mit Regierungsstellen zu teilen. Im Gegenzug erlaubt das Gesetz den betreffenden Unternehmen, Auskünfte nach dem Informationsfreiheitsgesetz darüber, an wen sie welche Daten eines Bürgers oder Unternehmens weitergegeben haben, zu verweigern. Die American Banking Association und die Telecommunications Industry Association lobten das Gesetz, denn es verbessere die Cybersicherheit und gebe den Unternehmen die Garantien, die sie bräuchten, um sie zur freiwilligen Datenweitergabe zu ermutigen.[60]

Die Senatoren, die das Gesetz vorantrieben, versicherten, die Daten würden vor der Weitergabe an die Regierungsstellen anonymisiert. Wie lächerlich diese Zusicherung ist, kann man schon daran ermessen, dass allein Geschlecht, Postleitzahl und Geburtsdatum reichen, um 87 Prozent der US-Bürger eindeutig zu identifizieren. Wolfie Christl spricht von Pseudo-Anonymisierung, wenn etwa Name und Anschrift weggelassen werden, der restliche Datensatz es aber leicht ermöglicht, Name und Anschrift herauszufinden.[61]

Schon als 2006 AOL detaillierte Log-Dateien zum Suchverhalten von 675.000 Personen veröffentlichte, gelang es, Nutzer allein durch Analyse der Suchanfragen zu identifizieren. Heute ist die Anzahl der über jeden Menschen gesammelten und zum Teil sogar öffentlich zugänglichen Daten, über die man diese Deanonymisierung bewerkstelligen kann, ungleich größer als damals. Das Gleiche gilt für die Rechenkapazität, die es ermöglicht, diese Daten massenhaft in Minutenschnelle zu vergleichen und auszuwerten.

Ein Bankgeheimnis gibt es in Deutschland seit dem 25. Juni 2017 nicht mehr. Die Finanzbehörden können seit diesem Tag von allen Banken, zu denen die Bürger Kundenbeziehungen unterhalten, umfassende Auskunft verlangen. Dazu wurde das Steuerumgehungsbekämpfungsgesetz erlassen, mit dem unter anderem § 30a der Abgabenordnung mit dem Namen »Schutz von Bankkunden« ersatzlos gestrichen wurde. Dadurch brauchen die Finanzbehörden auf das Vertrauensverhältnis zwischen den Kreditinstituten und deren Kunden keinerlei Rücksicht mehr zu nehmen. Sie dürfen für sich oder andere Behörden automatische und inhaltlich nicht eingegrenzte Rasterfahndungen nach Konten mit bestimmten Eigenschaften oder Transaktionscharakteristika vornehmen. Dies wird durch den neu eingefügten Absatz 1a von § 93 auch ausdrücklich festgestellt: »Die Finanzbehörde darf Auskunftsersuchen über eine ihr noch unbekannte Anzahl von Sachverhalten mit dem Grunde nach bestimmbaren, ihr noch nicht bekannten Personen stellen (Sammelauskunftsersuchen). Voraussetzung für ein Sammelauskunftsersuchen ist, dass ein hinreichender Anlass für die Ermittlungen besteht …«

Behörden, die zuständig sind für die Grundsicherung von Arbeitsuchenden, für die Sozialhilfe, die Ausbildungsförderung und das Wohngeld, dürfen das Bundeszentralamt für Steuern beauftragen, bei den Kreditinstituten Daten abzurufen. Diese Liste kann durch ein Bundesgesetz jederzeit erweitert werden. Unter dem Vorwand der Geldwäschebekämpfung war die Verpflichtung für Banken und Sparkassen eingeführt worden, dass sie jederzeit in der Lage sein müssen, Auskunft über alle Konten und Schließfächer zu geben, für die eine Person wirtschaftlich berechtigt ist. Aber von wegen: ausgerechnet mit einem weiteren Gesetz, das angeblich nur die Bekämpfung der Verschiebung steuerpflichtigen Geldes ins Ausland unterbinden will, wurde nun diese Verpflichtung auch auf Anfragen von Sozialämtern ausgeweitet. Als ob die Hartz-IV-Empfänger regelmäßig Geld ins Ausland schaffen würden.

Für jeden, der sich die Abgabenordnung anschaut, offenbart sich ziemlich schnell: Ziel all dieser Bemühungen ist der für die Verwaltung gläserne Bürger, und es wird auch deutlich: Die Verwaltung ist diesem Ziel bereits sehr nahe.

Der Marsch in die Bankendiktatur

Der ehemalige Deutsche-Bank-Chef Rolf Breuer hat vermutlich bereut, dass er den Medienunternehmer Leo Kirch mit öffentlichen Zweifeln an dessen Kreditwürdigkeit in den Bankrott getrieben hat. Die Deutsche Bank musste dafür einen langen, rufschädigenden Prozess erdulden und letztlich fast eine Milliarde Euro Entschädigung zahlen. Künftig, wenn die Datenbanken das totale Regiment über unser finanzielles Leben übernommen haben, geht das viel einfacher und geschmeidiger. Wenn dann eine Bank von einem Unternehmen oder einer Privatperson eine bestimmte Handlung erzwingen will, droht sie einfach durch die Blume damit, diese Datenbanken mit schlechten Informationen über einen zu füttern. Da niemand all diese Datenbanken kennt und oder nachvollziehen kann, woher die Informationen stammen, ist das sehr wirkungsvoll und gefahrlos. Wahrscheinlich erübrigt sich irgendwann jede Drohung, da ohnehin jeder weiß, wie mächtig diejenigen sind, die unseren Zugang zum Zahlungsverkehr und zu Kredit in einer bargeldlosen Welt kontrollieren.

Auch die Finanzhistorie von Politikern und deren Umfeld ist den vielen Leuten mit Zugang zu den Finanzdatenbanken nicht unbekannt. Es müsste schon mit dem Teufel zugehen, wenn man nicht im Umfeld so gut wie jedes einflussreichen Politikers jemand fände, den man erpressen könnte, wenn es schon nicht der Politiker selber ist. Eines der seltenen Beispiele, wo so etwas publik wurde, war der Fall des schweizerischen Notenbankchefs Philipp Hildebrand. Er musste Anfang 2012 zurücktreten, weil seine Frau über sein Konto zu einer Zeit Devisen gekauft hatte, als Hildebrand und seine Kollegen Eingriffe in den Devisenmarkt vorbereiteten. Das wurde publik, weil ein Mitarbeiter seiner Hausbank die Kontoinformationen einem Politiker zuspielte, der Hildebrand nicht wohlgesinnt war. Womit sich Hildebrand den Zorn seines unbekannten mächtigen Gegenspielers zugezogen hat, ist nicht bekannt.

Praktisch zeitgleich mit den Aktionen von JP Morgan Chase gegen das Bargeld wurde im Frühjahr 2015 bekannt, dass die größte US-Bank eine Überwachung ihrer Beschäftigten vorantreibt, welche die Visionen des Films *Minority Report*, der im Jahr 2054 spielt, in den Schatten stellt. In dem Film von Steven Spielberg werden Straftäter schon erkannt und verhaftet, bevor sie ihre Straftat begehen. Später stellt ein Polizist, der solche vorsorglichen Verhaftungen vornimmt und dann selbst auf die Fahndungsliste gerät, fest, dass das Verfahren missbraucht wird.

JP Morgan Chase testet seit mindestens April 2015 ein Computerprogramm, das zunächst die Börsenhändler der Bank, später auch die Vermögensverwalter überwacht und meldet, wenn es eine Kombination von Indizien gibt, die darauf hindeuten, dass Ungesetzliches geplant werden könnte. Da Mitarbeiter von Banken in der Regel gehalten sind, ihre Konten bei dieser Bank zu führen, darf man vermuten, dass dieser elektronische Große Bruder vor allem auch mit Informationen zum Zahlungsverkehr der Beschäftigten gefüttert wird. Andere große Banken, wie zum Beispiel Barclays, arbeiten an ähnlichen Systemen zur totalen Überwachung der Beschäftigten.[62] Dass auch der Zahlungsverkehr der übrigen Kunden automatisiert überwacht und nach auffälligen Mustern durchsucht wird, ist bekannt, schon um Kontenmissbrauch im Interesse der Kunden schnell zu entdecken. Keinerlei Informationen gibt es jedoch darüber, welche weiteren Analyseprogramme der Banken oder der Geheimdienste man bei dieser Gelegenheit gleich mit über die Daten laufen lässt. Aufgrund der immer weiter fortschreitenden Konzentration im Bankgewerbe haben einzelne Mega-Banken wie JP Morgan Chase und Deutsche Bank bereits direkten Zugriff in ihren eigenen Kontodaten auf einen großen Teil des nationalen und internationalen Zahlungsverkehrs und können daraus Informationen ziehen, die ihnen große Macht verleihen. Ein Geheimdienst, der Zugang zu einer Handvoll der jeweils größten Banken eines Landes hat, kann sich damit ein fast schon vollständiges Bild aller wirtschaftlichen Vorgänge in dem Land verschaffen. Das geht mit einer unheimlichen Machtfülle einher, bereits jetzt. Wenn das Bargeld auch noch verschwindet, wird sie noch viel größer werden.

Das liegt nicht nur daran, dass die Banken damit Zugriff auf noch mehr Daten bekommen. Es hat auch damit zu tun, wie wir in den nächsten beiden Kapiteln noch genauer sehen werden, dass den Menschen jede Alternative dazu genommen wird, ihr Geld bei den Banken »aufzubewahren«, genauer: den Banken Kredit zu geben. Sie werden dann mit ihrem Geld im Einflussbereich der Banken eingesperrt und können es nicht mehr abziehen und in Sicherheit bringen, wenn sie Bankpleiten befürchten. Die Banken können dann noch viel ungenierter agieren als zuvor schon, denn sie müssen keinen Run auf die Bankguthaben mehr befürchten, solange sie sich einigermaßen im Gleichschritt bewegen. Sie können noch riskantere und noch einträglichere Geschäfte machen und sich mit den Gewinnen daraus noch größeren politischen Einfluss sichern. Schon jetzt tanzt die Politik sehr weitgehend nach ihrer Pfeife. Die Banken und Versicherer klagen über Anlagenotstand wegen niedriger Zinsen, und schon springen parteiübergreifend Wirtschaftsminister Sigmar Gabriel und Verkehrsminister Alexander Dobrindt auf und berufen eine Kommission ein, vollgepackt mit

Spitzenvertretern der großen Finanzinstitute, die einen Plan ausarbeitet, wie man öffentliche Infrastruktur so privatisieren kann, dass den beteiligten Finanzinstituten eine sichere und hohe Rendite garantiert wird, zulasten von Steuerzahlern und gebührenzahlenden Straßennutzern.[63]

Ohnehin wird die Aufsicht über die Banken immer mehr auf die europäische Ebene gehoben, auf der es keine demokratische Kontrolle mehr gibt, die diesen Namen verdient. Die Oberaufseherin Europäische Zentralbank, die wie gesehen viel stärker das Wohl der Banken im Blick hat als das der Bürger, ist politisch unabhängig und niemandem ernsthaft politisch Rechenschaft schuldig. Wenn die immer stärker geforderte gemeinsame Einlagensicherung einmal verwirklicht ist, sind die Banken vollends der Kontrolle und dem Zugriff der nationalen Regierungen entzogen und können ihre Machtgelüste auf europäischer Ebene ungehindert ausleben. Wer soll sie und die Europäische Zentralbank dann noch stoppen?

Wie unser Geldsystem funktioniert

Als Kind ging ich am Weltspartag regelmäßig mit meinem Sparschwein zur Sparkasse. Ich kann mich noch gut an die Enttäuschung erinnern, als mir mein Vater danach einmal lachend erklärte, dass ich meine Olympia-Gedenkmünze mit dem Aufdruck »10 Deutsche Mark«, die ich zum Geburtstag bekommen hatte, nie mehr wiedersehen werde, sondern die Bank mir nun lediglich zehn Mark schulde. Auch wenn der materielle Schaden gering war, so trug ich es dem Sparkassenangestellten doch lange nach, dass er diese Münze einfach so annahm und mich in dem Glauben ließ, die Sparkasse würde sie für mich verwahren.

Die Vorstellung der meisten Erwachsenen davon, was sich auf ihrem Giro- oder Sparkonto befindet, ist etwas weniger naiv – aber nicht sehr viel weniger. Eine Gedenkmünze oder gar eine Goldmünze würden sie kaum auf ihr Konto einzahlen. Aber die meisten denken doch irgendwie, dass es *ihr* Geld ist, das sich dort auf dem Konto befindet, nicht aber, dass es sich um einen Kredit handelt, den sie der Bank gewähren.

In Frankfurt am Main, immerhin Deutschlands Bankenmetropole, führte der in Großbritannien lehrende deutsche Professor für Bankwesen Richard Werner eine Kurzbefragung mit 1.000 Teilnehmern durch, um den Wissensstand der Bevölkerung hinsichtlich des Geldsystems zu prüfen. Er stellte fest, dass 84 Prozent der Teilnehmer glaubten, die Zentralbank oder die Regierung produziere und verteile das Geld. Die Frage, ob sie einem System zustimmen würden, in dem ein Großteil der Geldmenge durch private, profitorientierte Unternehmen produziert und verteilt wird, verneinten 90 Prozent, wobei angesichts der Antworten auf die erste Frage die Allermeisten nicht wussten, dass dieses Szenario unser tatsächliches Geldsystem beschreibt.[64]

Eine Studie, die das Verständnis der britischen Parlamentarier in Bezug auf das Geldsystem untersuchte, förderte Ähnliches zutage. In einer Online-Umfrage gaben 71 der 100 befragten Parlamentarier an, dass einzig und allein der Staat oder die Zentralbank Geld herstellen könnten. Nur 10 Prozent der Parlamentarier waren sich darüber im Klaren, dass die Banken über die Kreditvergabe neues Giralgeld schöpfen.[65]

Wir werden später noch sehen, dass diese Unwissenheit der meisten Menschen über das Geldsystem durchaus gewollt ist – und auch, wer sie befördert. Bekannt ist der Spruch, der in überspitzter Weise dem Automobilproduzenten Henry Ford zugeschrieben wird: »Eigentlich ist es gut, dass die Menschen der Nation unser Banken- und Geldsystem nicht verstehen. Würden sie es nämlich, so hätten wir eine Revolution noch vor morgen früh.«

Tatsächlich schrieb Ford im Kapitel »Geld – Herr oder Diener« seines Buchs *My Life and Work*: »Die Menschen sind so unbeirrbar auf der Seite des stabilen Geldes, dass es sehr die Frage ist, wie sie das System beurteilen würden, unter dem sie leben, wenn sie wüssten, was die Kundigen damit tun können.«[66]

Das ist nicht ganz so dramatisch, geht aber in die gleiche Richtung. Es schwirren zahlreiche nicht verifizierte Zitate von Bankern herum, die einen verschwörerischen Charakter des Geldsystems nahelegen. Man muss damit sehr vorsichtig sein, denn oft handelt es sich bei denen, denen diese Zitate zugeschrieben werden, um jüdische Bankiers; besonders gern »zitiert« werden die Mitglieder der einst so mächtigen Rothschild-Dynastie. Da es viele Anhänger der Theorie einer jüdischen Weltverschwörung gibt, die solche vermeintlichen Zitate mit Begeisterung aufsaugen, war es nie schwer, sie in Umlauf zu bringen und so oft wiederholen zu lassen, bis sie echt erschienen. Am bekanntesten ist wohl ein angebliches Zitat eines Rothschild, wonach es ihm gleichgültig sei, wer die Gesetze einer Nation mache, solange er das Geld(-system) kontrolliere. Es ist nicht verifizierbar.

Besser belegt sind Zitate einiger US-Präsidenten, die in eine ähnliche Richtung zielen, etwa von Thomas Jefferson im Jahre 1816: »Ich glaube aufrichtig, wie Sie, dass Bankanstalten gefährlicher sind als stehende Armeen; und dass das Prinzip, unter dem Namen Finanzierung, Geld auf Kosten der Nachwelt auszugeben, großmaßstäblicher Betrug an der Zukunft ist.«[67] Oder von Andrew Jackson, im Jahr 1832: »Der Kongress hat eine Münzanstalt eingerichtet, um Geld zu prägen und Gesetze zu erlassen, die dessen Wert regeln. Das so geprägte Geld (…) ist das einzige Geld, das die Verfassung kennt. Aber wenn sie (der Kongress) noch andere Befugnisse zur Regulierung des Geldes haben sollten, wurden diese ihnen gegeben, damit sie sie selbst ausüben, nicht damit sie diese an ein privates Unternehmen weitergeben.«[68]

Von Abraham Lincoln, dem 16. Präsidenten, ist ein ähnliches, aber nicht authentisches Zitat in Umlauf. Tatsächlich stammt es aus einem Buch von Gerald Grattan McGeer, der Lincolns Denken in Geldfragen folgendermaßen zusammenfasst: »Geld ist ein Geschöpf der Gesetze und die Schaffung der Erstausgabe des Geldes sollte als ausschließliches Monopol der nationalen Regierung beibehalten werden.«[69] Lincoln handelte entsprechend dieser Maxime. Er finanzierte die Ausgaben des Nordens im amerikanischen Bürgerkrieg durch die Ausgabe sogenannter Greenbacks, also staatlicher Schuldscheine, die als Geld umliefen, nachdem der Staat damit seine Lieferanten und Soldaten bezahlt hatte. Sie waren nicht durch Edelmetall gedeckt. Von ihnen leitet sich der heutige Spitzname des Dollar ab.

Letztlich beklagen die verschiedenen US-Präsidenten ein Phänomen, das bis heute gilt. Geld ist ein Rechtsgut. Es umfasst alle zum Begleichen einer monetären Forderung zulässigen Zahlungsmittel. Wer Geld in welcher Form und Menge ausgeben und zu welchen Bedingungen er es in den Verkehr bringen darf, sollte in einem Rechtsstaat gesetzlich geregelt sein. Das war und ist in den USA nicht der Fall, und dasselbe gilt bis heute auch für Deutschland und Europa. Die Geldordnung ist historisch gewachsen und in zahlreichen nationalen und europäischen Gesetzen und Verordnungen nur unvollständig, missverständlich, mehrdeutig und widersprüchlich geregelt. Es gibt keine Legaldefinition des Geldes und keine Währungsverfassung.[70] Die Tatsache, dass mehrere bankenkritische US-Präsidenten gegen den Widerstand der übermächtigen Finanzbranche nicht in der Lage waren, diesen Zustand zu ändern, lässt erahnen, wer diese Geldordnung nach Gewohnheitsrecht maßgeblich geprägt hat und wem sie vor allem nützt.

Nicht nur die Frage, ob private Unternehmen Geld schaffen dürfen, war schon immer umstritten. Große Skepsis besteht im Zusammenhang damit auch im Hinblick auf die Legitimität der Zinsen, die die Banken nehmen. Folgendermaßen rechtfertigt der Bundesverband deutscher Banken in seinen Schulmaterialien diese Praxis: »Zusätzlich zu dieser Tilgung des Kreditbetrags sind Kreditzinsen zu bezahlen. (…) Für den Kreditgeber bedeutet der Kreditzins einen Ausgleich dafür, dass er selbst vorübergehend darauf verzichtet, über das Geld verfügen zu können.«[71]

Wenn nun aber die Öffentlichkeit zu der Einschätzung käme, dass die Banken das Geld, das sie verleihen, selbst schaffen, aus dem Nichts sozusagen, dann würden sie anfangen, an dieser Rechtfertigung des Zinses zu zweifeln. Schauen wir uns also an, wie genau unser Geld- und Bankensystem funktioniert.

Richtiges Geld und Bankengeld

Die Deutsche Bundesbank erklärt in ihrem Online-Schüler-buch *Geld und Geldpolitik Digital* in erfrischender Einfachheit, wie Banken Geld schaffen: »Wird einem Kunden ein Kredit über 1.000 Euro gewährt, erhöht sich die Sichteinlage des Kunden auf seinem Girokonto um 1.000 Euro. Es wurden 1.000 Euro Buchgeld geschaffen.«

Die Banken verleihen also nicht eigenes Geld oder vermitteln Spargeld an Kreditnehmer weiter, sondern sie schaffen bei der Kreditvergabe das Geld, das sie verleihen. Das geht deshalb, weil Banken das Privileg genießen, dass ihre Schulden vom Staat als Zahlungsmittel akzeptiert werden.

Die Bedeutung dieses Privilegs erkennt man, wenn man sich vorstellt, was passieren würde, wenn ich meiner Nachbarin einen Kredit anböte, der genau wie bei einem Bankkredit darin besteht, dass ich ihr ein Guthaben einräume, das sie sich jederzeit in Bargeld auszahlen lassen kann. Sie würde sich wohl sofort das Bargeld bei mir abholen, und ich hätte keine Vorteil. Denn mit einem von mir gewährten Guthaben kann sie nichts anfangen. Damit kann sie nichts bezahlen. Wenn ich dagegen eine Banklizenz hätte, bräuchte sie sich das Bargeld normalerweise nicht auszahlen zu lassen und würde es auch nicht tun. Denn sie könnte das Guthaben – zum Beispiel per Überweisung – einfach zur Zahlung an jemand anderen weitergeben, der es normalerweise auch annähme.

Im Bericht einer Arbeitsgruppe der Großbankenlobby Group of Thirty unter Leitung von Axel Weber und zwei weiteren früheren Zentralbankern, die heute für die internationale Finanzbranche arbeiten, liest sich das so: »In einer Welt, in der die Schulden einer privaten Bank weithin als Zahlungsmittel akzeptiert werden, können Banken Geld und Kredit schaffen und tun das auch. Sie tun es, indem sie Kredit vergeben oder indem sie einen anderen Wertgegenstand kaufen und dafür einfach beide Seiten ihrer Bilanz vergrößern.«[72]

Es widerstrebt dem menschlichen Geist zu akzeptieren, dass jemand die Macht haben soll, Geld einfach aus dem Nichts zu schaffen und sich damit einen Wertgegenstand zu kaufen. Und doch ist es so. Wie das funktioniert, versteht man am leichtesten, wenn man sich alle Banken eines Landes als Filialen einer einzigen großen Geschäftsbank vorstellt.

Ein Bankensystem mit nur einer Geschäftsbank

Lassen wir die angenommene einzige private Mega-Bank des Landes einem Unternehmen einen Kredit von 100.000 Euro geben, indem sie ihm ein Giroguthaben von 100.000 Euro gutschreibt. Selbst wenn das Unternehmen das geliehene Geld gleich verwendet, um es anderen zu überweisen, zum Beispiel seinen Arbeitern in Form von Löhnen, bleibt die neu geschaffene Einlage von 100.000 Euro bei der Bank, denn alle Arbeiter des Unternehmens haben ihr Konto bei dieser einen Bank. Ähnlich ist es, wenn die Bank sich eine neue, repräsentative Zentrale baut und den Bauunternehmen, Handwerkern und Lieferanten zur Bezahlung einfach Guthaben von insgesamt 500 Millionen Euro gutschreibt. Alle haben ein Konto bei ihr, und auch wenn sie es an jemand anderen überweisen, bleibt das neu geschaffene Geld bei der Mega-Bank. Sie hat ihre neue Zentrale praktisch umsonst bekommen. Kein Partner oder Aktionär musste dafür bezahlen oder vom Gewinn etwas abgeben. Nur in dem Maße, in dem Bankkunden das zusätzliche Geld nicht bargeldlos verwenden, sondern zusätzliches Bargeld abheben, kostet die Bank der Bau etwas, denn das Bargeld muss sie sich besorgen; das kann sie nicht selbst schaffen.

Das scheint zu einfach, um wahr zu sein. Wenn man umsonst einkaufen kann, kauft man sich doch die Welt. Wenn man

Geld schaffen und gegen Zinsen verleihen kann, vergibt man doch Unmengen an Kredit.

In der Tat hat die Bank einen Anreiz, massenhaft Wertpapiere und anderes zu kaufen und so viel Geld wie möglich zu verleihen. Begrenzt wird sie dabei von der Existenz des Bargelds, genauer gesagt davon, dass sie versichert hat, das Buchgeld, also die Giroguthaben, die sie schafft und verleiht, seien genauso gut wie Bargeld, und jeder Einlagenhalter könne das Buchgeld jederzeit in Bargeld umtauschen. Wenn die Bank es mit der Schaffung von Buchgeld zu toll treibt, verlieren die Menschen irgendwann das Vertrauen in dieses Versprechen. Sie würden womöglich das Giralgeld der Bank nicht mehr zur Zahlung annehmen und selbst massenhaft Bargeld abheben. Dann hätte das Geldschöpfungsprivileg der Bank seinen Wert weitgehend verloren.

Viele Banken in Konkurrenz

Splitten wir nun die Geschäftsbank auf und betrachten den etwas komplizierteren Fall vieler konkurrierender Banken, wie er unser tatsächliches System beschreibt. Um unsere Vorstellungskraft nicht zu überfordern, nehmen wir an, es wären nur drei konkurrierende Geschäftsbanken. Das Prinzip ist das Gleiche, wenn es Hunderte sind.

Nun ist zu klären: Was passiert, wenn ein Bankkunde sein Bankguthaben von Bank A an einen Kunden von Bank B überweist? Außerdem: Was verhindert, dass sich die Banken gegenseitig beim Schaffen neuen Geldes überbieten und es so durch ein Überangebot entwerten?

Wenn Bank A einem Unternehmen einen Kredit von 100.000 Euro gibt und dieses das eingeräumte Guthaben an seine Arbeitnehmer überweist, die ihre Konten bei den Banken B und C haben, könnte das theoretisch so ablaufen, dass das Unternehmen seinen Arbeitnehmern Dokumente überreicht, auf denen gestückelt ein Anspruch gegen Bank A auf Bargeld verbrieft ist. Dann würden Schuldscheine von Bank A zirkulieren. Gleichzeitig würden auch Schuldscheine von Bank B und Bank C zirkulieren, die entstehen, wenn diese Banken Kredit geben. Das war in etwa das System, wie es ab Mitte der 1830er-Jahre bis 1913 in den USA bestand, als es dort keine Zentralbank gab und die vielen verschiedenen Banken jeweils eigene Banknoten herausgaben. Es erschienen dicke Bücher mit den Merkmalen dieser verschiedenen Banknoten, in denen Händler nachschauten, um deren Echtheit festzustellen. Gleichzeitig gab es Dienste, die die Bonität der jeweiligen Banken beurteilten. Banken, die relativ zu ihrem Kapital sehr viele Banknoten herausgaben, erhielten ein schlechtes »Rating«, und ihre Banknoten liefen mit unterschiedlich hohen Abschlägen gegenüber dem aufgedruckten Nennwert um. Das war ein sehr umständliches System.

Unter Zuhilfenahme einer Zentralbank haben sich die Banken ein System geschaffen, das weniger umständlich für seine Nutzer ist. Dabei wird das Guthaben bei Bank A unter Nutzung eines zweiten Geldkreislaufs von Zentralbankgeld in Guthaben bei den Banken B und C umgewandelt. Aus einer Schuld von Bank A gegenüber ihrem Kreditkunden werden Schulden von Bank B und Bank C gegenüber den Empfängern der Gehaltsüberweisungen. Das funktioniert so:

Dem Unternehmen wird im Zuge der Kreditvergabe ein Guthaben bei Bank A eingeräumt. Wenn es dieses auf Konten der Arbeitnehmer bei anderen Banken überweisen will, muss Bank A die Banken B und C irgendwie dazu bewegen, den Arbeitnehmern Guthaben einzuräumen, also diesen gegenüber eine Verpflichtung auf jederzeitige Bargeldauszahlung einzugehen. Dafür muss Bank A diesen Banken etwas Gleichwertiges anbieten. Die anderen Banken nehmen aber eine Gutschrift von Bank A, welche diese einfach aus dem Nichts herbeizaubern könnte, nicht an. Banken nehmen von anderen Banken zur Zahlung nur Bargeld an oder etwas, das genauso gut ist wie Bargeld, nämlich Zentralbankguthaben.

Folgendes passiert also, wenn der Kreditkunde von Bank A sein Guthaben seinen Arbeitnehmern mit Konten bei den Banken B und C überweist: Bank A streicht das Guthaben des Kreditkunden und weist die anderen beiden Banken an, den Empfängern der Überweisungen entsprechende Guthaben einzurichten. Im Gegenzug überweist Bank A von ihrem Zentralbankkonto gleichzeitig ein Guthaben auf das Zentralbankkonto der jeweiligen Empfängerbank.

Ein solches Zentralbankguthaben ist so gut wie Bargeld. Es gibt der Bank das Recht, in Höhe des Guthabens jederzeit Bargeld von der Zentralbank zu erhalten. Und da die Zentralbank das Bargeld selbst nach Belieben drucken kann, gibt es keinen Grund, daran zu zweifeln, dass sie diese Verpflichtung jederzeit einlösen kann.

Die Guthaben bei der Zentralbank müssen sich die Banken auf Kredit besorgen, indem sie bei der Zentralbank Sicherheiten hinterlegen und den geforderten Zins bezahlen. Das schmälert ihren Gewinn nicht nachhaltig, denn der Zins ist meist eher niedrig. Auch machen die benötigten Bargeldbestände und Zentralbankguthaben nur einen Bruchteil der ausstehenden Kundenguthaben bei den Geschäftsbanken, also des Buchgelds der Banken, aus.

Nun zur zweiten Frage: Was bewirkt, dass die Banken sich nicht gegenseitig beim Geldschaffen überbieten und so in kurzer Zeit die Währung ruinieren?

Für Bank A ist die Überweisung eine schlechte Sache. Sie darf zwar eine Schuld gegenüber ihrem Kunden streichen, aber diese Schuld lautet auf Buchgeld, das Bank A selbst erzeugen kann. Dafür muss sie die anderen Banken in einer Währung bezahlen, die sie nicht selbst herstellen kann, nämlich Zentralbankgeld. Aus dem Blickwinkel der einzelnen Bank sieht es in diesem System also gar nicht so aus, als könnte sie Geld einfach so schaffen. Vielmehr erscheint es ihr, als müsste sie Kredite durch Anziehen von Spareinlagen »finanzieren«. Denn wenn eine Bank ungeniert immer neue Kredite ausreicht, ihre Kreditkunden das Geld anderswohin überweisen und im Gegenzug nicht genug Überweisungen von anderen Banken eingehen, dann gelingt es dieser Bank bald nicht mehr, Bargeldauszahlungswünsche ihrer Einlagenkunden zu befriedigen oder Überweisungen von Guthaben an andere Banken auszuführen. Denn für beides braucht sie Zentralbankguthaben. Wenn eine Bank kein Bargeld mehr auszahlen oder Überweisungen tätigen kann, ist sie nicht mehr geschäftsfähig.

Viele Menschen, auch viele Banker, halten es deshalb für abwegig zu behaupten, Banken könnten einfach so Geld aus dem Nichts schaffen. Der deutsche Ökonom Hans Gestrich hat diese Fehlinterpretation schon 1944 in seinem Buch *Kredit und Sparen* beschrieben und erklärt.[73] Sie entstehe dadurch, dass die Sichtweise einer einzelnen Bank mit der Sichtweise des Bankensystems insgesamt verwechselt werde.

Was meint Gestrich mit der Sichtweise des Bankensystems insgesamt? Um das zu verstehen, muss man betrachten, was bei den anderen Banken passiert, wenn Bank A deren Kunden die 100.000 Euro überweist. Für die Banken B und C sind die Überweisungen eine gute Sache. Sie bekommen 100.000 Euro echtes, knappes Bargeld oder gleichwertiges Zentralbankgeld und bezahlen dafür mit etwas, was sie selbst praktisch kostenlos herstellen können: Buchgeld im Nominalwert von 100.000 Euro, das sie den Empfängern der Überweisungen gutschreiben. Die Empfängerbanken können danach unbeschwerter per Kredit neue Einlagen schaffen, denn sie haben ja jetzt überschüssige Guthaben in Höhe von 100.000 Euro bei der Zentralbank, mit denen sie etwaige Abflüsse neuer Guthaben als Bargeld oder als Überweisungen an andere Banken abwickeln können. Was Bank A an Möglichkeiten zur Kreditgeldschöpfung verliert, gewinnen andere Banken hinzu. Die Fähigkeit des Bankensystems insgesamt, per Kredit neues Geld zu schaffen, wird also von den Überweisungen nicht tangiert. Bei dem Versuch der einzelnen

Banken, Einlagen anzuziehen beziehungsweise zu halten, geht es nur darum, der eigenen Bank einen möglichst großen Anteil am gesamten Geldschöpfungsgewinn aller Banken zu sichern.

Der Geldmarkt

Selbst aus Sicht der einzelnen Bank ist der Zusammenhang zwischen Einlagevolumen und Kreditvergabekapazität recht lose. Es ist ganz normal, dass manche Banken, wie die großen deutschen Geschäftsbanken, relativ wenige Einlagen haben; andere Banken, vor allem die Sparkassen und Volksbanken, dagegen sehr viele. Dadurch sind Deutsche Bank und Commerzbank allerdings nicht in ihrer Kreditvergabe beschränkt. Denn was eine Bank zu wenig an Einlagen und damit Zentralbankguthaben hat, hat eine andere zu viel. Diejenige, die über reichlich Guthaben verfügt, hat aber nicht unbedingt sofort die passenden Kreditkunden, um ihren Spielraum zur erhöhten Kreditvergabe voll auszunutzen. Um damit umzugehen, haben die Banken den Geldmarkt entwickelt. Über diesen Markt leihen sie sich gegenseitig Zentralbankgeld aus.

In unserem Beispiel kann man sich das so vorstellen: Wenn der große Kreditkunde von Bank A seine Lohnüberweisungen auf Konten bei den Banken B und C tätigt, hat Bank A danach zu wenig, die anderen Banken zu viel Zentralbankguthaben. Bank A äußert am Geldmarkt Nachfrage nach einem Zentralbankgelddarlehen. Die beiden anderen Banken, die nach der Überweisung mehr Zentralbankguthaben haben, als sie benötigen, geben Bank A Zentralbankgeld auf Kredit. Der Zins dafür liegt normalerweise deutlich niedriger als der Zins, den Bank A von ihrem Kreditkunden fordert. Auf diese Weise verdient Bank A immer noch an dem Kredit, sie muss den Gewinn allerdings mit Bank B und Bank C teilen.

Ein Problem tritt für Bank A nur auf, wenn sie ihr Kreditvolumen dauerhaft deutlich schneller ausdehnt als die beiden anderen Banken. Dann fließt beständig mehr Einlagengeld und damit im Hintergrund Zentralbankgeld ab, als zufließt. Wenn Bank A in immer stärkerem Maße am Geldmarkt als Kreditnehmerin auftritt, verlieren die anderen Banken früher oder später das Vertrauen in ihre Fähigkeit, den Kredit irgendwann zurückzuzahlen, und verweigern weitere Kredite.

Man sieht, die Sache stellt sich nicht viel anders dar, als wenn die drei Banken nur Filialen einer einzigen großen Bank wären. Solange die Banken das Kreditvolumen und damit das Einlagenvolumen in etwa im Gleichschritt erhöhen, sind immer genug Einlagen für alle da. Einzelne Banken werden durch die Menge der vorhandenen Einlagen in ihrer Kreditvergabefähigkeit nur dahingehend begrenzt, dass sie nicht zu weit aus diesem Gleichschritt ausscheren können.

Die Disziplinierung über den Geldmarkt hat einen schönen Nebeneffekt für die Banken. Sie sorgt dafür, dass sie sich lästige Konkurrenz von Neunmalklugen und Emporkömmlingen vom Leib halten können, die auf die freche Idee kommen könnten, an dem Privileg der Geldschöpfung aus dem Nichts teilzuhaben, indem sie eine Bank gründen. Eine junge Bank mit zunächst wenigen Kunden und Einlagen ist in besonders starkem Maße auf den Geldmarkt angewiesen. Wenn sie aber am Geldmarkt von anderen Banken keinen Kredit bekommt, dann kann sie nicht mitspielen bei dem einträglichen Geldschöpfungsspiel. Das bewirkt, neben allerlei regulatorischen Hürden, dass das Geldschöpfungsprivileg der Banken nur von Menschen und Institutionen ausgebeutet werden kann, die schon vorher über einen großen Namen, sehr viel Geld und am besten auch Kunden verfügen, Kunden, die potenzielle Einlagenkunden werden.

Ursprünglich gehörten vor allem die Angehörigen reicher Bankiersfamilien zu dieser Gruppe, in neuerer Zeit stießen Autoproduzenten hinzu, die Autobanken gründeten. Zunehmend gründen aber auch andere Unternehmen wie zum Beispiel Siemens eigene Banken, um am Geldschöpfungsprivileg teilzuhaben und an dem Privileg, ein sicheres Konto bei der Bundesbank eröffnen zu dürfen.

Ist das Buchgeld der Banken echtes Geld?

Die Bundesbank erklärt in ihrem Online-Schülerbuch *Geld und Geldpolitik digital*: »Im Euro-Währungsgebiet ist Euro-Bargeld das gesetzliche Zahlungsmittel. Giralgeld zählt nicht zu den gesetzlichen Zahlungsmitteln, wird aber allgemein als Zahlungsmittel akzeptiert, da es auch jederzeit in Bargeld eingetauscht werden kann.«

Herauszufinden, wie das die Banken mit dem jederzeitigen Eintausch in Bargeld tatsächlich handhaben, ist gar nicht einfach. Bei den meisten, einschließlich Deutscher Bank und Commerzbank, findet man Geschäftsbedingungen für fast alles, nur nicht für Girokonten im Besonderen. Die Commerzbank-Tochter Comdirect allerdings veröffentlicht ihre Geschäftsbedingungen für Girokonten im Internet. Dort heißt es tatsächlich in Übereinstimmung mit dem, was die Bundesbank schreibt: »Das Guthaben auf dem Girokonto ist täglich fällig. (…) Verfügungen können bis zur Höhe des eingeräumten Dispositionskredites in Form von Überweisungen, Lastschriften oder in bar (…) erfolgen.«[74] Daraus ist zu entnehmen, dass man sich sein Guthaben ohne Kündigungsfrist jederzeit in bar auszahlen lassen kann.

Der Versuch, in einer Commerzbank-Filiale die Geschäftsbedingungen für Girokonten einzusehen, bescherte mir nur eine Broschüre mit allgemeinen Geschäftsbedingungen, die Spezifika von Girokonten nicht erwähnt. Meine Frage, ob es Grenzen für Barabhebungen gebe, bejahte die Mitarbeiterin. Wie hoch die seien, wollte sie mir aber nicht sagen, das würde mir gegebenenfalls in einem persönlichen Gespräch erläutert. Auch ein Anruf beim Bankenverband erbrachte nur begrenzte Erkenntnisse darüber, wie das bei den großen Banken in der Praxis gehandhabt wird. Wie viel Bargeld man sofort abheben könne, hänge davon ab, wie viel Bargeld vorrätig gehalten werde. Das sei von Filiale zu Filiale verschieden. Aus Sicherheitsgründen wolle man darüber auch nichts sagen. Sonst könnten Bankräuber ja ermitteln, wie viel Geld mindestens da sei. Der Kunde möge im Zweifelsfall einfach seinen Bargeldbedarf, wenn er über das sonst bei ihm Übliche hinausgehe, ein paar Tage vorher anmelden.

Die Banken definieren also die versprochene jederzeitige Auszahlbarkeit von Giralgeld im Umgang mit ihren Kunden, um in einem nicht näher definierten Ermessensspielraum der Bank, vorher nicht angekündigte Mengen Bargeld herauszurücken, wenn es der Bank und ihrer Filiale grade passen sollte. Ob das rechtmäßig ist, wenn sie gleichzeitig die jederzeitige Auszahlbarkeit in bar versprechen, ist sehr fraglich.

Von einem, der auszog, 15.000 Euro abzuheben

Da man mir nicht sagen wollte, wie viel Geld man im Allgemeinen und wie viel ich in einer konkreten Filiale tatsächlich abheben durfte, musste ich zum Selbstversuch schreiten. Am Nachmittag des 21. Oktober 2015 ging ich zur Filiale einer Großbank in der Frankfurter Innenstadt und bat unter dem Vorwand, ich wolle ein Auto kaufen, um Auszahlung von 15.000 Euro von meinem Konto, das ich dafür hinreichend gefüllt hatte. Eigentlich sollte man ja keinem Bankangestellten Rechenschaft über sein Privatleben ablegen müssen, um an sein Geld zu kommen, aber ich fürchtete, ich würde nicht herausfinden, wo die Bargeld-Schmerzgrenze liegt, wenn ich keine Rechtfertigung lieferte. Auch so wurde ich noch zusätzlich ausgefragt, ob ich das Auto privat oder geschäftlich kaufe und welches Modell es denn sei. Mein Stocken angesichts dieser unerwarteten Fragen brachte mir wahrscheinlich ein paar zusätzliche Punkte auf der Geldwäsche-Verdachtsskala ein.

15.000 Euro seien zu viel, sagten der Schalterangestellte und seine herbeieilende Kollegin. Wie viel ich denn bekommen könnte, fragte ich. Sie dürften maximal 10.000 Euro auszahlen, war die Antwort. Höhere Beträge müssten sie vorher bei der Zentrale anmelden. Ob das denn irgendwo stehe, fragte ich, zum Beispiel in den Geschäftsbedingungen. Wenn es solche Begrenzungen gebe, müsse man mir das doch vorher mitteilen. Der Angestellte zuckte nur mit den Schultern. Wie lange das denn dauere mit der Voranmeldung, fragte ich. Drei Arbeitstage. Es war Mittwoch. Am Montag hätte ich mein Geld in Empfang nehmen dürfen. Warum es drei Geschäftstage dauert, eine Bankfiliale in Frankfurt mit 15.000 Euro auszustatten, das konnte oder wollte man mir nicht erklären. Ob ich denn jetzt durch die Filialen tingeln müsse, bis ich meine 15.000 Euro zusammen habe, fragte ich. Schließlich hatte die Bankangestellte ein Einsehen und bat mich Platz zu nehmen. Sie wollten schauen, ob sie die 15.000 Euro vielleicht doch vorrätig hätten und ob die Zentrale die Auszahlung genehmigen würde. Ich setzte mich und schaute zehn oder 15 Minuten lang dem geschäftigen Treiben der beiden zu. Mein Personalausweis wurde kopiert, Telefonate wurden getätigt, die Tastatur des Computers bearbeitet.

Wenn ich nicht in Hemd und Jackett erschienen wäre, sondern in Lederjacke und mit Balkan-Akzent Auskünfte über den Grund meines Bargeldbedarfs verweigert hätte, dann wäre diese künstliche Wartezeit – so hat mir ein Banker unter der Hand erzählt – eventuell von den umgehend informierten Ordnungshütern genutzt worden, um mich gleich vor Ort durchzuchecken. So aber wurde ich schließlich in einen Nebenraum gebeten, nochmals zu meinen Autoplänen befragt, und erhielt dann 30 druckfrische 500-Euro-Scheine. Es war offenbar doch nicht so schwer, das Geld zusammenzubekommen. Man musste nicht mal auf Hunderterscheine heruntergehen, mit denen die zwei Geldautomaten im Vorraum und der im Filialraum in der Regel reichlich bestückt sind.

Wenn also die Banken und die Regulierungsbehörden sich so darum kümmern, dass niemand Bargeld bekommt, der damit möglicherweise eine Terrasse in Schwarzarbeit pflastern lassen will, dann müssen das sehr rechtschaffene, gesetzestreue Institutionen und Personen sein. Sollte man meinen. Die Wirklichkeit sieht etwas anders aus: Die Deutsche Bank als Platzhirsch ist in Tausende Gerichtsverfahren verwickelt, von Marktmanipulationen großen Ausmaßes über gefährliche Derivatekonstruktionen, die sie Kommunen verkauft hat, bis zu milliardenschwerer Geldwäsche für russische Kriminelle, der sie verdächtigt wird. Ein aktuelles Buch fragt im Titel, ob die Deutsche Bank eine kriminelle Vereinigung sei. Wenn ja, dann ist sie eine mit besten Kontakten ganz nach oben. Ex-Chef Josef Ackermann durfte 2009 die Gäste, mit denen er seinen 60. Geburtstag begehen wollte, ins Bundeskanzleramt einladen, wo man ihm auf Staatskosten eine Party schmiss.

Und die Commerzbank, die Nummer zwei? Das Frankfurter Finanzamt durchsuchte 1996 die Vorstandsetage der Bank, denn es verdächtigte das Institut, Kunden im großen Stil geholfen zu haben, ihr Geld an der Steuer vorbei illegal auf Auslandskonten zu verschieben. Sieben Jahre später zahlte die Bank Milliarden an den Fiskus nach, einige Vorstandsmitglieder beglichen hohe Geldauflagen, damit die Strafverfahren gegen sie diskret eingestellt wurden. Inzwischen war eine neue, CDU-geführte Regierung am Ruder. Den erfolgreichen Steuerfahndern wurde die Arbeit fast unmöglich gemacht. Vier von ihnen wehrten sich. Daraufhin wurden sie auf Basis eines psychiatrischen Gutachtens, das ihnen jeweils Querulantentum und Paranoia bescheinigte, in den vorzeitigen Ruhestand geschickt. Der Psychiater, der in amtlichem Auftrag Hessens gehandelt hatte, wurde später von einem Berufsgericht wegen vorsätzlicher Falschbegutachtung bestraft. 2015 zahlte die Commerzbank wegen Beihilfe zur Steuerhinterziehung nochmals 17 Millionen Euro.[75]

Der oberste Finanzbeamte schließlich, Bundesfinanzminister Wolfgang Schäuble, musste im Jahr 2000 wegen einer Barspende von 100.000 D-Mark von einem Waffenhändler, die er entgegengenommen hatte und die nicht richtig verbucht wurde, von seinen Partei- und Fraktionsämtern zurücktreten. Das also ist das Geflecht aus Banken und Behörden, welches dafür sorgt, dass Bankkunden sich wie Kriminelle fühlen dürfen, wenn sie ein paar Tausend Euro ihres eigenen Geldes abheben. Haben sich da mächtige Menschen und Institutionen vom Saulus zum Hyper-Paulus gewandelt? Wollen wir das wirklich glauben, oder steckt vielleicht doch noch etwas anderes dahinter?

Früher war es so, dass eine Bank, die nicht genug Geld hatte, um ihre Kunden auszuzahlen, sofort in den Ruch der Insolvenz kam, sodass die Banken alles taten, um eine solche Peinlichkeit zu vermeiden. Mit einer Mischung aus angeblichen Sicherheitserfordernissen und Geldwäschevorschriften sind sie nun dabei, uns daran zu gewöhnen, dass nicht sie sich untertänigst entschuldigen müssen, wenn sie ihre Verpflichtungen nicht erfüllen können, sondern dass wir uns schämen sollen, wenn wir so dreist sind, unsere vertraglichen Rechte auszuüben. Das wird ziemlich nützlich sein, wenn eine Bank in eine Liquiditätskrise geraten sollte. Nicht einmal die 10.000 Euro, die man mir schließlich als Obergrenze nannte, sind ja irgendwo verbindlich kommuniziert. Da in den Geschäftsbedingungen keine Grenze für die Bargeldabhebung spezifiziert ist, können die Banken, wenn das Bargeld einmal knapp werden sollte, ihre Kunden erst einmal mit niedrigen vierstelligen Eurobeträgen abspeisen, ohne irgendwelche Schwierigkeiten zugeben zu müssen. Dann haben sie eine halbe Woche Zeit, sich vom hilfreichen Staat oder sonst woher die nötige Liquidität zu besorgen. Ein Kunde, der versuchte, von Filiale zu Filiale zu ziehen, um jeweils 5.000 Euro bar abzuheben und in Sicherheit zu bringen, der hätte sehr schnell als potenzieller Geldwäscher die Polizei auf dem Hals.

Weil viele Leser jetzt einwenden werden, es sei doch ganz vernünftig und in Ordnung, etwas gegen Geldwäsche und sonstiges illegales Treiben zu unternehmen, will ich noch einmal betonen: Abgesehen von den Überwachungsaspekten, über die jeder denken mag, wie er will, darf man verlangen, dass Gesetzgeber, die das gesetzliche Zahlungsmittel mit dem Ruch des Illegalen belegen und seine Nutzung immer weiter beschränken wollen, ihren gesetzestreuen Bürgern eine gleichwertige Alternative bieten. Dass sie sich stattdessen unter dem Vorwand der Geldwäschebekämpfung zum Büttel der Banken machen und uns zwingen, deren immer minderwertigeres, weil immer weniger tatsächlich in gesetzliche Zahlungsmittel umtauschbares Geld entgegenzunehmen und zu verwenden, ist aus meiner Sicht ein juristischer und politischer Skandal. Er wird nicht dadurch geschmälert, dass er so schwer mit bloßem Auge erkennbar ist, weil er hinter einem dicken Schleier vorgetäuschter Sorge um Recht und Gesetz verborgen wird.

Und von den Banken kann man erwarten, dass sie Beschränkungen des Umtausches von Buchgeld in Bargeld genau spezifizieren. Wenn aber in den Geschäftsbedingungen stünde, dass man Beträge über 5.000 oder 10.000 Euro drei Arbeitstage vorher ankündigen muss, dann ließe sich die Behauptung von der täglichen Kündbarkeit und der jederzeitigen Einlösbarkeit in Bargeld nicht aufrechterhalten. Dann müsste man offen zugeben, dass Buchgeld der Banken dem Bargeld nicht gleichwertig ist. Das könnte erhebliche rechtliche Konsequenzen haben. Als ein Beispiel sei nur genannt, dass die FASB-Buchhaltungs-Richtlinie (ASC 305-10-20) vom 1. Juli 2009 eine falsche Aussage trifft, wenn Bargeld nicht wirklich sofort verfügbar ist. Dort heißt es nämlich:

»Übereinstimmend mit allgemeiner geschäftlicher Gepflogenheit besteht Bargeld nicht nur aus Geldscheinen und Münzen auf der Hand, sondern auch aus Sichteinlagen bei Banken oder anderen Finanzinstitutionen. Bargeld umfasst auch andere Kontenarten, die folgende Merkmale von Sichteinlagen aufweisen: Der Inhaber muss in der Lage sein, seine Finanzmittel jederzeit einzulegen oder abzuheben, ohne dass er das vorher anmelden muss und ohne dass er dafür eine Strafgebühr zahlen muss.«[76]

Während bei »anderen Kontenarten« also Bedingung ist, dass das Geld ohne Voranmeldung jederzeit verfügbar ist, wird das bei Sichteinlagen einfach unterstellt, obwohl es auch für diese nicht stimmt. Die Konsequenz, wenn das berücksichtigt würde, ist in einer weiteren FASB-Richtlinie (ASB 210-10-S99) nachzulesen: Bargeld und bargeldähnliche Posten, für die Gebrauch oder Auszahlung Beschränkungen unterliegen, seien separat aufzuführen. Die Details der Beschränkungen seien in einer Fußnote zu den Finanzberichten zu erläutern.

Die Rechnungslegungspraxis der deutschen und internationalen Unternehmen, die Bargeld und Sichtguthaben bei Banken als gleichwertig behandelt, widerspricht also anerkannten Buchführungsregeln. Wohl vor allem deshalb gibt es nichts Schriftliches, in dem die Banken die bestehenden Abhebebeschränkungen für Bargeld verbindlich spezifizieren. Denn sobald es das gäbe, müssten die betroffenen Unternehmen Sichtguthaben getrennt vom Bargeld ausweisen und die Beschränkungen genau benennen. Das wäre verheerend für die Glaubwürdigkeit der für die Banken so wichtigen Story von der Gleichwertigkeit von Buchgeld und Bargeld.

Genug für alle da?

Dass an dem Versprechen der jederzeitigen Eintauschbarkeit in Bargeld etwas nicht stimmen kann, erkennt man schon an den Mengenverhältnissen. Im August 2015 betrug der gesamte Bargeldumlauf im Euroraum gut eine Billion Euro. Die Kundeneinlagen bei den Banken, also deren Buchgeld, betrugen in weiter Abgrenzung über elf Billionen Euro, in sehr weiter Abgrenzung sogar bis zu 17 Billionen Euro. Die Banken haben also für eine Summe von mehr als dem Zehnfachen des Bargeldumlaufs versprochen, von ihnen selbst geschaffene Einlagen in Bargeld umzutauschen – davon rund sechs Billionen oder etwa das Sechsfache des Bargeldbestandes auf Wunsch sofort.[77]

Kein Problem, könnte man versucht sein zu glauben, wenn man sich ein bisschen auskennt. Die Bargeldmenge ist ja nicht in Stein gemeißelt. Die Notenbank kann schnell mehr Bargeld drucken, wenn es benötigt wird, und es den Banken leihen. Dafür müssten die Banken allerdings Sicherheiten bieten können, in Form von Wertpapieren, die die Zentralbank als Sicherheiten akzeptiert. Das können sie aber nicht annähernd in dem Ausmaß, in dem sie den Kunden versprochen haben, ihnen auf Wunsch jederzeit Bargeld zu geben. Denn ein großer Teil ihrer Vermögenswerte sind Forderungen, die nicht als Sicherheiten akzeptiert werden und die sich nicht schnell flüssig machen lassen, etwa Kredite, Immobilien und Beteiligungen. Selbst wo es vertraglich möglich wäre, lassen sich diese Forderungen nicht massenhaft schnell verkaufen, jedenfalls nicht, wenn es kriselt. Denn sobald eine größere Anzahl von Banken das versuchten, würden die Preise von Wertpapieren und Immobilien einbrechen. So wie das 2008 nach der Pleite der Investmentbank Lehman Brothers geschah.

Wenn das Publikum das Vertrauen in die Banken verliert, dann droht deshalb immer und überall ein Sturm auf die Bankfilialen. Jeder will bei den Ersten sein, die ihr versprochenes Bargeld noch bekommen, bevor die Banken die Schalter schließen müssen. Sobald das anfängt, wird es zu einer sich selbst erfüllenden Prophezeiung.

Die Behauptung der Bundesbank, dass das Buchgeld »jederzeit« in Bargeld umgetauscht werden könne, ist also falsch; es ist ein Schönwetterversprechen, wie das seit 2013 viele Zyprer und seit 2015 jeder Grieche aus eigener leidvoller Erfahrung bezeugen können. Den Zyprern, ihren Unternehmen und ihren Pensionsfonds, die ihr Geld bei den falschen Banken »aufbewahrten«, wurde die Hälfte einfach gestrichen. Die Griechen konnten im Sommer 2015 wochenlang höchstens 60 Euro pro Tag von ihrem Konto abheben und durften das Geld nicht mehr für Zahlungen an das Ausland verwenden. Auch im Dezember 2015 wurden den Griechen noch höchstens 420 Euro ihres Geldes pro Woche ausgezahlt. Ein Ende dieser Beschränkungen war nicht in Sicht.

Woher die falschen Vorstellungen vom Geldsystem kommen

Es ist nicht wirklich verwunderlich, dass die meisten Menschen falsche Vorstellungen von unserem Geldsystem haben. In fast allen Ökonomielehrbüchern wird die Rolle der Banken bei der Geldschöpfung und Geldvermehrung irreführend und viel zu kompliziert beschrieben. Das liest sich, bereits stark vereinfacht ausgedrückt, meist etwa so:

Ein Bürger trägt 100 Euro Bargeld zur Bank und zahlt sie auf sein Konto ein. Die Bank behält nur ein Sicherheitspolster zurück und gibt den größten Teil dieses Geldes als Kredit an einen anderen Kunden weiter, zum Beispiel an ein Unternehmen, das mit dem Kreditbetrag Löhne bezahlt. Die Empfänger zahlen das Geld wiederum bei ihrer Bank ein, und diese verleiht wieder den größten Teil davon weiter. Auf diese Weise wird aus 100 Euro Bargeld ein Vielfaches an Bankguthaben.

Der Prozess beginnt nach dieser Darstellung mit von der Zentralbank in Umlauf gebrachtem Bargeld und beruht darauf, dass dieses Bargeld von Bankkunde zu Bankkunde wandert und immer wieder bei einer Bank eingezahlt wird. Das fördert das Missverständnis, dass nur die Zentralbank, also letztlich der Staat, Geld in Umlauf bringt. Dieses Geld wird zwar im Bankensystem vervielfacht, aber das geschieht in einem abstrakten »Multiplikator«-Prozess. Die einzelne Bank wird als Vermittler von Spargroschen an Kreditnehmer dargestellt.

Während die Banken verständlicherweise hartnäckig an dieser Darstellung der Banken als reine Vermittler zwischen Sparern und Investoren festhalten, haben sich die meisten wichtigen Notenbanken in den letzten Jahren von dieser Volksverdummung verabschiedet. In Zeiten der Finanzkrise und der unorthodoxen Maßnahmen der Notenbanken zu ihrer Bekämpfung wurde es immer schwerer, mit der falschen Darstellung des Bankgeschäfts zu erklären, was sie tun und wie es wirken soll.

Wohl auch deshalb macht es sich die Bank von England seit einigen Jahren zum Anliegen, »verbreitete Missverständnisse« über das Geldsystem auszuräumen. Sie schreibt in ihrem Erklärstück »Money Creation in the modern economy«:

> »Dieser Artikel erklärt, wie das meiste Geld in der modernen Wirtschaft dadurch geschaffen wird, dass Geschäftsbanken Kredite vergeben (...). Die Geldschöpfung, wie sie in der Praxis stattfindet, unterscheidet sich von einigen verbreiteten Missverständnissen – Banken agieren weder einfach als Vermittler, die Einlagen ausleihen, die Sparer ihnen anvertraut haben, noch ›multiplizieren‹ sie Zentralbankgeld, um neue Kredite und Einlagen zu schaffen.«[78]

Die Banken geben also nicht Einlagen als Kredite weiter, sie schöpfen sich das Geld für die Kredite selber, und dadurch entstehen die Einlagen. Im April 2017 schloss sich die Bundesbank dem Zug der Aufklärer an und veröffentlichte in ihrem Monatsbericht April einen Aufsatz, in dem sie in deutlichen Worten den Unsinn zurechtrückte, der in den Lehrbüchern über das Geldsystem geschrieben wird. In ihrem Schülerbuch *Geld und Geldpolitik* hatte sie die Geldschöpfung lange Zeit richtig beschrieben. Die Reaktionen waren bemerkenswert. Für den Senior Finance Editor der Tageszeitung *Die Welt*, Holger Zschäpitz, rüttelte die Bundesbank damit am Geldsystem und begab sich auf eine Stufe mit »Verschwörungstheoretikern«, in deren Hand dieses Thema bisher fest gewesen sei. Ökonomieprofessoren kritisierten die Bundesbank dafür, dass sie mit missverständlichen Formulierungen ökonomischen Quacksalbern Rückenwind gebe.

Immerhin schlägt der in den letzten Jahren erwachte aufklärerische Geist mancher Notenbanken allmählich auf die Lehrbücher durch. Ein Vorreiter unter den etablierten Lehrbuchautoren in Deutschland ist der Wirtschaftsweise Peter Bofinger, der in die jüngst erschienene vierte Auflage seines Ökonomie-Einführungslehrbuchs ein Kapitel zur »Geld- und Kreditschöpfung durch Banken« eingefügt hat. Auch Gerhard Illing, Co-Autor des Lehrbuchs Blanchard/Illing, hat 2014 auf einer Tagung öffentlich in Aussicht gestellt, den Geldschöpfungsmultiplikator, für den ihm keine Rechtfertigung einfiel, zu streichen und die Geldschöpfung per Kredit stattdessen so einfach zu erklären, wie sie ist.

Wem dient dieses System?

In einem der weltweit wohl meistgenutzten Einführungslehrbücher zur Volkswirtschaftslehre von Gregory Mankiw und

Mark Taylor heißt es zur wundersamen Geldvermehrung durch das Bankensystem: »Anfangs mag die Schaffung von Geld in diesem Geldsystem zu schön erscheinen, um wahr zu sein.« Doch die beiden beruhigen die Studenten, indem sie darauf hinweisen, dass diese »wundersam« erscheinende Geldschöpfung aus dem Nichts keine Werte schafft, dass sie uns insgesamt nicht reicher macht: »Anders ausgedrückt bedeutet das, dass in dem Maß, in dem die Bank das Aktivum Geld schöpft, auch gleichzeitig Verbindlichkeiten für die Schuldner in gleicher Höhe entstehen. Die Volkswirtschaft ist nicht reicher als zuvor.«[79]

Hier beenden Mankiw und Taylor die Erklärung, obwohl es hier erst interessant würde. Die Bank schafft den Vermögenswert Geld für sich selbst und verleiht ihn gegen Zinsen. Davon bezahlt sie Gehälter, Boni und Dividenden. Im Gegenzug erhält jemand anderes eine Verbindlichkeit. Für die Gesellschaft wird so per Saldo kein Wert geschaffen, das stimmt. Aber für die Bankmanager und Bankaktionäre wird durchaus Wert geschaffen. Der Rest der Gesellschaft hat die Schulden. Kein mir bekanntes Lehrbuch erwähnt den immensen Gewinn, den die Banken aus ihrem Geldschaffungsprivileg ziehen. Näher als bei diesem abrupten Ende der Erklärung bei Mankiw und Taylor kommen sie diesem politisch heiklen Sachverhalt nicht. Dabei ist das für den Rest der Gesellschaft keineswegs unwichtig. Mit dem Geld, das die Banken für sich selbst schaffen, entstehen zusätzliche Ansprüche an die künftige Produktion der Volkswirtschaft. Was der eine beanspruchen darf, steht für die anderen nicht mehr zur Verfügung.

Haben Sie sich schon einmal gefragt, warum in Deutschland fast nur Banken hohe Wolkenkratzer bauen und warum auch in anderen Ländern die Skyline in der Regel von den Bankenvierteln geprägt wird? Banken können ihre Gebäude mit selbstgedrucktem Geld bezahlen. Gleichzeitig sind die Banken darauf angewiesen zu zeigen, wie gut es ihnen geht, damit man ihnen ihre Schuldscheine weiterhin ohne Zögern abnimmt und ihr

Geldschöpfungsprivileg somit werthaltig bleibt. Da lässt man sich sein Domizil schon gern mal ein bisschen mehr »kosten« und macht es ein wenig protziger als nötig. Wenn sich solches Verhalten als Usus in der Branche herausbildet, wie ja tatsächlich geschehen, dann kostet es die einzelne Bank praktisch nichts. Denn selbst wenn Buchgeld, mit dem Bank A den eigenen Renommierbau bezahlt, an andere Banken wegüberwiesen wird und es sie dadurch Zentralbankgeld kostet, so machen die anderen Banken das ja wett, indem sie für ebenso repräsentative Bauten in vergleichbarem Umfang Geld schaffen und in Umlauf bringen. Dieses Geld fließt teilweise Bank A zu und gleicht den Zentralbankgeldabfluss im Großen und Ganzen wieder aus.

Beispiel Commerzbank: Sie ließ sich 1997 mitten im teuren Frankfurt vom Stararchitekten Sir Norman Foster den höchsten Büroturm Europas bauen, mit Wänden aus Glas und aufwendiger Technik, die es erlaubt, dass man sogar noch ganz oben in der Vorstandsetage die Fenster öffnen kann; einen Turm, der zu einem Drittel nicht aus Büroraum besteht, sondern aus Gärten. Der Steuerzahler durfte später die Bank mit vielen Milliarden retten. Nichtsdestotrotz gehören ihm die Commerzbank und der Prunkbau immer noch nicht und unter den exotischen Bäumen, die im Inneren wachsen, dürfen weiterhin nur die Commerzbanker flanieren. Ich saß, bevor ich in den Journalismus wechselte, im 46. Stock dieses Gebäudes. Es war mein bisher schönster Arbeitsplatz. Die späteren Arbeitgeber hatten alle nicht das Privileg, Geld zu drucken, und ließen es daher nicht ganz so krachen.

Es sind jedoch nicht abstrakt »die Banken«, die profitieren, es sind auch nicht nur die Aktionäre. Drei US-Wissenschaftler haben untersucht, wie viel Geld Topmanager der gescheiterten Investmentbanken Bear Stearns und Lehman Brothers mit nach Hause genommen und behalten haben, dafür, dass sie die ihnen anvertrauten Unternehmen in die Insolvenz beziehungsweise die Notübernahme führten.[80] Dabei haben sie berücksichtigt, dass die Aktienpakete und Aktienoptionen, die diese Topmanager als Bezahlung erhielten und bei Eintritt der Insolvenz noch nicht eingelöst hatten, durch die Pleite wertlos wurden. Ergebnis: Dadurch, dass sie ihre Banken ruinierten und die Weltwirtschaft in eine Krise stürzten, wurden die fünf obersten Manager von Bear Stearns zwischen 2000 und 2008 nicht um 100 Millionen Dollar reicher, auch nicht um 500 Millionen Dollar, sondern um 1,4 Milliarden Dollar. Die fünf obersten Halbkriminellen von Lehman Brothers nahmen auf gleiche Weise eine Milliarde Dollar mit in den gänzlich unverdienten Vorruhestand. Sie mussten keinen einzigen Dollar davon zurückgeben.

Wie groß ist der Geldschöpfungsgewinn?

Einige Notenbanken rechnen öffentlich ihre »Seignorage« aus, ihren Geldschöpfungsgewinn. Er resultiert daraus, dass sie Bargeld und Zentralbankguthaben in Umlauf bringen. Die Bank von Kanada etwa kam in den letzten Jahren auf etwa 1,2 bis 2 Milliarden Dollar.[81] Bei der Europäischen Zentralbank waren es jeweils 20 bis 25 Milliarden Euro pro Jahr.[82] Der Gewinn der EZB entsteht daraus, dass die Notenbank den Banken Guthaben gutschreibt, die sie selbst nichts kosten, für die sie aber von den Banken üblicherweise Zinsen verlangt. Abzuziehen von der Brutto-Seignorage sind die bescheidenen Herstellungskosten der Banknoten und die administrativen Kosten, die mit dem Banknotenumlauf verbunden sind.

In den Lehrbüchern wird meist so getan, als ob nur Notenbanken Seignorage verdienten. Das Wort leitet sich aus der französischen Vokabel für »Herrscher« ab, dem der Geldschöpfungsgewinn zufloss. Es enthält also schon die Annahme, dass selbstverständlich nur der Herrscher Geld in Umlauf bringen darf. Das hat sich aber seit der Zeit, als das Wort entstand, durchgreifend geändert. Heute wird das meiste Geld von privaten Geschäftsbanken in Umlauf gebracht, nicht von absoluten Monarchen oder dem Staat. Tatsächlich lässt sich der Brutto-Geldschöpfungsgewinn der Geschäftsbanken auf gleichem Wege berechnen wie derjenige der Notenbanken. Die Bank gewährt einen Kredit. Sie tut das, indem sie zu Kosten von praktisch null ein Guthaben auf dem Konto des Kreditnehmers einträgt. Für diesen Kredit bekommt sie Zinsen, während sie für die im Gegenzug entstandenen Guthaben der Kreditkunden allenfalls viel niedrigere Zinsen bezahlt.

Der niederländische Ökonomie- und Statistikprofessor Merijn Knibbe kommt mithilfe der gleichen Berechnungsmethode, wie sie für die Zentralbanken gilt, für die privaten Banken des Euroraums auf einen Brutto-Geldschöpfungsgewinn vor Verwaltungskosten von knapp 300 Milliarden Euro pro Jahr. Die enorm hohe Zahl errechnet sich aus 17.000 Milliarden Euro ausstehender Kredite und Einlagen beziehungsweise Anleihen und einer Zinsdifferenz von 1,74 Prozent zwischen Kreditzinsen und Einlagenzinsen.[83]

Nimmt man an, dass die Hälfte der weniger als drei Millionen Bankbeschäftigten des Euroraums mit Aufgaben rund um die Kreditvergabe und die nötige IT-Infrastruktur beschäftigt sind und pro Mitarbeiter 80.000 Euro im Jahr kosten, bliebe in einer sehr groben Schätzung über die Hälfte des Brutto-Geldschöpfungsgewinns von 300 Milliarden Euro netto übrig – ein Annäherungswert, der nur dazu dienen soll, die Größenordnungen zu verdeutlichen, um die es hier geht. Um eine genauere Schätzung zu erstellen, müssten sich mehr als vereinzelte querdenkende Wissenschaftler mit dem Thema befassen.

Auch wenn man den Netto-Geldschöpfungsgewinn nach Abzug der nötigen Verwaltungskosten nicht genau angeben kann, verwundert es angesichts dieser Größenordnungen nicht, dass Akademiker im Bankwesen in Deutschland zu den Spitzenverdienern gehören[84] und allein New Yorker Banken 2012, mitten in der Finanzkrise, 20 Milliarden Dollar an Boni ausschütteten. Das waren pro Beschäftigtem, also einschließlich aller kleinen Angestellten, die keine nennenswerten Boni bekommen, 122.000 Dollar.[85] So – und über Dividenden – wird der Geldschöpfungsgewinn unter dem Spitzenpersonal und den Eigentümern der Banken verteilt. Diese Boni zählen dabei formal noch zu den Kosten, die den gemessenen Gewinn vermindern. Es wundert bei einem solchen Zusatzgewinn auch nicht, dass die Deutsche Bank vor Ausbruch der Finanzkrise das Ziel ausgegeben hatte, 25 Prozent Gewinn bezogen auf das eingesetzte Eigenkapital zu erzielen.[86]

In den USA hat der Finanzsektor seinen Anteil an den gesamten Unternehmensgewinnen von 8 Prozent im Jahr 1950 auf 20 Prozent bis 40 Prozent in den 2000er-Jahren gesteigert. Seit man die Finanzbranche in den 1980er-Jahren deregulierte, sind ihre Gewinne geradezu explodiert. Während sich die Gewinne der nichtfinanziellen Unternehmen von 1980 bis 2006 versiebenfachten, stiegen diejenigen des Finanzsektors auf das Sechzehnfache.[87] Dabei ist zu berücksichtigen, dass die sehr stark gestiegenen Boni, die die Banken ausschütten, und die übersteigerten Gehälter der Banker bei der Gewinnermittlung abgezogen wurden, da sie als Kosten gelten.

Das erklärt auch, warum die Banken ein solches Interesse daran haben, das derzeitige System zu bewahren und seine Funktionsweise zu vernebeln. Die Menschen sollen möglichst nicht verstehen, wie die Banken Geld einfach aus dem Nichts schaffen und dennoch hohe Zinsen dafür nehmen.

Im Oktober 2015 etwa erfuhr ich im Abspann meines Kontoauszugs von der Commerzbank, wie viel Zinsen die Bank für eine Kontoüberziehung berechnet. »Sicherheit und Transparenz«, darauf lege ich als Commerzbank-Kunde wert, teilte mir meine Bank erst einmal in der Einleitung mit; ein Anspruch, dem sie kontinuierlich gerecht werden möchte. Das tue sie in diesem Fall dadurch, dass sie ihre gesetzliche Pflicht erfülle, mich über die Kosten einer geduldeten Überziehung zu informieren. Mit diesem langen Vorspann in aufgeblähter Marketingsprache ge-lang es der Bank, die entscheidende Zahl bis in Zeile 20 hinein zu verschieben, vermutlich in der Hoffnung, dass ich so lange nicht durchhalten würde.

Die Zahl lautete 18,3 Prozent.

Danach erfuhr ich noch, dass der zur Festlegung dieses Zin-ses herangezogene Referenzzins der Geldmarktzins Eonia der letzten zwei Monate war, der damals bei etwa minus 0,13 Pro-zent lag. Eine Volksbank, bei der ich ebenfalls Kunde bin, war nur ein bisschen weniger gierig. Sie teilte mir mit, 16 Prozent würden bei geduldeten Überziehungen fällig.

Geduldete Kontoüberziehungen sind solche, die das aus-drücklich eingeräumte Überziehungslimit überschreiten. Tradi-tionell werden die hohen Sätze für geduldete Überziehungen damit gerechtfertigt, dass sie die Liquiditätsplanung der Bank durcheinanderbringen könnten. Das war schon immer ein schwaches Argument, aber im Oktober 2015 traf das Gegen-teil zu. Die europäischen Banken hielten rund 170 Milliarden Euro an ungenutzter Liquidität auf ihren Konten bei der Europ-äischen Zentralbank, weil diese über massive Staatsanleihen-käufe diese Überschussliquidität in den Markt drückte. Die Banken bekamen dafür keine Zinsen, sondern mussten einen »Guthabenzins« von minus 0,2 Prozent bezahlen. Eine auch nur halbwegs solvente Bank, die nicht in einem Krisenland ange-siedelt war, profitierte daher finanziell von einem Abfluss von Kundengeldern, wie er mit einer geduldeten Überziehung ver-bunden ist. Denn mit dem Kundengeld, das abfließt, fließt auch überschüssiges und teures Zentralbankgeld ab.

Nicht zuletzt solche Zinsexzesse sind es, die die Banken un-ter notorischen Rechtfertigungsdruck setzen. Dieser Recht-fertigungsdruck würde noch ganz erheblich größer, wenn die Menschen verstünden, dass die Banken nicht etwa eigenes Geld oder fremdes Geld, für das sie geradestehen müssen, gegen Zins verleihen, sondern Geld, das sie eigens zu diesem Zweck und kostenlos schaffen. Dass unsere Juristen nach ihren Einführungskursen in Volkswirtschaftslehre an der Universität das Geldsystem nicht verstehen, ist für die Branche enorm wichtig. Denn sonst wäre es undenkbar, dass die Banken für das minderwertige Geld, das sie selbst produzieren, auch noch extrem hohe Vorfälligkeitsentschädigungen verlangen dürfen, wenn man einen Kredit vorzeitig zurückzahlt, und damit vor Gericht durchkommen. Die Banken argumentieren – und die Richter glauben es ihnen –, dass sie das Geld, das zurückgezahlt wird, wieder neu anlegen müssten.[88] Dabei wird es einfach gestrichen. Wenn die Banken wieder Kredit geben wollen oder etwas kaufen möchten, schaffen sie einfach neues Geld.

Dieser Zwang zur Vernebelung ist denn auch sicherlich der Grund, warum der Bundesverband deutscher Banken Desinformationsblätter für den Schulunterricht herausgibt, in dem es wie oben schon zitiert heißt: »Für den Kreditgeber bedeutet der Kreditzins einen Ausgleich dafür, dass er selbst vorübergehend darauf verzichtet, über das Geld verfügen zu können.«[89]

Die Tatsache, dass diese Desinformation der Öffentlichkeit funktioniert, erklärt sich nicht zuletzt daraus, dass die Zentralbanken die wichtigste Quelle für Nebeneinkünfte erfolgreicher Ökonomen und Lehrbuchautoren und für Einladungen zu wichtigen Konferenzen sind und dass viele der wichtigsten Fachzeitschriften im Bereich Finanzen von ehemaligen Mitarbeitern der US-Notenbank herausgegeben werden. Früher haben sich fast alle Notenbanken an dieser Desinformationskampagne beteiligt, und die Federal Reserve tut es noch heute.

Angespornt von Robert Auerbach von der University of Texas und seinem Buch *Deception and Abuse at the Fed* aus dem Jahr 2008 hat die *Huffington Post* 2009 bei Nachforschungen ermittelt, dass die rund 500 Ökonomen, welche die Federal Reserve in der Zentrale und den regionalen Notenbanken beschäftigte, zusammen mit denen, die die Fed gegen Geld beraten, und jenen, die früher für sie gearbeitet oder sie beraten haben, einen sehr großen Teil der Gesamtheit aller Ökonomen mit dem Fachgebiet Geldpolitik oder Geldtheorie im weiteren Sinne abdeckt. Von vielen der übrigen kann man annehmen, dass sie hoffen, die Fed später einmal beraten zu dürfen oder bei ihr zu arbeiten. In der wichtigsten spezialisierten Fachzeitschrift, dem *Journal of Monetary Economics*, standen 2009, wie Huffington-Autor Ryan Grim feststellte, von 26 Mitgliedern des Herausgeberausschusses (Editorial Board) 14 auf der Gehaltsliste des Federal Reserve System, die übrigen zwölf hatten früher einmal darauf gestanden. Bei den anderen Top-Fachzeitschriften mit allgemeinerer Ausrichtung war die personelle Verquickung nicht ganz so stark ausgeprägt, aber auch dort bestimmten zahlreiche ehemalige oder aktuelle Federal-Reserve-Leute, wessen Beiträge in diesen Zeitschriften abgedruckt wurden und wer somit wissenschaftliche Karriere machen konnte und wer nicht.[90] Wenn ein eingereichter Beitrag im Bereich Geld oder Kredit zu prüfen ist, dürften das spezialisierungshalber regelmäßig die Fed-Leute übernehmen. Ohne mehrere Aufsätze in diesen führenden Fachzeitschriften zu publizieren, kann man heute praktisch keine Universitätskarriere mehr machen. In diesen Fachzeitschriften kommen Begriffe wie Kreditschöpfung oder Geldschöpfung ebenso wenig vor wie in Veröffentlichungen der Federal Reserve. Offenkundig stehen diese Wörter und das gesamte Wissen um die Funktionsweise des Geldsystems, das damit verbunden ist, bei der Fed und den mit ihr verbundenen Zeitschriften-Herausgebern auf dem Index. Wer also Fachaufsätze schreibt, in denen er sich mit der Geldschöpfung der Banken auseinandersetzt, der kann eine Universitätskarriere abschreiben.

Auch im Euroraum beschäftigen die Europäische Zentralbank und die nationalen Zentralbanken eine sehr große Anzahl an Ökonomen entweder direkt oder als Berater, wahrscheinlich noch deutlich mehr als das Federal Reserve System. Auch hier ist es für einen Ökonomen, der Karriere machen will, überhaupt nicht empfehlenswert, Thesen zur Geldpolitik zu vertreten, die den Interessen der Notenbanker und der Geschäftsbanken diametral entgegenstehen.

Aus meiner Sicht kann man es nur so erklären, dass es den Banken gelungen ist, nicht nur an den Schulen, sondern auch in Lehre und Forschung an den Universitäten ihre völlig verzerrte Darstellung des Geldschöpfungsprozesses fest zu etablieren.

Wem dient die Niedrigzinspolitik der Zentralbanken?

Wenn die Bekämpfung von Schwarzarbeit, Drogenschmuggel und Terrorismus nicht als ausreichende Argumente erscheinen, um den Frontalangriff gegen das Bargeld zu rechtfertigen, betonen die Notenbanken zusätzlich gern, wie wichtig es sei, die Leitzinsen bei schlechter Wirtschaftslage auch deutlich unter null senken zu können, um die Wirtschaft anzukurbeln. Ein solches öffentliches Interesse erscheint natürlich viel seriöser als der Wunsch, Sparer möglichst leicht zugunsten der Banken enteignen zu können. Der Haken an dem Argument ist, dass Niedrigzinspolitik und Negativzinsen die Wirtschaft zwar vielleicht ein bisschen ankurbeln. Hauptsächlich aber macht man damit die Reichen reicher und die übrige Bevölkerung ärmer.

Der Vorwand zur Verteidigung der Niedrigzinspolitik lautet, dass niedrige Zinsen die Finanzierung von Investitionen erleichtern, ebenso wie den Konsum auf Pump. Das stimmt auch, aber es ist ein zweitrangiger Effekt. Nur ein kleiner Teil der von Banken ausgereichten Kredite fließt an Unternehmen, um Investitionen in neue Produktionsanlagen zu finanzieren, oder an Konsumenten. Mitte 2015 summierten sich die ausstehenden langfristigen Unternehmenskredite im Euroraum auf rund 2,4 Billionen Euro. Der weitaus größte Teil dieser Kredite diente Käufen von bereits bestehenden Immobilien oder von Wertpapieren und sonstigen Vermögensgegenständen. Private Haushalte waren mit Hypothekenkrediten in einer Gesamthöhe von 3,9 Billionen Euro belastet, mit weiteren 1,2 Billionen Euro schlugen Konsumenten- und sonstige Kredite an Haushalte zu Buche, 1,2 Billionen Euro Kredite gingen an Versicherer und andere Finanzinstitute, die keine Banken sind, zwei Billionen Euro an Banken außerhalb des Euroraums, weitere 1,1 Billionen Euro an sonstige Euro-Ausländer.[91]

Auch bei Vermögensgegenständen funktioniert das Gesetz von Angebot und Nachfrage. Wenn mehr Kredite vergeben werden, um Unternehmen, Häuser, Aktien, Gemälde oder Ähnliches zu kaufen, dann steigt die Nachfrage und dadurch auch der Preis. Und wenn der Preis steigt, dann werden diejenigen reicher, die diese Vermögensgegenstände besitzen.

Vermögensgegenstände gehören, wie das Wort schon sagt, in erster Linie den Vermögenden. Die ärmere Hälfte der Bevölkerung in Deutschland wie im Euroraum hat kaum Nettovermögen, also Vermögensgegenstände und Geld abzüglich Schulden.[92] Das meiste ist bei dieser Personengruppe im eigenen Auto gebunden oder liegt auf dem Bankkonto. Das Vermögen des gehobenen Mittelstands besteht überwiegend aus dem selbst genutzten Eigenheim (abzüglich der noch nicht abgezahlten Schulden). Dabei profitieren die Besitzer kaum von Wertsteigerungen, denn die Familie wohnt ja in dem Wohneigentum, und wenn sie es verkauft, braucht sie ein neues, das ebenfalls teurer geworden ist. Nur ein gutes Drittel des gehobenen Mittelstands besitzt darüber hinaus noch vermietete Immobilien. Mit vermieteten Immobilien profitiert man voll von Wertsteigerungen. Daneben hat der gehobene Mittelstand noch Geld auf der Bank und besitzt in geringem Maße Anleihen und Aktien. Interessant wird es bei den obersten fünf Prozent der Vermögensverteilung. Von diesen Menschen haben neben dem selbstgenutzten Haus vier Fünftel vermieteten Grundbesitz und die Hälfte einen eigenen Betrieb. Jeweils ein Drittel hält Aktien und Fonds, ein Fünftel Anleihen (siehe Tabelle).[93]

So viel Prozent der deutschen Vermögensbesitzer haben einen Teil ihres Vermögens in den verschiedenen Anlageklassen angelegt:

	Ärmere 50 % der Bevölkerung	Reichere 50 % der Bevölkerung (ohne reichste 5 %)	Reichste 5 % der Bevölkerung
Fahrzeug(e)	61,7	84,7	91,3
Selbstgenutzte Immobilie(n)	28,0	92,1	94,1
Vermietete Immobilie(n)	8,0	35,4	78,4
Eigenes Unternehmen	6,5	14,3	49,7
Giroguthaben	92,4	96,7	99,1
Sparguthaben	56,6	63,4	67,2
Anleihen	1,5	7,9	19,6
Aktien	3,9	14,1	35,0
Fonds	6,3	15,5	31,9

Quelle: Rehm, Miriam und Schnetzer, Matthias (2015), Tabelle 1 (Auszug).

In Deutschland besitzt nach einer Studie der Europäischen Zentralbank das reichste Hundertstel aller Deutschen knapp ein Drittel des Gesamtvermögens, die reichsten fünf Prozent verfügen über etwas mehr als die Hälfte.[94]

Man darf sicher sein, dass für die oberen fünf Prozent und noch mehr für das oberste Prozent Zinspapiere und Bankzinsen keine große Rolle spielen, weil sie den Großteil ihres Vermögens in Immobilien, eigenen Unternehmen und Aktien angelegt haben. Wenn die Zinsen besonders tief sinken, dann profitieren vor allem sie, indem ihr Vermögen wächst.

Das wurde besonders deutlich und von verschiedenen Analysten der Finanzbranche auch so herausgestellt, als im Herbst 2014 die US-Notenbank ihr Programm zum Aufkauf von Staatsanleihen auslaufen ließ. 200 Milliarden Dollar an neuem Notenbankgeld pro Quartal seien erforderlich, damit den Wertpapiermärkten nicht die Luft ausgehe, errechnete Matt King, der die Anleihestrategie der Citigroup leitete. Wenn es kein neues Geld gebe, so seine Schätzung im Oktober 2014, verlören Aktien zehn Prozent ihres Werts. Star-Investor Carl Icahn bestätigte: »Der S&P-Aktienindex wäre signifikant niedriger ohne die Fed-Maßnahmen.« Die Bilanzen der Reichen seien »ein wichtiger Übertragungskanal für diese Geldpolitik«, analysierte Ajay Kapur, Aktienanalyst der Bank of America. Entsprechend drohten den Reichen bei einem Auslaufen der Lockerungspolitik empfindliche Vermögensverluste.[95]

Die Citigroup-Analysten äußerten sich damals zuversichtlich, dass die Europäische Zentralbank und die Bank von Japan den Ausfall der US-Geldpumpe mehr als kompensieren würden. Die Notenbank Japans hatte schon kurz vor Auslaufen der Fed-Käufe verkündet, dass sie ihre Anleihekäufe kräftig aufstocken werde. Die Börsen hatten auf die Nachricht euphorisch reagiert – und allein die fünf reichsten Familien der Welt konnten sich laut *Forbes*-Liste von einem Tag auf den anderen über einen Vermögenszuwachs von 3,8 Milliarden Dollar freuen.[96]

Die Finanzbranche selbst gehört mit zu den Hauptbegünstigten. Die Fonds- und Vermögensverwaltungsbranche lebt in hohem Maße von wertsteigerungsabhängigen Provisionen und Bonifikationen. Die Banken, die den Lehrbüchern zufolge vor allem durch Kreditvergabe einen imaginären Geldmengenmultiplikator in Gang setzen, schöpfen in mindestens ebenso großem Maß Geld, indem sie einfach Wertpapiere und sonstige Vermögensgüter kaufen. Das erkennt man sehr schön an der Bilanz der Deutschen Bank. Dort belaufen sich die »Forderungen aus dem Kreditgeschäft« auf etwa 450 Milliarden Euro und die »finanziellen Vermögenswerte« auf über 900 Milliarden Euro.

Die Hoffnungen, die die Reichen und die Finanzbranche in die EZB setzten, stellten sich als sehr gut begründet heraus. »Es ist wichtig, sich klarzumachen: Vermögenspreisblasen sind nicht Nebenwirkung, sondern Instrument der Geldpolitik«, meinte dazu Patrick Artus, Chefökonom der französischen Bank Natixis. Sogar die Bank von England hat unumwunden erläutert, dass ihre Politik der »quantitativen Lockerung« darauf abzielt, die Preise von Vermögenswerten nach oben zu treiben – in der Erwartung, dass davon indirekt auch die reale Wirtschaft profitiert, weil die Unternehmen sich dann billiger am Kapitalmarkt refinanzieren können und die sich reicher fühlenden Vermögensbesitzer mehr konsumieren.[97]

Helge Peukert, Ökonomieprofessor in Erfurt, findet skandalös, was Artus und die Bank von England so nüchtern analysieren: »Mit ihrer Politik machen die Notenbanken die Reichen immer reicher. Und die normalen Beschäftigten dürfen die Strukturreformen ausbaden, müssen um ihren Arbeitsplatz fürchten und Lohneinbußen hinnehmen.«[98]

Das Flossbach von Storch Research Institute berechnet den FvS-Vermögenspreisindex. Dabei geht das Institut vor wie bei einem normalen Preisindex: Die Bestandteile des Vermögens der Deutschen werden erfasst und nach ihrer Bedeutung gewichtet. Mit diesen Gewichten wird ein durchschnittlicher Preis- und Wertzuwachs der einzelnen Vermögensbestandteile berechnet. Von Herbst 2008, als die extrem lockere Geldpolitik begann, bis zum zweiten Quartal 2015 stieg der Vermögenspreisindex um etwa 35 Prozent. Die Verbraucherpreise legten im gleichen Zeitraum nur um etwa 8 Prozent zu. Im zweiten Quartal 2015 betrug die jährliche Steigerungsrate der Vermögenspreise 6,5 Prozent.[99] Die reichsten fünf Prozent der Deutschen, denen über die Hälfte der Nettovermögen gehören, durften den größten Teil dieser Vermögenssteigerungen realisieren, und zwar weit mehr als die Hälfte, denn die Politik des leichten Geldes treibt vor allem die Vermögenswerte in die Höhe, die die Reichen halten, dagegen kaum diejenigen, die Normalsterbliche besitzen. So geht aus dem Bericht des FvS-Instituts zum zweiten Quartal 2017 hervor, dass die Aktiennotierungen und der Wert der Betriebsvermögen mit jeweils über 21 Prozent am stärksten zulegten. Immobilien gewannen erneut knapp sechs Prozent an Wert. »Vermögende und Ältere sind die Gewinner«, schlussfolgerten die Analysten und meinten damit, dass diese Gruppen am meisten von der Politik der Europäischen Zentralbank profitieren.[100] Berücksichtigt man diesen Befund, so dürfte der Anteil der obersten fünf Prozent der Vermögenden an den durch die lockere Geldpolitik hervorgerufenen Vermögenssteigerungen eher bei drei Viertel oder mehr liegen.

Von Mitte August 2015 bis zur Ratssitzung der Europäischen Zentralbank am 22. Oktober war der Aktienindex Euro-Stoxx 50 der größten Aktiengesellschaften des Euroraums um 11 Prozent gefallen. Das veranlasste die EZB zum Handeln. Die Konjunkturperspektiven hatten sich eigentlich kaum verändert. Aber in der Pressekonferenz am 22. Oktober kündigte Präsident Mario Draghi an, die EZB überlege, ihre Anleihekäufe, die die langfristigen Zinsen nach unten drückten, gegenüber der bisherigen Planung zu intensivieren und eventuell auch den Zins, den Banken für ihre Einlagen bei der EZB zahlen müssten, von minus 0,2 Prozent noch weiter abzusenken. Der Euro-Stoxx stieg an diesem Nachmittag und dem Folgetag um 5 Prozent.

Da die Niedrigzinspolitik ein globales Phänomen ist – immerhin fahren die Notenbanken der USA, Großbritanniens, Japans, des Euroraums und der Schweiz alle eine Nullzinspolitik –, lohnt auch der Blick auf die globale Einkommensverteilung. Laut dem Global Wealth Report 2015 des Credit Suisse Research Institute[101] stieg während der Finanzkrise, zwischen 2008 und 2015, der Vermögensanteil des reichsten Prozents der Weltbevölkerung steil von knapp 45 Prozent auf etwas über 50 Prozent, ein Anteil, wie es ihn mindestens seit dem Jahr 2000 nicht mehr gegeben hat, vielleicht sogar seit einem Jahrhundert nicht. Um zu dieser Gruppe zu gehören, muss man ein Nettovermögen von mindestens 760.000 Dollar besitzen. Die Experten des Instituts, dessen Mutter Credit Suisse zu den größten Vermögensverwaltern für die Superreichen gehört, erklären sich das folgendermaßen (meine Übersetzung): »Es gibt triftige Gründe zu vermuten, dass die Zunahme der Vermögensungleichheit mit dem Anstieg der Aktienkurse (...) zu tun hat, da diese das Vermögen einiger der reichsten Länder und vieler der reichsten Leute weltweit nach oben getrieben haben.«

Mit anderen Worten: Dank der kurssteigernden Wirkung der lockeren Geldpolitik war das obere Prozent der Weltbevölkerung von der Krise nicht betroffen. Für sie gab es ein Wohlstandsprogramm. Die Krise ist lediglich eine Krise der unteren 99 Prozent. Dass es sich dabei nicht um einen gänzlich unbeabsichtigten Nebeneffekt handelt, zeigen die Analysten der Citigroup in einer statistischen Analyse, in der sie nachweisen, dass Kursrückgänge an den Aktienmärkten die US-Notenbank regelmäßig zu einer lockereren Geldpolitik bewegen, als aufgrund der Wirtschaftsdaten zu erwarten wäre.[102] Wenn man den täglichen Nachrichtenfluss der Agenturen verfolgt, ist das ohnehin offensichtlich. Kein kräftiger Rückgang der Aktienkurse, ohne dass nicht wenig später ein Geldpolitiker vor die Mikrofone träte und orakelte, dass man mit einer Straffung der Politik vielleicht doch etwas länger warten könne oder vielleicht doch noch etwas mehr lockern müsse, als bisher gedacht. Das verleiht den Aktienkursen dann gleich neuen Schub. Die Citigroup-Analysten schreiben dazu, sie seien »schockiert über den zunehmenden Einfluss, den Entwicklungen an den Finanzmärkten in letzter Zeit auf die geldpolitischen Entscheidungen der Fed hatten.«

Die Unterstützer dieser Politik argumentieren, es gebe keine Alternative. Es sei immer noch besser, man kurble die Wirtschaft an und sichere Arbeitsplätze, indem man die Reichen reicher mache, als es ganz sein zu lassen. Selbst wenn die damit implizierte Alternativlosigkeit zuträfe, wäre das fragwürdig. Genauso hat der damalige US-Notenbankchef Alan Greenspan argumentiert, als er nach dem Platzen der Dotcom-Blase an den Aktienmärkten kurz nach der Jahrhundertwende ganz bewusst daranging, als Ersatzblase den Immobilienmarkt aufzupumpen und dort die Preise nach oben zu treiben. Auch diese Blase platzte, mit verheerenden Konsequenzen für Millionen einfacher Amerikaner, denen mit dieser Politik angeblich geholfen werden sollte. Aber ganz viele Banker und Fondsmanager haben sich auf dem Weg dorthin die Taschen ordentlich gefüllt.

Es gibt Alternativen zur Geldpolitik zugunsten der Reichen

Wenn jemand so tut, als gäbe es keine Alternative, dann kann man davon ausgehen, dass bessere Alternativen totgeschwiegen werden sollen, in diesem Fall solche, die den Reichen und Mächtigen nicht gefallen. Es gibt eben doch andere, viel wirksamere Möglichkeiten für eine Zentralbank, die Wirtschaft zu stimulieren. Solche, die nicht darauf aufbauen, der Finanzbranche und den Reichen die Taschen zu füllen unter dem Vorwand, dass ein klein wenig auch für die übrigen Wirtschaftsteilnehmer außerhalb der Finanzbranche abfällt. Erfahrungsgemäß ist das in einer Finanzkrise nicht viel, wenn eine Notenbank versucht, die Wirtschaft über die Banken und die Finanzmärkte zu stimulieren. Die Banken sind in Schwierigkeiten und wollen keinen Kredit geben, jedenfalls nicht den Unternehmen, die ihn dringend brauchen, weil es ihnen schlecht geht. Wenn die Gewinne der Unternehmen steigen, weil ihre Zinsbelastung sinkt, dann ist der Kauf eigener Aktien auf Kredit der einfachste Weg, um den Aktienkurs zu steigern. In neue Produktionsanlagen investiert wird nur, wenn auch mit steigender Nachfrage zu rechnen ist.

Daniel Stelter, ehemaliger Partner der Unternehmensberater BCG und Betreiber der Website »Beyond the Obvious«, nennt eine ganz einfache Alternative: »Dann doch besser 10.000 Euro für jeden, sofort!«, fordert er.[103] Anstatt das zusätzliche Geld, das die Zentralbank »druckt«, in die aufgeblähten Finanzmärkte zu pumpen, könne die EZB es auch den Menschen und der produzierenden Wirtschaft zukommen lassen, damit sie ihre zu hohen Schulden abbauen und Nachfrage entfalten können. Wenn die EZB das täte, dann gäbe es keine Unsicherheit darüber, ob die Nachfrage anziehen, die Unternehmen wieder mehr investieren und die Deflation besiegt würde. Das alles wäre so sicher und absehbar wie das Amen in der Kirche. Es müssten auch nicht gleich 10.000 Euro für jeden sein. Auch 5.000 Euro wären möglich, und erst wenn das nicht reichen sollte, noch ein Scheck und notfalls noch einer. Aber die EZB versteht sich als Bank der Banken. Was, wenn die Bürger sich daran gewöhnten und das gern künftig immer so hätten? Wo blieben dann die Banken und ihr lieb gewordener Geldschöpfungsgewinn?

Das, was ich hier etwas flapsig dargestellt habe, hat in der Wirtschaftswissenschaft schon lange einen Namen: Helikoptergeld. Der Name geht auf den bekannten liberal-konservativen Ökonomen Milton Friedman zurück, der argumentierte, eine Notenbank, die nach Belieben Geld drucken könne, könne immer dafür sorgen, dass genug monetäre Nachfrage vorhanden sei. Notfalls könne sie Hubschrauber aufsteigen lassen und Geld abwerfen.

Wenn Sie jetzt denken, das seien rein theoretische Gedankenspiele, dann irren Sie sich. Auch der ehemalige US-Notenbankchef Ben Bernanke hat als Wissenschaftler, bevor er Notenbanker und damit Teil der Bankenszene wurde, Zentralbankschecks an die Bevölkerung als Option gepriesen.[104] Er tadelte mit seinem Vorschlag die japanische Zentralbank, die mit ihren über die Banken laufenden Maßnahmen gegen Deflation und Wirtschaftskrise weitgehend erfolglos geblieben war. Adair Turner, ehemaliger Chef der britischen Finanzaufsicht, hat Ähnliches gefordert,[105] ebenso Martin Wolf, der renommierte Kommentarchef der *Financial Times*.[106] Die Liste ließe sich beträchtlich mit angesehenen Namen verlängern.

Wenn die Notenbank Geld direkt in den Wirtschaftskreislauf einschleust, anstatt es in die Finanzmärkte zu pumpen, braucht sie keine Zuflucht zu extrem niedrigen oder gar negativen Zinsen zu nehmen. Das funktioniert auch bei einem Leitzins von zwei Prozent. Wenn Nachfrage da ist, weil die Bürger Geld haben, dann investieren die Unternehmen auch, um das herzustellen, was die kaufkräftige Nachfrage haben will. Das treibt natürlich die Preise etwas nach oben, aber das ist ja genau das, was die Notenbank angesichts der seit Jahren zu niedrigen Preissteigerungen erreichen will und bisher nicht geschafft hat. Wenn es an Nachfrage fehlt, dann hilft auch ein niedriger Zins nicht. Dann nehmen die Manager billige Kredite auf, um Aktien des eigenen Unternehmens zurückzukaufen und so den Aktienkurs und ihre Boni nach oben zu treiben.

Die plakative Idee vom Scheck über 10.000 Euro für jeden zeigt dabei nur, was theoretisch möglich wäre, wenn die EZB nur wollte. Sie muss es nicht genau so machen. Sie könnte, wenn sie sich lieber auf dem gewohnten finanztechnischen Gebiet bewegen wollte, auch Anleihen der Europäischen Investitionsbank (EIB) aufkaufen. Die EIB könnte mit dem Geld Investitionsprojekte finanzieren oder Flüchtlingshilfsprogramme, ein Programm zur Emissionsreduzierung oder eine Ausbildungsoffensive. Die Nachfrage nach Geld in der realen Wirtschaft ist ebenso unbegrenzt wie sinnvolle Verwendungsmöglichkeiten. Es ist überhaupt kein Problem, beliebig viel Geld ohne den Umweg über die Finanzmärkte für sinnvolle Zwecke in die reale Wirtschaft einzuspeisen. Man muss es nur wollen.

Das sieht bemerkenswerterweise auch Olivier Blanchard so, jedenfalls seit er nicht mehr Chefvolkswirt des Internationalen Währungsfonds ist. »Es gibt offenkundig anderes, was man tun kann, wenn man bei null [Zinsen] ist und die Nachfrage noch weiter steigern will. Man kann Güter kaufen«, sagte Blanchard in einem Universitätsvortrag. Dabei schwebt ihm natürlich nicht vor, dass die Notenbanken die Güter unmittelbar kaufen, sondern die Regierungen sollen zur Finanzierung von Infrastrukturprojekten Anleihen auflegen, welche die Zentralbank dann kaufen würde.[107]

Da die Notenbanken als Teil des Bankensystems das nicht wollen, brauchen sie Niedrigzinsen und idealerweise auch die Möglichkeit, Negativzinsen herbeizuführen, um die Finanzmärkte immer weiter aufpumpen zu können, damit genug für die reale Wirtschaft abfällt, um sie irgendwie am Laufen zu halten. Solange das Bargeld nicht marginalisiert oder ganz abgeschafft ist, können die Banken die Einlagenzinsen für normale Kunden schwer auf null und fast gar nicht unter null drücken. So wird Niedrigzinspolitik auch für sie unangenehm, weil sie auf ihre Zinsmarge zwischen Kreditzinsen und Einlagenzinsen drückt. Deshalb muss das Bargeld weg.

Unvermeidliche Finanzkrisen

Da die Banken das nötige Bargeld nicht haben, um im Ernstfall ihr Versprechen der jederzeitigen Einlösbarkeit ihres Buchgeldes in Bargeld zu erfüllen, kann man sich leicht vorstellen, wie wichtig es für sie ist, dass keiner auf die Idee kommt, an dem Einlösungsversprechen zu zweifeln. Wenn das trotzdem einer einzelnen kleinen Bank passiert, wird sie wahrscheinlich abgewickelt. Wenn dasselbe Schicksal eine zu große Bank oder viele Banken gleichzeitig ereilt, dann gibt es noch eine Verteidigungslinie: Die Notenbank und die Regierung greifen im Notfall ein. Die Regierung tut das, indem sie die Bankeinlagen garantiert, wie das im Oktober 2008 Bundeskanzlerin Angela Merkel und Finanzminister Peer Steinbrück in einer bemerkenswerten gemeinsamen Erklärung verkündeten. Die Notenbanken tun es, indem sie den Banken Bargeld oder Zentralbankguthaben leihen, auch wenn diese im Gegenzug keine guten Sicherheiten anbieten können.

Dass Regierung und Zentralbank im Krisenfall gar nicht anders können, als sie zu retten, wissen die Banken schon vorher. Das ermuntert sie dazu, so riesige Mengen an Bankguthaben zu schaffen. Man kann deshalb das Bankensystem als ein staatlich genehmigtes und reguliertes Schneeballsystem bezeichnen. Es ist krisenanfällig und hängt vom impliziten Rettungsversprechen der Zentralbank ab, die als Einzige das echte gesetzliche Zahlungsmittel drucken kann.

Ein Vergleich mit dem Schneeballsystem des Bernard Madoff ist lehrreich. Madoff sammelte Geld von Anlegern ein und zahlte jahrzehntelang zuverlässig eine hohe Rendite aus. Da er diese Rendite bei Weitem nicht erzielte, entnahm er fehlende Mittel dem Bestand der ihm anvertrauten Kundengelder. Alles, was er benötigte, damit dieser Trick auf Dauer funktionierte, waren ein beständig wachsendes Anlagevolumen und eine Hausbank (JP Morgan) sowie Wirtschaftsprüfer, die nicht so genau hinschauten. Weil er zuverlässig so hohe Renditen auszahlte, fiel es ihm lange Zeit leicht, genügend Mittelzuflüsse einzuwerben, um die Auszahlungen zu finanzieren. Madoff selbst ließ es sich von dem zufließenden Geld ebenfalls gut gehen, und er erkaufte sich Wohlwollen, Ansehen und Einfluss, indem er auch andere daran teilhaben ließ. Sein Versprechen, dass die Kunden ihr Geld jederzeit wieder abziehen konnten, blieb ebenfalls jahrzehntelang folgenlos, weil nur sehr wenige ihn damit in Anspruch nahmen. Kaum jemand wollte auf die hohen Renditen verzichten, die er (vermeintlich) gutschrieb.

Die Banken schaffen auf Kredit Einlagen, garniert mit dem Versprechen, diese seien jederzeit in Bargeld umtauschbar. Während bei Madoff die hohen Renditen die Kunden davon abhielten, ihn beim Wort zu nehmen, ist es im Fall der Banken der hohe praktische Wert eines Bankguthabens im Vergleich zu Bargeld. Denn dank staatlichem Privileg der Banken, mit Bankschulden bezahlen zu können, und ihrer Zahlungsverkehrsinfrastruktur ist ihr Buchgeld für viele Zwecke praktischer als Bargeld.

Da viele der Kredite, aus denen das Buchgeld entsteht, nicht produktiv verwendet werden, aber doch verzinst werden müssen, gilt Ähnliches wie bei Madoffs Schneeballsystem. Solange immer mehr Geld durch neue Kredite hinzukommt, funktioniert es ziemlich lange. Aber irgendwann wird so viel neues Geld gebraucht, dass das System an seine Grenzen stößt und zusammenbricht, weil die Schulden vieler Schuldner die Grenze ihrer Tragfähigkeit übersteigen.

Bei Madoff wie bei den Banken kam es zum Schwur, als in der Finanzkrise viele Anleger gleichzeitig ihr Geld abziehen wollten. Da musste Madoff zugeben, dass dieses Geld nicht mehr vorhanden war. Er wanderte mit einer Strafe von 150 Jahren in den Knast.

Ganz anders im Fall der Banken. Auch sie hatten es sich lange gut gehen lassen und vieles von dem Geld, das sie selbst geschaffen hatten, in überzogene Gehälter für ihr Spitzenpersonal und in hohe Dividenden für ihre Aktionäre umgemünzt. Umso schneller gerieten sie in Schwierigkeiten, als im Zuge der Vertrauenskrise nach der Lehman-Pleite die Kunden ihr Geld abzogen.

Was Madoff tat, war illegal. Wer dagegen eine Banklizenz hat, der kann darauf bauen, dass eine Bundeskanzlerin und ein Finanzminister für seine Schulden garantieren und eine Zentralbank ihm umsonst so viel Geld leiht, wie er braucht, um alle Ansprüche zu befriedigen.

Das System könnte nur dann auf Dauer und ohne den Schneeballeffekt funktionieren, wenn die Banken Kredite ganz überwiegend nur an diejenigen vergäben, die etwas Produktives damit anstellen, sodass die Kreditkunden von dem Mehrertrag die Zinsen erwirtschaften können. Bei vielen Kreditformen ist das aber nicht oder allenfalls teilweise der Fall. Es trifft vor allem auf Investitionskredite an Unternehmen zu. Damit steigern die Unternehmen ihre Produktionskapazitäten und ihre Fähigkeit, Gewinn zu erzielen, aus dem heraus sie die Zinsen für den Kredit bezahlen können. Anders sieht es schon bei Konsumentenkrediten aus. Diese treiben die Konsumnachfrage nach oben und erzeugen Inflation. Die Zinsen auf diese Kredite müssen die Banken letztlich selbst wieder auf dem Kreditwege finanzieren. Am schädlichsten sind Kredite, die Spekulation am Finanzmarkt finanzieren. Kredite zum Kauf von Aktien, egal ob an Spekulanten oder an Unternehmen, die damit die eigenen Aktienkurse hochtreiben wollen, erhöhen zwar die Verschuldung, aber nicht die produktiven Kapazitäten. Hypothekenkredite zum Kauf bestehender Häuser treiben vor allem die Preise für Immobilien nach oben. All diese unproduktiven Kredite, wenn sie beschleunigt ausgeweitet werden, müssen in die Krise oder die Inflation führen, denn irgendwann können die Zinszahlungen für diese Kredite nicht mehr geleistet werden, wenn nicht mehr genug neues Geld geschaffen wird.[108]

Das Heimtückische ist, dass ein Mehr an Krediten – egal welcher Art – erst einmal dazu führt, dass mehr Geld in Umlauf kommt. Die Wirtschaft und die Finanzmärkte werden angekurbelt. Das belebt wiederum die Kreditnachfrage und die Bereitschaft der Banken, Kredit zu geben. Auch die Investitionen werden als Nebeneffekt ein wenig angekurbelt, wenn die Konsumnachfrage oder die Aktienkurse steigen oder wenn die Immobilien teurer werden.

Dadurch sieht es einige Zeit lang so aus, als handle es sich gar nicht um eine Kreditblase, sondern um eine fundamental durch eine gute Wirtschaftsentwicklung gerechtfertigte Ausdehnung des Kreditvolumens. Aber man kann die Kreditvergabe nicht immer mehr beschleunigen, weil die Schulden irgendwann zu hoch werden. Kredite werden notleidend. Banken halten sich mit ihrer Kreditvergabe immer mehr zurück. Weil dann der Zufluss neuen Geldes nicht mehr steigt, können immer weniger Kreditnehmer den Schuldendienst planmäßig leisten. Die Kreditausfälle nehmen zu und die Banken geben keine neuen Kredite mehr. Mit jedem zurückgezahlten Bankkredit verschwindet Geld aus dem System. Die Wirtschaft rutscht in die Rezession ab, die Banken geraten in Schwierigkeiten. Das

Vertrauen in ihre Solidität geht verloren. Es kommt zu einer Finanz- und Wirtschaftskrise.

Die Klügeren unter den Strategen des oberen Prozents verstehen, dass das Schneeballsystem, mit dem die Notenbanken und die Geschäftsbanken immer neue Blasen schaffen, allmählich an eine Grenze stößt. Sie wollen diese Grenze noch ein Stück verschieben, denn jedes Jahr, in dem das System unangetastet bleibt, ist ein neues Jahr, in dem sich die Aktionäre der Banken, ihre Tophändler und Topmanager die Taschen füllen können. Diesen Reichtum dürfen sie behalten, weshalb das System für sie recht attraktiv ist. Die Krise haben vor allem jene auszubaden, die nicht zu den reichsten fünf Prozent der Bevölkerung gehören.

Einer der genannten klugen Strategen ist zweifellos Larry Summers. In einer Kolumne in der *Financial Times* im Dezember 2015 hat er das deutlich gemacht.[109] Darin warnt er davor, dass die nächste Krise aller Erfahrung nach mit hoher Wahrscheinlichkeit innerhalb weniger Jahre kommen werde. Dann seien die Leitzinsen wahrscheinlich nicht hoch genug, um genügend Spielraum für eine so starke Absenkung zu bieten, dass man damit eine Krise bewältigen könne, und auch die weniger üblichen Maßnahmen wie Staatsanleihenkäufe hätten sich weitgehend abgenutzt. »Die ungelöste Frage ist, wie die Wirtschaftspolitik die nächste Krise hinausschieben und schließlich eingrenzen kann«, lautet sein offenes Fazit. Aber wer ihn als einen der ersten öffentlichen Befürworter einer Abschaffung des Bargelds kennt, weiß natürlich, was er im Sinne hat.

Wie können Banken pleitegehen, wenn sie doch Geld aus dem Nichts schöpfen können?

Ein häufig geäußerter Einwand lautet: Dass die Banken einfach so Geld aus dem Nichts schaffen könnten, sei wenig plausibel, weil eine Bank dann kaum je pleitegehen könnte. Doch das Argument trägt nicht. Der Umstand, dass die Banken trotz ihres Geldschöpfungsprivilegs stets latent konkursbedroht sind, hat dreierlei Gründe.

Der erste Grund lautet, dass die Geldschöpfungsgewinne nicht sofort bei Ausreichung des Kredits und der damit verbundenen Geldschöpfung realisiert werden. Sie können erst im Laufe der Jahre realisiert werden, wenn die Kreditnehmer die Zinszahlungen für das Geld geleistet haben, das die Banken aus dem Nichts geschaffen haben, und wenn sie schließlich auch noch den Kredit zurückgezahlt haben. Stellt sich nach relativ kurzer Zeit schon heraus, dass ein ausgereichter Kredit nicht zurückgezahlt wird, weil der Kunde insolvent geworden ist, dann ist das Geld weg. Auf der anderen Seite sind aber immer noch die Einlagen unterwegs, die der Kreditkunde bekommen und in Umlauf gebracht hat. Für die Bank, die den Kredit ausgereicht hat, bedeutet dies, dass sie Zentralbankgeld abgeben musste und der Gegenwert verloren gegangen ist. Für das Bankensystem insgesamt bedeutet es, dass die Höhe der Einlagen, also der Verbindlichkeiten der Banken gegenüber Einlagenkunden, nun die Kreditforderungen, die diesen Verbindlichkeiten gegenüberstehen, übersteigt.

Das wäre aber in aller Regel kein großes Problem, wenn die Banken den Geldschöpfungsgewinn, der ihnen im Lauf der Zeit zuwächst, zum größten Teil zurücklegen würden. Der Umstand, dass sie das nicht tun, ist der zweite, gern vernachlässigte Grund dafür, dass sie ständig in Gefahr sind, pleitezugehen. Denn wenn sie den Geldschöpfungsgewinn größtenteils zurücklegen würden, dann hätten sie sehr hohes Eigenkapital, das ausreichen sollte, um auch im Krisenfall so viel Auszahlungsbegehren zu befriedigen, dass es gar nicht erst zu einem Bank Run kommt. Aber die Geldschöpfungsgewinne werden zum allergrößten Teil ausgeschüttet, als Dividenden an die Aktionäre und als Riesengehälter und Boni an das obere Management der Bank. Wenn dann irgendwann etwas schiefgeht, die Kredite notleidend werden oder die gekauften Wertpapiere stark im Wert sinken, dann ist nichts mehr da, um diese Bilanzverluste auszugleichen. Weil die Bank das ausgeschüttete Geld von den Aktionären und Bankmanagern nicht zurückholen kann, muss sie sich vertrauensvoll an den Staat wenden, damit der Steuerzahler die Bank rettet.

Der dritte Grund schließlich lautet, dass es neben dem Bankengeld noch Bargeld gibt. Nur in normalen Zeiten, wenn die Menschen glauben, Bankengeld sei dem Bargeld gleichwertig, funktioniert die Geldschöpfung durch die Banken. Sobald daran Zweifel entstehen und viele Menschen Bargeld vorziehen, funktioniert sie nicht mehr.

Die Mär von der Einlagensicherung

Mit der Geldschöpfung, an der sie in normalen Zeiten so blendend verdienen, schaffen die Geschäftsbanken reale Kaufkraft. Da sie diese Kaufkraft nur zu einem kleinen Teil durch Kredite für produktive Investitionen erzeugen, wachsen die finanziellen Ansprüche an die Produktion und das Vermögen der Volkswirtschaft zu schnell. Dann muss irgendwann das Schuldengeld der Banken entwertet werden, entweder durch Inflation oder dadurch, dass die Schulden der Banken teilweise oder ganz gestrichen werden.

Als in der Finanzkrise ab 2008 wieder einmal deutlich wurde, dass viele oder gar alle Banken es mit der Schaffung von Schuldgeld übertrieben hatten, drohte überall der Run der Einleger auf die Banken. Denn einige Einleger wussten, dass »ihr« Geld auf der Bank nichts anderes als ein der Bank gewährter Kredit war – einer Bank, die nicht mehr voll zahlungsfähig war und nur wenigen Einlegern ihre Guthaben auszahlen konnte. In einem solchen Fall droht eine Kettenreaktion: Wenn sich erste Schlangen vor den Schaltern gebildet haben, dann kommen alle.

Und wenn sich vor einer Bank die Menschen versammelt haben, dann fragt sich natürlich jeder: »Wie ist das bei meiner Bank?«, und stellt sich dort in die Schlange, um sein Geld abzuheben. Und schon bricht das ganze Bankensystem und damit der Zahlungsverkehr zusammen.

In Großbritannien gab es 2008 solche Schlangen vor einer Bank namens Northern Rock. Das bewegte schließlich den Gouverneur der Bank von England dazu, seine bis dahin strenge Haltung gegenüber den Banken aufzugeben. Es wäre wohl auch in Deutschland zu Bank Runs gekommen, nachdem die Bank Lehman Brothers pleitegegangen war, hätten sich nicht Merkel und Steinbrück hingestellt und allen Deutschen versichert, die Regierung garantiere für alle Bankeinlagen.

In diesem Zusammenhang war und ist Bargeld erkennbar mehr als nur lästig. Es ist die Macht der Kunden, jederzeit ihre Einlagen in Form von Bargeld zurückverlangen zu können, welche die Banken so anfällig macht. In Zypern wurde das Problem 2013 dadurch gelöst, dass man das Geld der Sparer konfiszierte und sie längere Zeit nur noch ganz kleine Beträge auslösen konnten. Währenddessen wurde entschieden, wie viel sie zurückbekommen sollten. In vielen Fällen war das nur etwa die Hälfte der Einlagen. Auch in Griechenland wurde das Geld der Sparer festgesetzt, indem man den Banken erlaubte und befahl, ihre vertragliche Verpflichtung zu brechen, Bankguthaben jederzeit in bar auszuzahlen.

Wenn solche Dinge einmal geschehen sind, wird es sehr schwierig, in der nächsten Bankenkrise die Lage noch unter Kontrolle zu halten. Denn wenn innerhalb der Gedächtnisspanne der meisten Menschen in Portugal, Spanien oder Italien die Banken wieder in Schwierigkeiten geraten sollten – und es ist absehbar, dass dies geschehen wird –, dann denkt natürlich schon beim ersten Anzeichen jeder an Zypern und Griechenland und holt noch viel früher und entschlossener sein Geld von der Bank. Und das setzt sich dann nicht nur von Bank zu

Bank fort, sondern auch von Nation zu Nation, immer von der schwächsten Bank zur nächsten, nicht ganz so schwachen und von der Nation mit dem schwächsten Bankensystem und den geringsten Reserven im Staatshaushalt zum nächsten, nicht ganz so schwachen Land.

Die Rettung der Banken hat aber schon im Gefolge der Krise von 2008 die Staatshaushalte vieler Länder ruiniert. Noch einmal können und wollen die Regierungen der Euro-Länder solche Rettungsaktionen in den nächsten Jahren nicht mehr stemmen. Die Bankensysteme sind aber nach wie vor in einer sehr fragilen Verfassung. Deshalb heißt das neue Zauberwort »Creditor Bail-in« zu Deutsch etwa »Heranziehung der Gläubiger zur Bankenrettung«. Dem Volk wird erzählt, es ginge darum, dass künftig nicht mehr der Steuerzahler für die Fehler der Banken hafte, sondern die Finanzbranche selbst, die Gläubiger der Banken. Was verschwiegen wird, aber einen Kernbestandteil der entsprechenden Rechtstexte aus Brüssel ausmacht: Gläubiger sind auch die Sparer, die ihre Ersparnisse vermeintlich bei einer Bank verwahren, tatsächlich damit aber der Bank einen Kredit gegeben haben, also ihre Gläubiger sind.

Wenn künftig eine Bank pleitezugehen droht, dann sollen zuerst die Aktionäre der Bank bluten, indem ihre Ansprüche auf künftige Gewinnbeteiligung zusammengestrichen werden. Technisch geschieht das, indem neue Aktien verkauft werden, um das Eigenkapital zu erhöhen. Mit den neuen Aktionären müssen sich die alten Aktionäre künftige alle Gewinne teilen. Das reicht aber nicht weit. Auch in der letzten Krise mussten die Aktionäre deutscher und europäischer Geschäftsbanken massive Kursverluste hinnehmen, und trotzdem waren noch riesige öffentliche Hilfen und Garantien erforderlich.

Als Zweites sollen, bevor öffentliches Geld fließen darf, diejenigen auf Forderungen verzichten, die Anleihen der notleidenden Banken besitzen. Auch das klingt gut, reicht aber ebenfalls nicht weit. Denn die Schulden der Banken bestehen eben überwiegend nicht aus den Bankanleihen, die sie gegeben haben, sondern aus unseren Ersparnissen auf der Bank. Es geht allein in Deutschland um über drei Billionen Euro. Die sind als Nächstes dran. »Bail-in« bedeutet also vor allem, dass künftig erst die Sparer enteignet werden sollen, bevor öffentliches Rettungsgeld fließt oder Garantien gegeben werden.

Das ist nicht schlimm, könnte man meinen. Dank der europaweit vorgeschriebenen Einlagensicherung für die ersten 100.000 Euro auf jeder Bank sind die Ersparnisse von Otto Normalverbraucher ja sicher. Es geht nur an das Geld der Reichen. Das sollen wir zumindest glauben.

Unter dem sprechenden Titel »Von wegen Einlagensicherung« hat die *Frankfurter Allgemeine Zeitung* erläutert, wie es tatsächlich um die vermeintliche Garantie für die ersten 100.000 Euro der Bankeinlagen jedes Kunden steht.[110] Anlass war, dass Mitte 2015 in Deutschland und anderen Ländern eine europäische Richtlinie in nationales Recht umgesetzt wurde. Sie soll den Anlegerschutz in Europa vereinheitlichen. In Deutschland betrugen die Einlagen bei Banken und Sparkassen im Sommer 2015 rund 3,4 Billionen Euro. Die nun in deutsches Recht gegossene Richtlinie aus Brüssel sieht vor, dass die Banken und Sparkassen zur Finanzierung der Einlagensicherung einen Fonds bestücken. Dessen Volumen soll – halten Sie sich fest – 0,8 Prozent der unter die Sicherung fallenden Einlagen ausmachen. Für jeweils 100.000 Euro an gesicherten Einlagen müssen die Banken also 800 Euro zur Entschädigung vorrätig halten.

Der Fonds reicht, selbst wenn er irgendwann einmal gefüllt ist, gerade einmal für den Fall, dass in Deutschland eine kleine Bank pleitegeht. Für eine mittelgroße Bank genügt er schon kaum noch. Allein für die Deutsche Bank bräuchte man mehrere solcher Fonds. Für eine Finanzkrise, bei der eine Vielzahl von Banken gleichzeitig in Schwierigkeiten geraten, ist der Puffer ganz offenkundig nicht gedacht und völlig nutzlos. Die Sicherung von 100.000 Euro pro Kunde und Bank, die die EU vorschreibt, ist also nur für den Fall der Pleite einer einzelnen kleinen Bank relevant. Wenn es mehr wird, fehlt das Geld. Garantiert ist nur, dass die Banken so tun müssen, als könnten sie Einleger mit bis zu 100.000 Euro im Pleitefall entschädigen.

In Deutschland leugnet und vernebelt die Politik diese bittere Wahrheit. In Österreich war sie – notgedrungen – ehrlicher. Dort wurde bei der Umsetzung der europäischen Richtlinie ausdrücklich beschlossen, dass der Staat sich aus der Einlagensicherung zurückzieht. Bis dahin standen in Österreich für Spareinlagen bis 50.000 Euro im Entschädigungsfall die Banken in einer Art Haftungsgemeinschaft gerade, die Einlagen zwischen 50.000 und 100.000 Euro aber hatte der österreichische Staat garantiert. Jetzt soll schrittweise der Fonds, der von den Banken gefüllt wird, die Garantie des Staates ersetzen. Eine Sprecherin des österreichischen Finanzministeriums verwies dabei darauf, dass es in Deutschland, anders als in Österreich, auch bislang keine staatliche Garantie von Bankeinlagen im juristischen Sinne gegeben habe – man nähere sich in Österreich also der Situation in Deutschland an.[III] Die »Garantie« von Merkel und Steinbrück war und ist juristisch völlig unverbindlich.

Man muss also leider feststellen: Im Fall der Pleite einer größeren Bank oder gar einer Finanzkrise gibt es keine Einlagensicherung. Das Geld, das die Banken dafür vorhalten, reicht hinten und vorne nicht. Eine Verpflichtung des Staates, einzuspringen, besteht nicht. Das lässt sich jetzt noch vor den meisten Menschen verborgen halten, und das ist auch wichtig für die Banken, denn sonst würde es schwierig, die entsprechenden Gesetze durchs Parlament zu bringen. Aber wenn die nächste Bankenkrise naht, wird die Aufnahmebereitschaft des Publikums für die Information, dass es keine Einlagensicherung gibt, sehr viel größer sein als heute.

Deshalb ist es wichtig, dass das Bargeld vor Heraufziehen der nächsten Krise abgeschafft oder stark zurückgedrängt wird. Dann kann sich kein Einleger durch frühzeitiges Handeln der

»Gläubigerbeteiligung« entziehen und die Enteignung der Sparer kann gesittet und ruhig geplant durchgezogen werden.

Zwischenfazit: Der Unterschied zwischen Bargeld und Bankengeld und warum Bargeld stört

Das war ein langes und inhaltsreiches Kapitel. Deshalb will ich die wesentlichen Aussagen hier nochmals zusammenfassen.

Bargeld wird vom Staat über die Zentralbank hergestellt und in Umlauf gebracht. Es ist gesetzliches Zahlungsmittel. Zwar wird es in der Bilanz der Zentralbank als Verbindlichkeit gebucht. Aber es stellt keine echte Verbindlichkeit dar, kein Schuldgeld, da derjenige, der es bei der Zentralbank einreichte, auch wieder nur Bargeld dafür bekäme.

Buchgeld wird dagegen von den Banken geschaffen und in Umlauf gebracht, indem sie Kredit geben oder etwas kaufen. Es ist Schuldgeld – eine Verbindlichkeit der Bank gegenüber dem Einleger. Der Einleger hat theoretisch das Recht, seinen Kredit an die Bank jederzeit mit sofortiger Wirkung zu kündigen, indem er sich seine Einlage als Bargeld auszahlen lässt. Deshalb bekommt er allenfalls geringe Zinsen dafür, während der Kredit, den die Bank im Gegenzug aus neu geschaffenem Geld gewährt hat, längerfristig und höher verzinst ist.

Dieses Versprechen der jederzeitigen Einlösbarkeit in Bargeld können die Banken nur in ruhigen Zeiten einhalten, wenn die große Mehrheit der Bevölkerung keine Zweifel an der Solidität und Solvenz der Banken hat. Wenn das Versprechen ernsthaft auf die Probe gestellt wird, können die Banken es nur erfüllen, wenn Staat und Zentralbank ihnen zu Hilfe eilen.

Da wiederkehrende Finanzkrisen in diesem System fast unvermeidlich sind, werden diese Hilfen immer wieder benötigt; das gilt auch für die Zukunft. In Anbetracht der im Zuge der letzten Bankenrettungen bereits stark angestiegenen Staatsverschuldung wird es jedoch immer schwieriger, diese Garantie einzulösen.

Wenn es aber kein Bargeld mehr gibt, entfällt die Möglichkeit eines Bank Run weitgehend. Anstatt den Staatshaushalt mit neuen Schulden oder den widerstrebenden Steuerzahler mit höheren Steuern zu belasten, können die Banken einfach saniert werden, indem man die Sparer teilweise enteignet. Bankguthaben über einer gewissen Höhe könnten dann etwa um ein Drittel reduziert werden, und niemand könnte sich dem entziehen, indem er sein Geld vorher bar abhebt.

Das dürfte der wichtigste Grund für die Bestrebungen zur Abschaffung des Bargelds sein. Daneben gibt es noch den Wunsch der Notenbanken, ihre bisherige Art der Geldpolitik fortzusetzen und zu intensivieren; eine Geldpolitik, die aufgrund der Existenz von Bargeld an ihre Grenzen stößt. Diese Politik setzt darauf, die Wirtschaft indirekt zu beleben, indem man mehr billiges Geld in die Finanzbranche pumpt, sehr zum Vorteil der dort Aktiven und der Vermögenden allgemein.

Abseits des Umgangs mit Krisen stellt Bargeld für die Geschäftsbanken und sonstigen Finanzdienstleister eine lästige Konkurrenz zum eigenen Buchgeld dar, die sie gerne loswerden wollen. Wenn es keine Barzahlungen mehr gibt, können Finanzdienstleister von den Händlern höhere Provisionen für die Abwicklung des elektronischen Zahlungsverkehrs verlangen. Und je weniger Bargeld in Umlauf kommt, für das letztlich der Staat den Geldschöpfungsgewinn kassiert, desto mehr Buchgeld kann in Umlauf kommen, für das die Banken den Geldschöpfungsgewinn einstreichen.

Für wie plausibel man es demgegenüber hält, dass die notorisch in groß angelegte Geldwäsche und Steuerhinterziehung verwickelten Banken plötzlich so viel Wert auf die Erschwerung der Geldwäsche und der Steuerhinterziehung legen, dass man dafür das Bargeld abschaffen muss, darf jeder selbst beurteilen.

Gold, Geld und Macht

Jahrhundertelang waren Gold und Geld Synonyme. Selbst wenn nicht mit Gold- oder Silbermünzen bezahlt wurde, sondern mit Papier, dann stellte dieses Papier doch einen Anspruch auf Herausgabe von Gold dar. Noch bis 1971 beruhte das (westliche) Weltfinanzsystem auf der Golddeckung des Dollar. Bis dahin konnte man auch im Tausch gegen D-Mark oder andere Währungen auf dem Umweg über den Dollar Gold zu einem festen Preis erhalten. Erst seit wenigen Jahrzehnten sind unsere Geldscheine – ebenso wie das Buchgeld der Banken – nur noch durch das Versprechen werthaltig, dass die Regierung beziehungsweise die Notenbank den Umlauf so weit begrenzen, wie zur Sicherung eines halbwegs stabilen Preisniveaus erforderlich ist.

Goldwährungen haben einige große Vorteile, aber auch Nachteile. Gold ist staatsunabhängiges Geld. Seinen Wert behält es, weil die Produktion von weiterem Gold teuer und nur begrenzt möglich ist, nicht weil eine Regierung oder eine Zentralbank das verspricht. Viele misstrauische Bürger betrachten die Flucht in Gold daher als Ausweg, um sich für den Fall des befürchteten Zusammenbruchs der Papierwährungen abzusichern. Dafür nehmen sie in Kauf, dass Gold in normalen Zeiten eine eher schlechte Geldanlage darstellt. Es bringt keine Zinsen und kann leicht auch mal für Jahrzehnte im Wert stagnieren oder gar sinken. Die Preisschwankungen sind enorm.[112]

Wer dem Staat fundamental misstraut, zumindest in Geld-dingen, der befürwortet daher normalerweise eine goldge-deckte Währung und wird ungedecktes staatliches Papiergeld nicht als richtiges Geld betrachten.

Der Nachteil von Gold als Währung ist, dass es Regierung oder Notenbank die Möglichkeit nimmt, den Geldumlauf zu steuern. Auf dieses Instrument verzichten sie nur sehr ungern.

Das ist verständlich, denn Gold eignet sich sehr gut zum Horten. Wenn aus irgendeinem Grund die Menschen unsicher werden und vermehrt Geld zurücklegen, anstatt es auszugeben, entsteht daraus sehr leicht eine sich selbst erfüllende Prophe-zeiung. Denn dann sinken der Geldumlauf und die Nachfrage, was dazu führt, dass Bürger und Unternehmen aus Vorsichts-gründen noch mehr sparen, sofern sie es können. Der Staat kann dem nur begegnen, wenn er über große Goldhorte verfügt, die er freisetzen kann. Das ist in der Regel nicht der Fall.

Ob man dem Staat zutraut, diese Steuerungsfunktion sinn-voll auszuüben, oder ob man damit rechnet, dass er dabei mehr Unheil anrichtet, als Nutzen zu stiften, ist in starkem Maße eine weltanschauliche Frage, die wir hier nicht beantworten können.

Meine eigene Einstellung zum staatlichen Handeln in Geld-dingen ist von weniger Skepsis durchdrungen, als sie unter Goldliebhabern verbreitet ist. Daher möchte ich immerhin zu bedenken geben, dass der staatliche Umgang mit Papier-geld nicht so inkompetent, böswillig oder willkürlich ist, wie es eine Aufzählung vergangener Hyperinflationen erscheinen lässt. Galoppierende Inflation ist fast immer die Folge von ver-lorenen Kriegen oder von einem Zusammenbruch des Staats-wesens. Kaum jemals hätte auch die Möglichkeit bestanden, einfach weiterzumachen, ohne irgendjemandem finanziellen Schaden zuzufügen. Wären nach dem Ersten Weltkrieg die ex-trem hohen Reparationsforderungen an Deutschland in Gold festgesetzt worden, hätte die Regierung bei dem Versuch, ihren

Verpflichtungen nachzukommen, in großem Stil Vermögen einziehen und enteignen müssen.

In Friedenszeiten und in Ländern mit einer handlungsfähigen Regierung funktioniert staatliches Papiergeld bemerkenswert gut. Es gab zwar die Phase relativ hoher Inflation in den 1970er-Jahren. Aber zum einen waren damals auch die Zinsen hoch und die Einkommen stiegen jährlich an. Zum anderen lässt sich die Inflation auch als Spätfolge des bis 1971 bestehenden Weltwährungsregimes interpretieren, in dessen Mittelpunkt ein goldgedeckter Dollar stand. Schon bevor sie ihr Goldeinlösungsversprechen offiziell brach, hatte die US-Regierung jahrelang – Golddeckung hin oder her – viel zu viele Dollar in Umlauf gebracht, um ihre Kriege und ihre Militärbasen zu finanzieren. Diese vielen Dollar waren in Umlauf und führten unmittelbar zu Inflation, als das goldgedeckte Festkurssystem von Bretton Woods beendet wurde.

Bargeldabschaffung als Fortsetzung der »Demonetarisierung« des Goldes

Die Befürworter einer Goldwährung und die Verteidiger staatlichen Papiergeldes, also von Bargeld, sitzen gewissermaßen in einem Boot. Denn die Kampagne zur Diskreditierung und Abschaffung des Bargelds ist die Fortsetzung jener Kampagne, die sich einst gegen das Gold richtete und in gewissem Maße bis heute fortgeführt wird. Ausgangspunkte waren auch hier New York und Washington. Die Motivation ist in beiden Fällen dieselbe: Ein lästiger Konkurrent des Banken-Buchgeldes und ein gut sichtbarer Krisenindikator soll hinsichtlich dieser beiden Funktionen wirkungslos gemacht werden. Das hat beim Gold so gut funktioniert, dass es jetzt beim Bargeld ebenfalls versucht wird.

Wir erinnern uns an die Hauptgründe, warum Bargeld im

Weg steht: Es ist ein Konkurrent für das Buchgeld der Banken. Es mindert unmittelbar deren Geldschöpfungsgewinn, indem ein Teil dieses Gewinns dem Staat zufließt, und mittelbar dadurch, dass Banken weniger Buchgeld drucken können, wenn sie gewährleisten müssen, Kunden jederzeit in Bargeld auszahlen zu können. Bargeldnachfrage ist auch ein Krisenbarometer, das eine Vertrauenskrise in das Buchgeldsystem signalisieren und diese rasch eskalieren lassen kann. Wenn der Bargeldumlauf kräftig steigt oder sich gar Schlangen vor Geldautomaten und Bankschaltern bilden, dann ist das Ende der Banken nahe. Und schließlich behindert Bargeld die Notenbanken in ihrem Bestreben, in Krisenzeiten durch extreme Niedrigzinspolitik die Vermögensmärkte aufzublähen – zum Nutzen der Finanzinstitute, der Reichen und ein wenig auch der übrigen Wirtschaft.

Die Parallelen zum Gold in einem goldgedeckten Währungssystem sind eng. Das erkennt man am besten, wenn man die dokumentierten und in der Wissenschaft weitgehend unstrittigen Vorteile betrachtet, welche die USA und insbesondere ihre international aktive Finanzbranche aus der Unterhöhlung und dem späteren Widerruf der Golddeckung des Dollar im Festkurssystem von Bretton Woods zogen. (In dem kleinen gleichnamigen Ort im Nordosten der USA steht das Hotel, in dem sich 44 spätere Siegermächte des Zweiten Weltkriegs 1944 trafen, um das goldgedeckte Weltwährungssystem der Nachkriegszeit zu beschließen.)

Dass die Finanzbranche und ihre Interessen bei der Konzeption der US-amerikanischen Goldpolitik eine wichtige Rolle spielten, kann man anhand der Worte erahnen, mit denen der demokratische Präsident John F. Kennedy gegenüber empörten Parteifreunden und Unterstützern begründete, warum er den konservativen Investmentbanker Douglas Dillon (Dillon-Bank) zum Finanzminister ernannte: »Die wichtigste Anforderung an einen Finanzminister ist, dass er für die Finanzgemeinschaft akzeptabel ist.«[113] Dillon wurde in seiner Amtszeit (1961–65) ein wichtiger Akteur bei der Unterhöhlung der Goldeinlösungspflicht.

Der US-Dollar wurde damals wie heute von Banken durch Kreditvergabe und Käufe von inländischen und ausländischen Vermögenswerten in Umlauf gebracht. Er stand im Zentrum dieses Währungssystems. Der Dollar war (und ist) die Weltreserve- und Abrechnungswährung. Das verschaffte den USA und ihren Banken das »exorbitante Privileg«, wie Charles de Gaulle es verärgert nannte, mit selbst gedrucktem Geld die Welt kaufen zu können – oder zumindest große Teile davon. So wie heute die Geldschöpfung der Banken durch ihren Bedarf an Bargeld und Zentralbankreserven begrenzt werden soll, sollte seinerzeit die Geldschöpfungsmacht der USA und ihrer Banken durch die Garantie begrenzt werden, jeder anderen Notenbank auf entsprechenden Wunsch zu einem festen Kurs von 35 Dollar je Feinunze Gold auszuhändigen. Die Goldvorräte der USA würden somit die Dollarvermehrung begrenzen. Die USA würden letztlich alles, was sie im Ausland kauften oder verliehen, mit Gold bezahlen oder mit einer Währung, die so gut war wie Gold. So lautete die Übereinkunft. Man ersetze nun »USA« durch »Banken« und »Gold« durch »Bargeld« und erhält damit die Wunschvorstellung von der Funktionsweise unseres Bankensystems.

Washington und die Wall Street wollten sich aber ungern derartig einschränken lassen. Und so begannen sie ab den 1960er-Jahren, als die Dollars immer reichlicher umliefen und das Gold in den Tresoren immer knapper wurde, massiv Druck auf die anderen Notenbanken auszuüben, Dollar nicht in Gold umzutauschen, sondern sich mit dem Halten von US-Staatsanleihen zufriedenzugeben. Die USA verwiesen auf die Kosten ihrer Garnisonen, die sie zur Verteidigung Europas gegen den Sowjetblock in Europa stationiert hatten, und drohten mit deren Abzug, sollte sich Europa in Finanzfragen nicht solidarisch mit der Schutzmacht zeigen. Diese Drohung wirkte fast überall, nicht jedoch in Paris: Präsident de Gaulle tauschte ab 1964 Dollar in Gold um und brachte dieses nach Frankreich.[114] Damit zeigte er seine Gegnerschaft zum Vietnam-Krieg und erschwerte es den USA, diesen Krieg zu finanzieren.

Das damalige Vorgehen der USA ist das direkte Pendant zu den heute schon sehr weit gediehenen Bestrebungen, Bargeldnutzer in den Ruch des Illegalen zu bringen, sodass sich heute kaum noch jemand ohne triftige Begründung traut, mehr als wenige Tausend Euro oder Dollar vom eigenen Konto abzuheben. Mein Experiment, 15.000 Euro abzuheben, und meine Praxis, möglichst viel bar zu bezahlen, um regelmäßig auch mittelgroße Summen bar abheben zu können, entspricht dem Beharren Charles de Gaulles auf der Goldeinlösungspflicht, trotz der damit verbundenen Ächtung. De Gaulle fand keine Mitstreiter, insbesondere nicht bei der deutschen Regierung, die zwischenzeitlich mit ihm sympathisierte, aber dann unter Druck Washingtons einknickte.[115] Ich hoffe, beim Kampf um das Bargeld durch Nutzung des Bargelds, der weit weniger Mut erfordert, mehr Nachahmer und Mitstreiter zu finden als damals de Gaulle.

Da die USA weiterhin teure Kriege führten, kostspielige Militärbasen im Ausland unterhielten und nicht bereit waren, ihren Importüberschuss einzudämmen, kamen so viele Dollar in Umlauf, dass die Spekulation auf einen steigenden Goldpreis überhandnahm. Auch der Druck auf die Notenbanken, die Goldeinlösung auszusetzen, konnte dies am Ende nicht mehr verhindern. Präsident Nixon »schloss das Goldfenster«, wie die USA den einseitigen Bruch ihres Einlösungsversprechens gerne schönfärberisch nennen. Das Pendant dazu wäre das angestrebte Zurückdrängen des Bargeldes in die Bedeutungslosigkeit oder seine Abschaffung. Die USA haben damals jedenfalls keine halben Sachen gemacht. Nachdem sie ihr Goldeinlösungsversprechen aufgekündigt hatten, sorgten sie dafür, dass Gold

»demonetarisiert« wurde. Das bedeutet auf gut Deutsch, dass es den Staaten verboten wurde, ihre Währungen mit Gold zu decken und so dem ungedeckten Dollar Konkurrenz durch Währungen höherer Qualität zu machen. Diese Regelung beschloss der von den USA dominierte Internationale Währungsfonds 1978 für alle seine Mitgliedsländer, und sie gilt bis heute.

Wie das Leitwährungsland vom Ende der Golddeckung profitierte

Da das Pendant zur Bargeldauszahlungspflicht für Bankguthaben damals die Goldeinlösungspflicht für Dollar war, kann man untersuchen, wie sich die Abschaffung der Golddeckung auf die USA und ihre Banken ausgewirkt hat, und daraus Rückschlüsse für die wahrscheinlichen Auswirkungen einer Bargeldabschaffung auf die Banken ziehen. Pierre-Olivier Gourinchas und Hélène Rey, zwei international renommierte französische Ökonomen, haben untersucht, welche Zinsen und Renditen die USA auf ihre Kredite an das Ausland und ihre ausländischen Aktiva (z. B. Aktien) erzielen und wie viel sie umgekehrt an Ausländer für aufgenommene Kredite und für heimische Aktiva in ausländischem Besitz bezahlen.[116]

Die USA erzielen auf ihre Aktiva im Ausland erheblich höhere Renditen, als sie umgekehrt den Ausländern für deren US-Aktiva zahlen müssen. Solange der Dollar mit Gold gedeckt war, mussten sie sich mit einem Renditevorteil von einem Viertel Prozentpunkt bescheiden. Nach 1973 schwoll der Renditevorteil der USA einschließlich Wechselkurseffekten auf satte 3,3 Prozentpunkte pro Jahr an. Auf ihre Auslandsanlagen realisierten die USA – vor allem deren Finanzinstitute, die diese Anlagen ja überwiegend halten – eine Rendite von 6,8 Prozent, die Ausländer erzielten auf ihre Anlagen in den USA bescheidene 3,5 Prozent Rendite. Man hätte meinen können, die USA müssten für eine nicht gedeckte Währung höhere Zinsen bezahlen, damit Ausländer sie halten, aber dem war nicht so. Die Währung der militärischen und wirtschaftlichen Führungsmacht der westlichen Welt war und ist die Weltleitwährung, in der sowohl der internationale Handel als auch internationale Finanztransaktionen abgewickelt werden. Daher müssen alle Länder ihre Währungsreserven im Wesentlichen in Dollar halten, fast unabhängig von der Verzinsung und selbst wenn der Dollar tendenziell laufend abwertet.

Der große Renditevorteil der USA seit dem Ende der Golddeckung des Dollar hat seine Entsprechung darin, dass Banken mit Kreditforderungen und sonstigen Aktiva, die sie mit neu geschaffenen Bankeinlagen bezahlen, deutlich höhere Zinsen und Renditen erzielen, als sie selbst auf die dafür geschaffenen Einlagen bezahlen. So wie die Notenbanken der Welt gezwungen sind, ihre monetären Reserven in Dollar zu halten, sind wir mehr oder weniger gezwungen, unsere monetären Überschüsse den Banken als Kredit anzuvertrauen.

Die US-Banken und Kapitalanlagegesellschaften nutzten die durch das Ende der Goldbindung neu gewonnene Freiheit, um immer mehr Dollar in immer höher rentierliche Anlagen im Ausland anzulegen, zum Beispiel in Aktien und direkte Unternehmenskäufe oder -beteiligungen. Was lässt sich daraus für die Konsequenzen einer möglichen Bargeldabschaffung lernen? So wie damals die USA und ihre Banken können dann auch unsere Banken viel ungenierter in riskantere, weniger liquide und hochrentierliche Anlagen investieren. Sie müssen ja nicht mehr befürchten, dass es bei zwischenzeitlichen Verlusten zu einem Bank Run der Einleger kommt, der sie erst in die Illiquidität und dann in den Konkurs treibt. Sie müssen nicht mehr so sehr darauf achten, jederzeit liquide genug zu sein, um einen größeren Abzug von Kundeneinlagen zu verkraften.

Zwar kann die einzelne Bank noch Einlagen an andere Banken verlieren, was zu einem Abfluss von Zentralbankgeld führt.

Aber das Bankensystem insgesamt verliert dadurch nichts. Die Liquidität wird nur umverteilt. Es findet eine gewisse Disziplinierung dahingehend statt, dass keine Bank viel riskanter als die anderen anlegen kann. Aber wenn alle Banken riskanter anlegen als zuvor und zum Beispiel stärker in Aktien investieren und Unternehmen kaufen, dann kann Geldabzug sie nicht mehr disziplinieren. Sollte es zu einem Aktiencrash kommen, so hilft die Notenbank ohnehin. Und das geht viel besser und reibungsloser, wenn die Einleger nicht davonlaufen können.

Das Bankensystem insgesamt kann sich also nach Wegfall oder Aushöhlung der Bargeldauszahlungspflicht für Bankguthaben durchaus so verhalten wie die USA nach Wegfall der Goldeinlösungspflicht für den Dollar und seine Erträge beträchtlich steigern.

Gold hat immer noch Geldfunktionen

Auch nachdem Gold offiziell demonetarisiert, also seiner Geldfunktionen enthoben wurde, erfüllte es einen Teil dieser Funktionen weiter. Notenbanken und Private nutzen es in großem Umfang als Wertspeicher. Die Bundesbank etwa hält Gold im Wert von über 100 Milliarden Euro nach heutigem Goldpreis. In Zusammenhang mit seiner Wertspeicherfunktion kommt Gold eine Funktion als Krisenbarometer und als Indikator für das Vertrauen in die Papier- und Buchgeldwährungen zu. Wenn immer mehr Menschen und Institutionen ihr Vermögen in Gold anlegen wollen und dadurch dessen Preis nach oben treiben, ist das ein Zeichen, dass man dem Dollar und eventuell auch anderen Währungen nicht mehr traut. Das ist eine Botschaft, die die Verantwortlichen sowohl in den USA als auch anderswo nicht schätzen. Denn eine Vertrauenskrise, die gut sichtbar ist, kann sich leicht selbst verstärken. Selbst wer bisher noch optimistisch war, wird nachdenklich, wenn er sieht, dass der Goldpreis nach oben schießt, und entsprechende Überschriften in den Medien liest. Er könnte sein Vermögen dann ebenfalls durch Goldkäufe absichern wollen. Das treibt den Goldpreis weiter nach oben und verstärkt damit das Krisensignal noch.

Das Interesse der Regierungen und Notenbanken an Gold ist deshalb nie erlahmt. Den Erklärungen der Bundesbank zufolge sollen die knapp 3.400 Tonnen Gold, welche die Notenbank hält, das Vertrauen in die Währung stärken, auch wenn sie nicht formal zu deren Unterlegung dienen dürfen.

Weltweit betragen die offiziellen Goldreserven der Staaten 31.000 Tonnen. Zum Vergleich: Bisher gefördert wurden geschätzte 170.000 Tonnen. Die jährliche Förderung liegt bei rund 2.800 Tonnen, der Verbrauch für Schmuck, Zahngold und Industriefertigung beträgt etwa 2.400 Tonnen.[117] Die Zentralbanken bewahren also in ihren Tresoren so viel Gold auf, dass sie den Bedarf daran – abseits der Geldanlage – für etwa 13 Jahre decken könnten.

Wir erinnern uns, dass das meiste ungedeckte Geld, das die Bundesbank und die anderen Zentralbanken mit »ihren« Goldreserven unterlegen wollen, Buchgeld ist, das von privaten Geschäftsbanken ausgegeben wird. Das Gold der Zentralbanken, also Volksvermögen, wird benutzt, um das Vertrauen in eine Buchgeldwährung aufrechtzuerhalten, die zum ganz überwiegenden Teil von den privaten Geschäftsbanken zum eigenen Gewinn geschaffen wird.

Wie zu Zeiten, als die Währungen vorgeblich oder tatsächlich noch durch Gold gedeckt waren, schrecken die Notenbanken nicht vor Desinformation und Betrügereien zurück, wenn es um Gold geht. Die Notenbanken weisen in ihren Bilanzen bis heute – entgegen allen Prinzipien der Rechnungslegung – das Sachvermögen Gold sowie Finanzvermögen in Form von Goldzertifikaten (Papiergold) zusammengefasst in einem einzigen Bilanzposten aus. So weiß niemand, wie viel davon echtes Gold ist. Der Finanzexperte Dimitri Speck hat in mühsamer Kleinarbeit genügend belastbare Indizien zusammengetragen, die mit hinreichender Sicherheit belegen, dass die Notenbanken immer wieder heimlich am Goldmarkt interveniert haben, ab 1993 sogar einige Jahre lang systematisch und massiv, um den Preis zu drücken oder das Überschreiten psychologisch wichtiger Marken zu verhindern. Da dabei in größerem Umfang Goldleihgeschäfte zum Einsatz kamen – deren Wirkungsweise wir noch genauer betrachten werden –, dürfte die fehlende Transparenz der Notenbanken vor allem auch der Verheimlichung dieser Transaktionen dienen.[118]

Dokumente des Internationalen Währungsfonds zeigen zudem, dass es immer wieder zu Doppelzählungen von Gold in den Bilanzen der Notenbanken kommt. Das heißt: Der gleiche Goldbarren wird von zwei Parteien, zum Beispiel von zwei Notenbanken oder einer Notenbank und einer privaten Geschäftsbank, als Vermögenswert in der eigenen Bilanz geführt. Allein das Ausmaß ist unbekannt, weil die Zentralbanken mauern. Man darf genau deshalb annehmen, dass es sich um beträchtliche Dimensionen handelt. Bevor wir diesen Sachverhalt genauer betrachten, wollen wir 50 Jahre in die Vergangenheit reisen, in die Zeit Goldfingers, als das Ringen über militärische und wirtschaftliche Vorherrschaft noch über einen Kampf um Gold ausgetragen wurde.

Goldfinger und der Kampf ums Gold

Ein großer Teil des deutschen Goldes liegt schon seit der Goldfinger-Zeit in New York und wurde seither nicht angerührt. *Goldfinger* heißt ein James-Bond-Film, der vor etwas über 50 Jahren in die Kinos kam. Die Geschichte, die vom britischen Geheimdienstoffizier Ian Fleming geschrieben wurde, ist eine Allegorie auf die weltpolitische Situation der damaligen Zeit in

Bezug auf Gold. Ein Schurke namens Goldfinger untergräbt die finanzielle Machtbasis der USA, indem er Gold illegal nach Europa schafft. Fremde Mächte verschwören sich, um das Gold der USA unbrauchbar zu machen und somit den Dollar zu zerstören. Im letzten Moment kann die Goldkatastrophe abgewendet werden, weil eine schöne chinesische Agentin zu den Amerikanern überläuft. Im richtigen Leben hieß sie Ludwig Erhard und »Goldfinger« hieß Charles de Gaulle.

Der amerikanische Wirtschaftshistoriker Francis Gavin, der eine Unzahl von freigegebenen Gesprächsaufzeichnungen und Geheimdokumenten ausgewertet hat, beschreibt, wie die US-Regierung bereit gewesen sei, sehr drastische politische und ökonomische Maßnahmen in Betracht zu ziehen oder umzusetzen, um das bestehende Währungssystem aufrechtzuerhalten:[119] Bilanzmanipulationen und Doppelzählung von Gold würden es dabei wohl nicht einmal in diese Maßnahmenkategorie schaffen. Der Grund für die wilde Entschlossenheit: Gold und geopolitische Macht waren seinerzeit durch das Währungssystem aufs Engste miteinander verbunden. Denn nur weil der Dollar die Reservewährung der westlichen Welt war, konnten die USA sich ihre extrem hohen Militärausgaben leisten. Sie druckten einfach die Dollars, mit denen sie ihre Soldaten bezahlten, ihre Rüstungsgüter einkauften und ihre Militärbasen im Ausland unterhielten. Allerdings hatte diese schöne Finanzierungsmethode einen Schwachpunkt – die Golddeckung des Dollar und die Endlichkeit der Goldreserven. Die amerikanischen Goldreserven auf einem möglichst hohen Stand zu halten oder sie zumindest groß genug erscheinen zu lassen war daher ein Ziel, das allerhöchste Priorität genoss.

Der Geheimdienstoffizier Fleming kombinierte in *Goldfinger* die zwei größten Sorgen von John F. Kennedy: Atombomben und Goldabfluss ins Ausland. Auch wenn es zunächst überraschen mag, waren beide Sorgen eng miteinander verknüpft. Politik und Geheimdienste beschäftigten sich seinerzeit tatsächlich ausgiebig mit der Frage, wie man die Europäer davon abhalten könnte, sich amerikanisches Gold einzuverleiben und so die amerikanische politische und militärische Dominanz zu schwächen. Das ging so weit, dass Kennedy Anfang 1963 den Nationalen Sicherheitsrat warnte, dass »de Gaulle bereit sein könnte, die Nato aufzubrechen (...) Die Franzosen könnten plötzlich entscheiden, ihre Dollarbestände [in Gold] einzutauschen, um wirtschaftlichen Druck auf uns auszuüben.«[120] Er forderte einen Gegenplan, der nach Bedarf auch »extreme Schritte« beinhalten sollte.

Konrad Adenauer neigte Gavin zufolge noch einem Pakt mit de Gaulle zu. Doch unter beträchtlichem Druck kam es 1963 zum Schulterschluss von Ludwig Erhard mit den Amerikanern gegen de Gaulle. Was bei der chinesischen Agentin in *Goldfinger* der Charme und die erotische Ausstrahlung des James Bond bewirkten, waren im wahren Leben die Drohungen und konkreten Vorbereitungen der Amerikaner für einen massiven Truppenabzug aus Deutschland. Erhard erklärte sich öffentlich bereit, die Ausgaben des US-Militärs in Deutschland zu 100 Prozent für Käufe von US-Rüstungsgütern einzusetzen, keine Dollars mehr in Gold umzutauschen und keine gemeinsame Sache mit de Gaulle zu machen. Im Gegenzug versprach US-Außenminister Dean Rusk in Frankfurt öffentlich ein Ende der Abzugsdrohungen.

Damit war der Kampf um Fort Knox entschieden – fürs Erste. Doch dort, wo der Film *Goldfinger* mit einem Happy End aufhört, ging es im wahren Leben weiter. Da die USA weiter ein hohes Zahlungsbilanzdefizit aufwiesen, also die Welt laufend mit zusätzlichen Dollars fluteten, wurde das Verhältnis zwischen umlaufenden Dollars und zur Deckung verfügbarem Gold für alle sichtbar immer ungünstiger. Anfang 1965 blies General de Gaulle zur Attacke auf Fort Knox und das Währungssystem von Bretton Woods. In seinem Kampf für einen gleichberechtigten Status als Siegermacht des Zweiten Weltkriegs trat de

Gaulle für eine Rückkehr zum festen Goldstandard ein. Das hätte es den USA unmöglich gemacht, ihre Zahlungsdefizite mit dem Ausland in Dollar auszugleichen und dafür zu sorgen, dass sie nicht in Gold eingelöst wurden. De Gaulle fordert die Welt öffentlich auf, dem französischen Beispiel zu folgen und überschüssige Dollars sofort in Gold einzutauschen.

Als Antwort drängten die USA 1965 darauf, allen Mitgliedsländern proportional zu ihrer Größe eine gewisse Menge eines neuen Zahlungsmittels zuzuteilen, Sonderziehungsrechte (SZR) des Internationalen Währungsfonds. Diese sollten den US-Goldbestand dadurch schützen, dass sie nicht in Gold eintauschbar waren, aber für den Ausgleich von internationalen Zahlungsverpflichtungen akzeptiert werden mussten. Im Jargon nannte man die SZR »Papiergold«. Für die Franzosen war das nur ein Trick, die Europäer zu zwingen, immer neue US-amerikanische Defizite zu finanzieren. Doch was schon einmal gegenüber Erhard funktioniert hatte, wirkte erneut – die Drohung mit dem Truppenabzug aus Deutschland. In der entscheidenden Sitzung des Währungsfonds stand Frankreich allein da, weil Deutschland zu den Amerikanern hielt.

Schon lange bevor die USA begannen, Druck auf ihre Partnerländer auszuüben, damit diese auf den Eintausch von Dollars in Gold verzichteten, hatten sie zusammen mit den Notenbanken von Großbritannien, Deutschland, Frankreich, Schweiz, den Niederlanden, Belgien und Italien den Londoner Goldpool gebildet. Die Initiative dazu ging von den USA und ihrem Finanzminister Dillon aus. Die Bank von England wurde ermächtigt, mit Verkäufen und gegebenenfalls Käufen von Notenbankgold am Londoner Goldmarkt dafür zu sorgen, dass der Preis nahe bei einem Wert von 35 Dollar je Unze verharrte. Die USA steuerten die Hälfte des dafür jeweils nötigen Goldes bei, die anderen sieben Notenbanken teilten sich die andere Hälfte. Grund waren wiederholte Vertrauenskrisen in die Goldpreisbindung.[121]

Trotz all dieser Bemühungen der Amerikaner lösten im Herbst 1967 die Briten eine Währungskrise aus. Sie litten genauso wie die USA unter zu hohen Importen und zu geringen Exporten, besaßen aber keine Reservewährung, mit der sie nach Belieben ihre Rechnungen bezahlen konnten. Daher mussten sie das Pfund abwerten. Das lenkte die Aufmerksamkeit wieder auf die labile Lage des Dollar. Der Goldbestand reichte schon nicht mehr aus, um die im Ausland umlaufenden Dollars zu decken. Die beste Absicherung gegen eine Dollar-Abwertung war daher, seine Dollarbestände so schnell wie möglich in Gold zu tauschen. Ein CIA-Bericht beschuldigte Frankreich, die um sich greifende Spekulation hinter den Kulissen zu schüren. Frankreich war schon im Sommer aus dem Goldpool ausgetreten, hatte das jedoch auf Druck der USA nicht öffentlich gemacht.

Dann geschah etwas Eindrucksvolles. Weil die im Goldpool vertretenen Notenbanken nicht bereit waren, unbegrenzt Gold herzugeben, um den Preis an der Londoner Goldbörse bei 35 Dollar zu halten, schlugen ihnen die USA auf einem Krisentreffen einen ebenso raffinierten wie zwielichtigen Plan vor. Die Pool-Mitglieder, die zur Marktpflege Gold verkauften, sollten zum Ausgleich Goldzertifikate aus dem Goldpool in gleichem Umfang erhalten. Obwohl das Gold verkauft und damit weg war, sollten die Goldzertifikate weiterhin als Reserven bilanziert werden. Wenn dieser Plan durchgekommen wäre, dann hätten wir heute genau die Situation, die manche Kritiker der intransparenten Goldberichterstattung der Notenbanken vermuten: Vieles von dem Gold in deren Bilanzen wäre nichts anderes als wertloses Papier, das im Kern lediglich bestätigte, dass sie einmal Gold besaßen.

Aber kam der Plan durch? Wenn es nach der offiziellen Geschichtsschreibung geht, einschließlich der freigegebenen Geheimdokumente, dann haben die Europäer ihn abgelehnt. Zunächst sabotierten die Franzosen den Vorschlag, indem sie ihn an einen Reporter von *Le Monde* weitergaben, der darüber berichtete.[122] So jedenfalls vermutete das der amerikanische Geheimdienst laut den von Gavin gesichteten Dokumenten. Die US-Regierung dementierte zunächst empört, einen solchen Vorschlag je gemacht zu haben. Dann zitierten US-Zeitungen einige ungenannte europäische Notenbanker, die ganz undiplomatisch bekundeten, ein solcher Vorschlag wäre völlig widersinnig und absolut inakzeptabel, wenn er je gemacht worden wäre. Nachdem das geklärt war, räumte die US-Regierung ein, den Vorschlag gemacht zu haben, er sei aber abgelehnt worden. Doch völlig überzeugend war diese Behauptung nicht. Denn gleichzeitig wird berichtet, dass die Europäer nur unter der Bedingung, dass die USA sie für ihre absehbaren Goldverluste in Gold entschädigten, zur Fortsetzung des Goldpools bereit gewesen seien. Die USA besaßen aber kaum noch freies physisches Gold. Denn fast alle Bestände waren durch die gesetzlich vorgeschriebene 25-prozentige Deckung des inländischen Bargeldumlaufs mit Gold gebunden. Trotzdem wurde der Goldpool fortgesetzt. Dies nährt den Verdacht, dass der Ausgleich in dem angeblich abgelehnten Papiergold stattfand. Vielleicht stellt dieses Papiergold einen theoretischen Anspruch auf Gold aus den USA dar, den man nie einlösen kann. Man weiß es nicht, und zwar deshalb, weil bis heute die Bundesbank und fast alle übrigen Notenbanken den Bilanzposten, in dem sie ihre Goldreserven buchen, »Gold und Goldforderungen« beziehungsweise Gold Certificates nennen, ohne aufzuschlüsseln, was Gold ist und was Papier.

Kreative Goldbuchführung

Der Internationale Währungsfonds beschreibt in seinen Jahresberichten weitere kreative Lösungen für die Goldknappheit der USA. Schon am 25. April 1964 hatte der US-Finanzminister Dillon verfügt, dass US-Amerikaner ab sofort Goldzertifikate aus der Zeit vor dem 30. Januar 1934 unbegrenzt handeln und exportieren konnten. Diese Zertifikate waren trotz ihres Namens nicht in Gold einlösbar, sondern nur zum Nennwert in Dollar. Warum diese Maßnahme die Goldknappheit linderte, ist nicht unmittelbar ersichtlich, erschließt sich aber, wenn man die verschleiernde Bilanzierungspraxis der Notenbanken, Goldzertifikate zusammen mit Gold auszuweisen, berücksichtigt.[123] Diese Klasse von Goldzertifikaten, die zwar so heißt, aber nicht einmal einen Anspruch auf Gold verbrieft, zeigt, was möglich ist. Nichts garantiert uns, dass Teile des Bilanzpostens »Gold und Goldforderungen« nicht auch solche Pseudo-Goldzertifikate sind, die inzwischen durch Inflation praktisch wertlos geworden sind.

Auch der Währungsfonds machte mit. Im Jahresbericht 1965 heißt es:

> »Um eine weitere Erleichterung zu schaffen, nur in Zusammenhang mit den Quotenerhöhungen (...), wird der Fonds ›allgemeine Einlagen‹ von Gold von insgesamt nicht mehr als 350 Mio. Dollar bei seinen Lagerstellen in den Vereinigten Staaten und dem Vereinigten Königreich tätigen.«[124]

Warum schafft es Erleichterung, wenn der Fonds sein Gold, das er ohnehin bei diesen beiden Notenbanken verwahrt, in ein »General Deposit« bei diesen Notenbanken legt? Die Antwort: Der Fonds darf laut Statuten sein Gold nicht verleihen. Wenn er es aber als allgemeine Einlage bei den Notenbanken deponiert, können diese es verleihen. Trotzdem führt der Fonds es dann weiter als seinen Goldbestand. Gleichzeitig können die Banken, die sich das Gold ausgeliehen haben, gegen die Verpflichtung, irgendwann Gold wieder zurückzuliefern, dieses Gold in ihre Bilanzen aufnehmen oder es verkaufen. Damit das problemlos funktioniert, verpflichtete sich der Fonds auch noch für den Fall, dass er selber Gold brauchte, nicht bevorzugt auf dieses

Gold im »General Deposit« zuzugreifen. Derselbe Trick wurde 1966 erneut angewandt, als die Mitglieder wieder frisches Gold in den Fonds einzahlen sollten.[125]

Eine Passage aus dem Jahresbericht des Währungsfonds für 1970 lohnt das Zitat:

> »Im September 1970 kaufte der Fonds von den Vereinigten Staaten Gold im Gegenwert von 400 Mio. Dollar zurück, nachdem er seinen Anlagebestand an kurzlaufenden US-Staatsanleihen um diesen Betrag reduziert hatte. Diese Anlagen, die insgesamt 800 Mio. Dollar ausgemacht hatten, wurden 1956, 1959 und 1960 mit dem Erlös von Goldverkäufen des Fonds an die Vereinigten Staaten finanziert (...) Der Effekt dieser Operation war, dass die Anlagen unter der allgemeinen Bezeichnung ›Goldkonto‹ in der Bilanz des Fonds reduziert wurden und das Barrengold in den Lagerstätten zunahm.«[126]

Das liest sich doch sehr danach, als habe der Fonds das 1956 bis 1960 verkaufte Gold weiterhin in seiner Bilanz als Gold geführt. Dieser Umstand wird an anderer Stelle im Bericht noch deutlicher, wo der noch vorhandene Goldbestand aufgeführt wird. Dort heißt es:

> »Außerdem hielt der Fonds in seinen allgemeinen Goldeinlagen [general deposits of gold] den Gegenwert von 196 Mio. Dollar sowie den Gegenwert von 400 Mio. Dollar Gold, das an die USA verkauft worden war, um in US-Staatsanleihen investiert zu werden, und das vom Fonds wieder zurückgekauft werden konnte.«[127]

Allein das Rückkaufsrecht scheint genügt zu haben, dass der Fonds die an die USA verkauften Goldbestände weiter im eigenen Goldbestand führte. Von den USA wurden sie natürlich auch als deren Gold geführt.

Für den Fonds war der Goldrückkauf zum Festpreis von 35 Dollar je Unze im Jahr 1970 ein denkbar schlechtes Geschäft, denn ab dem nächsten Jahr war das Gold in Dollar gerechnet sehr viel mehr wert.

Das Ende des Goldpools und der Dollarbindung

Im März 1968 war es dann aber trotz aller Buchungstricks so weit. Die USA besaßen nicht mehr genug freies Gold, um ihre Interventionsverpflichtungen aus dem Goldpool einzuhalten. Sie ließen den Londoner Goldmarkt schließen und trommelten alle Notenbanker des Goldpools zu einem Krisentreffen am Wochenende des 16. und 17. März zusammen. Die USA drohten schon damals mit dem offiziellen Ende der jederzeitigen Einlösbarkeit von Dollar in Gold. Damit nötigten sie die europäischen Notenbanken, öffentlich zu erklären, dass das Gold, das sie besaßen, für Zwecke der Wechselkurspolitik ausreichte. Im Notenbankjargon kam das einer Selbstverpflichtung gleich, kein Gold mehr zu kaufen oder zu verkaufen. Der Goldpool wurde geschlossen, der Goldmarkt geteilt. Für offizielle Institutionen blieb der Preis bei 35 Dollar pro Unze, auch wenn die USA zu diesem Preis kein Gold mehr abgeben wollten, für normale Marktteilnehmer wurde er freigegeben und stieg sofort. Die Amerikaner schickten Telegramme an alle relevanten Notenbanken der Welt und drohten ihnen mit »ernsten Konsequenzen«, sollten sie die Preisdifferenzen ausnutzen, indem sie ihr Gold am freien Markt verkauften. Die Goldpool-Notenbanken ihrerseits verpflichteten sich, kein Gold an Länder abzugeben, die auf dem offenen Markt handelten. Der Quertreiber Frankreich war praktischerweise bereits neutralisiert, weil sich dort im Frühjahr 1968 die Studentenproteste zu einer Revolte der Arbeiterschaft ausweiteten und das Kapital aus dem Land floh. An Goldkäufe war da nicht mehr zu denken.

Letztlich weigerten sich die USA also, weiter Gold gegen

Dollar herzugeben, ohne das offen auszusprechen und damit das Vertrauen in den Dollar zu beschädigen. Für die Öffentlichkeit sah es so aus, als würden die Notenbanken der Welt im Vertrauen auf das Wort der USA von sich aus auf die Einlösung ihrer überschüssigen Dollars verzichten. Das erinnert doch sehr an die heutige Strategie der Banken, die Bargeldauszahlungspflicht für ihr Buchgeld zu neutralisieren. Es gelingt uns nur noch unter sehr erschwerten Bedingungen, unser Geld in Bargeld umzutauschen, aber es soll den Anschein haben, als liege das daran, dass wir Bargeld gar nicht haben wollen – jedenfalls sofern wir gesetzestreue Bürger sind, da Bargeld in größeren Mengen nur etwas für Kriminelle sei.

Am 15. August 1971 erklärte US-Präsident Richard Nixon die Suspendierung der Einlösbarkeit von Dollar in Gold. Vordergründig stellte er damit jeden Handel von Dollar gegen Gold zum alten Garantiekurs ein. Tatsächlich scheint er aber auch den Umtausch der Zettel, auf denen stand, man sei Eigentümer einer gewissen Menge Gold in New York, in echtes Gold gestoppt zu haben. Jedenfalls deutet das Verhalten aller Beteiligten in den nächsten mehr als vier Jahrzehnten in diese Richtung. Sie ließen »ihr« Gold – das Gold, von dem man ihnen gesagt hatte, dass es existiere und ihnen gehöre – in New York liegen. Falls manche es doch holten, taten sie es heimlich. Das liege aber nicht etwa daran, dass man das Gold nicht bekäme, wenn man es haben wollte, wurde und wird uns versichert. Es liege allein daran, dass alle im Vertrauen auf das Wort der USA und aus Freude über die kostenlose Lagerung durch die New York Fed freiwillig darauf verzichteten, ihr Gold in Besitz zu nehmen. Auch dass keine Inaugenscheinnahme des Goldes in New York möglich sei, liege nicht etwa daran, dass man die Lagerräume nicht betreten dürfe, sondern daran, dass man es nicht wolle.

Goldpreisbeeinflussung und Goldleihe
nach Bretton Woods

Der Finanzanalyst Dimitri Speck hat für eine größere Anzahl von Wirtschaftskrisen untersucht, wie sich in deren Verlauf der Goldpreis entwickelt hat, und Erstaunliches festgestellt.[128] Eigentlich gilt Gold – ähnlich wie Staatsanleihen – als sicherer Hafen, in den das Geld sich flüchtet, wenn es gefährlich wird. So stellte Speck auch tatsächlich fest, dass die Anleihenkurse in der steilen Abwärtsbewegung der Aktienkurse durchschnittlich eine Woche, bevor der Dow Jones Industrial Index (Dow) sein Tief erreicht, markant zu steigen beginnen und weiter steigen, bis am Aktienmarkt wieder ein Aufwärtstrend einsetzt. Bei Gold verhält es sich überraschenderweise anders. In der Frühphase des Kursrückgangs der Aktien steigt der Goldpreis zwar zunächst auch an, aber dann dreht er nach unten und fällt mit den Aktienkursen.

Dieses erstaunliche Verhalten kommt Notenbanken, die ein Interesse an einem stabilen Finanz- und Geldsystem haben, sehr gelegen. Wenn der Goldpreis regelmäßig in Krisen sinkt, wird Gold als Krisenwährung, die es eigentlich sein sollte, unattraktiv. Einziger größerer sicherer Hafen sind dann Staatsanleihen, die zu einem überwältigenden Anteil von Finanzinstitutionen gehalten werden. Wenn es kriselt, verdienen diese immerhin an den Wertsteigerungen der Anleihen, was wiederum das Vertrauen der Anleger in die Solvenz dieser Institutionen und das Geldsystem im Allgemeinen stärkt. Ist die Krise vorbei, fließt das Geld dann relativ schnell wieder zurück in die Aktienmärkte. Wenn dagegen der Goldpreis im Krisenfall nach oben schießen würde und somit ein Krisenindikator wäre, würde das Vertrauen in das Finanzsystem untergraben.

Es gibt zwei Möglichkeiten: Entweder ist Gold aus irgendeinem nicht ersichtlichen Grund doch nicht als Krisenwährung geeignet, oder die Notenbanken nutzen ihre großen Goldbestände, um den Goldpreis in ihrem Sinne zu beeinflussen.

Dass der Goldpreis regelmäßig manipuliert wurde, ist inzwischen aktenkundig. Die großen Banken, die am täglichen Goldfixing teilnehmen, wurden von den Aufsichtsbehörden 2014 wegen abgesprochener Kursmanipulationen zu Geldstrafen verurteilt, wenn auch zu solchen, die ihnen wenig mehr als einen Griff in die Portokasse abverlangten.[129] Beim Fixing, das einmal zu Londoner Handelszeit und einmal zur Handelszeit in New York stattfindet, wird ein Referenzpreis für den jeweiligen Tag festgestellt.

Schon in der ersten Auflage seines Buches *Geheime Goldpolitik*, das Jahre vorher erschien, hatte Speck durch Analyse des täglichen Kursverlaufs nachgewiesen, dass es diese Manipulationen gegeben haben muss. Denn im durchschnittlichen Tagesverlauf ist unmittelbar vor dem Londoner und dem New Yorker Fixing jeweils ein kräftiger plötzlicher Kursrückgang zu erkennen, wobei der Rückgang vor dem Nachmittagsfixing in New York deutlich ausgeprägter ist. Diese systematischen Interventionen am Goldmarkt begannen am 5. August 1993. Davor gab es sie auch schon, aber nur punktuell, nicht systematisch. Nun könnte man meinen, die Banken hätten diese Interventionen in eigener Regie vorgenommen, um Gewinne zu machen. Speck führt aber eine Vielzahl von Indizien an, die belegen, dass sich die Notenbanken der Geschäftsbanken bedienten, um den Goldpreis zu beeinflussen. Die ausgesprochen milden Strafen, die verhängt wurden, verleihen dieser Theorie zusätzliche Plausibilität.

Dass Zentralbanken am Devisenmarkt intervenieren, wo Währungen untereinander gehandelt werden, ist bekannt, zumal sie das seit Langem in aller Offenheit tun. Am Goldmarkt agieren sie hingegen verdeckt. Das ist auch plausibel: Wenn eine Zentralbank ihre Kursbeeinflussungsabsicht in Bezug auf Währungen öffentlich macht, kann sie darauf hoffen, dass die

Marktteilnehmer in die gleiche Richtung spekulieren und die Notenbank gar nicht mehr viel unternehmen muss. Auf dem Goldmarkt öffentlich zu intervenieren, würde dagegen dem Hauptzweck der Intervention zuwiderlaufen, nämlich das Vertrauen in den Dollar und das Papiergeldsystem zu stärken, indem der Goldpreis niedrig gehalten wird. Ein Goldpreis, von dem jeder weiß, dass er künstlich niedrig gehalten wird, kann diese Funktion kaum erfüllen.

Um den Goldpreis zu beeinflussen, stehen den Notenbanken vor allem drei Instrumente zur Verfügung: Sie können Gold verkaufen, sie können es verleihen, und sie können am Terminmarkt intervenieren.

Bis zu 600 Tonnen pro Jahr verkauften die Zentralbanken zeitweise, was immerhin rund einem Viertel des Jahresverbrauchs entspricht. Diese Käufe haben den Goldpreis zweifellos gedrückt. In Großbritannien, wo der Schatzkanzler die Goldpolitik bestimmt, griff Gordon Brown 1999 sogar zu einem extremen Mittel des Kursdrückens. Er kündigte umfangreiche Goldverkäufe vorher öffentlich an, was den Kurs und damit den Verkaufspreis, den seine Notenbank erzielen konnte, kräftig reduzierte. Speck zitiert einen Bericht der Nachrichtenagentur Reuters vom 6. Juli 1999, wonach damals einige große Goldminen in einem gemeinsamen Schreiben an Brown nachfragten, ob er damit vielleicht britischen Finanzinstitutionen helfen wollte. Das kann durchaus sein, dann nämlich, wenn diese Gold kaufen mussten, um Gold zurückzugeben, das sie sich für eine bestimmte Zeit geliehen hatten.

Das führt unmittelbar zur zweiten Methode der Kursbeeinflussung, der Goldleihe. Bei der Goldleihe wird meist nicht dasselbe Gold zurückgegeben, das man sich ausgeliehen hat, sondern nur Gold gleicher Reinheit. Eine wichtige Kundengruppe waren zunächst Goldminen, die sich Gold leihen, um es zu verkaufen und mit dem Erlös ihre Investitionen zu finanzieren. Wenn die Leihfrist abgelaufen ist, geben sie statt des geliehenen

Goldes solches aus ihrer laufenden Produktion zurück. Weil sie selbst Gold produzieren, tragen sie kein Kursrisiko, sondern können einfach mit dem Goldleihzins kalkulieren. Und der ist so niedrig, dass es für sie attraktiver ist, Gold zu leihen und zu verkaufen, als sich gleich Geld zu leihen.

Warum aber ist der Goldleihzins so niedrig? Antwort: weil die Notenbanken ihn so niedrig angesetzt haben, um Nachfrage für ihre Leihgeschäfte hervorzurufen. Private Goldhalter treten zu den vorherrschenden niedrigen Goldleihzinsen praktisch nicht als Verleiher auf, weil es sich für sie nicht lohnt, das Risiko einzugehen. Aber warum tun beziehungsweise taten es dann die traditionell so vorsichtigen Zentralbanken für eine so geringe Vergütung? Die Antwort ist wohl: weil sich so der Goldpreis drücken ließ. Denn da das verliehene Gold sofort verkauft wird, steigt das Angebot und sinkt der Preis.

Der niedrige Zins für die Goldleihe lockte nicht nur die Minen an, sondern auch weitere Kunden. Kreditinstitute liehen sich Gold von den Zentralbanken, verkauften es, legten den Erlös höherverzinslich an und kauften das Gold am Ende der Leihfrist zurück. Damit sich das lohnte, durfte der Goldpreis allerdings während der Leihfrist nicht steigen. Ein Institut, das ein solches Geschäft einging, musste sich also darauf verlassen, dass die Zentralbanken schon dafür sorgen würden, dass der Goldpreis nicht steigt. Lange Zeit hatten sie gute Gründe für ein solches Vertrauen. US-Notenbankchef Alan Greenspan sagte 1998 in einem Nebensatz bei einer Kongressanhörung, die Notenbanken stünden bereit, Gold in größerem Umfang zu verleihen, sollte der Preis steigen.[130]

Am Terminmarkt wird Gold zur Lieferung in der Zukunft gehandelt. Der Terminpreis gilt als Marktprognose der Preisentwicklung. Halten die Notenbanken durch Terminverkäufe den Terminpreis niedrig, können sie damit das Interesse an Investitionen in Gold drücken und damit auch den Preis auf dem normalen Goldmarkt, dem sogenannten Spotmarkt.

Im September und Oktober 2008, als Lehman Brothers pleiteging und das Weltfinanzsystem erkennbar dem völligen Zusammenbruch nahe war, setzten die Notenbanken, wie Dimitri Speck detailliert zeigt, alle drei Methoden der Kursbeeinflussung mit Macht ein, um zu verhindern, dass der Goldpreis über 1.000 Dollar stieg und so ein weiteres Krisensignal aussendete. Dass es damals zu einem Ansturm verunsicherter Anleger auf Gold kam, ist kaum zu bezweifeln. Die Nachfrage nach Goldmünzen war so hoch, dass die Anbieter wochenlang nicht mit der Auslieferung nachkamen. Trotzdem sank im September und Oktober der Goldpreis. Dabei waren an den Terminmärkten immer wieder scharfe Kursausschläge nach unten zu beobachten, ein Indiz, dass jemand mit dem Ziel der Kursbeeinflussung große Mengen auf einmal in den Markt leitete.

Zwischen der massiven Beeinflussung des Goldpreises in den 1990er-Jahren, als der Preis erst unter 400 Dollar und später sogar unter 300 Dollar gehalten wurde, und 2008 lagen neun Jahre, in denen die Notenbanken allem Anschein nach aufhörten, den Goldpreis systematisch zu drücken. Der Wendepunkt war die schon erwähnte Ankündigung von Gordon Brown von 1999, das meiste britische Gold zu verkaufen. Damals scheint sich nach den Recherchen von Speck die Praxis der Drückung des Goldpreises durch die privaten Geschäftsbanken verselbstständigt zu haben. Sie hatten hohe Goldrückgabeverpflichtungen aus Leihgeschäften angesammelt und profitierten daher massiv von Kursrückgängen beim Gold. Das scheint den Notenbanken missfallen zu haben. Unmittelbar nach Gordon Browns für Großbritannien so teure (für die in Goldleihe engagierten Banken der City aber wohl sehr wichtige) Ankündigung der britischen Goldverkäufe versicherten die Notenbanken Frankreichs, Deutschlands, der USA und Italiens, dass sie anders als Großbritannien kein Gold verkaufen wollten.

Offenkundig machte man sich ziemliche Sorgen über die Vorgänge in der Londoner City. Jedenfalls zog die Bundesbank ab 1999 klammheimlich den größten Teil ihres eigenen, in London verwahrten Goldes ab. In den folgenden drei Jahren bis Ende 2001 reduzierte sie ihren Londoner Bestand von anfangs 1.521 Tonnen auf nur noch 261 Tonnen. Bekannt gab die Bundesbank diesen Schritt erst mehr als ein Jahrzehnt später und begründete ihn damit, die Bank von England habe angefangen, Lagergebühren zu erheben. Fraglich ist allerdings, ob er nicht vielleicht etwas mit dem zu tun hatte, was der österreichische Rechnungshof später in Bezug auf das Gold der Oesterreichischen Nationalbank (OeNB) schrieb:

> »Die zwischen den Jahren 2009 und 2013 geltenden Vereinbarungen mit ausländischen Lagerstellen über die Verwahrung der Goldbestände der OeNB im Hinblick auf Regelungen betreffend die Sicherstellung der Werthaltigkeit und Existenz der Goldbestände waren in wesentlichen Teilen mangelhaft und unzureichend.«[131]

Vielleicht hatte die Bundesbank Angst, dass das nach den Verkäufen in London noch vorrätige offizielle Gold gleichzeitig so vielen Parteien gehören könnte, dass es schwer werden könnte, noch etwas davon zu bekommen.

Vier Monate nach der spektakulären Verkaufsankündigung Browns schlossen und verkündeten Ende September 1999 einige der bedeutendsten Notenbanken das Washingtoner Goldabkommen. Darin vereinbarten sie öffentlich eine Obergrenze für Verkäufe und Verleihungen von Gold insgesamt sowie Quoten für jeden Teilnehmer. Initiatoren sollen Deutschland und Frankreich gewesen sein. Durch die angekündigten Verkäufe von Notenbankgold wurde den Banken, die sich Gold geliehen und dieses verkauft hatten, ein geordneter Rückzug ermöglicht. Sie brauchten Gold, um es am Ende der Leihfrist zurückzugeben. Die Notenbanken warfen noch einige Jahre lang so viel Gold auf den Markt, dass die Banken sich das nötige Gold ohne allzu große Schwierigkeiten beschaffen konnten, auch wenn es teurer wurde als gedacht. Insgesamt verkauften die Notenbanken nach Beginn des Goldabkommens mehr Gold als in den Jahren zuvor. Trotzdem stieg der Goldpreis kräftig. Das überrascht, wenn man nur auf die direkten Käufe blickt. Berücksichtigt man aber die Möglichkeit, dass die Notenbanken vorher in großem Umfang indirekte Käufe über Goldleihe angestoßen hatten, die nun rückabgewickelt werden mussten, dann ergibt die Preissteigerung trotz hoher Verkäufe einen Sinn.[132]

Anfang 2013 übersandte die Bundesbank Dimitri Speck auf Anfrage eine Tabelle mit früheren Verleihmengen von Gold. Zusammen mit den vorher schon publizierten Verleihmengen der Schweizerischen Nationalbank (SNB), die einem ganz ähnlichen Verlauf folgen, bestätigen sie die These, dass bis 1999 durch Goldleihgeschäfte das Goldangebot am Markt erhöht und dadurch der Goldpreis gedrückt wurde und dass diese Geschäfte ab Ende 1999 zurückgeführt wurden. Den Verleihdaten der Bundesbank zufolge agierte sie bei der Goldleihe eher zurückhaltend. Sie fing Mitte 1996 damit an und hatte im Maximum – 1999 – mit 250 Tonnen nur gut sieben Prozent ihres Goldes verliehen. Bis 2006 wurde die Verleihmenge auf 50 Tonnen zurückgeführt, um bis Ende 2007 auf über 100 Tonnen zu steigen und dann 2008 auf null zu fallen.[133]

Andere Notenbanken und ihre Bankenkundschaft hatten sicherlich mehr Probleme, die massiven Goldleihgeschäfte zurückzuführen. So heißt es im Gold Fields Mineral Survey von 2005, die jährlichen Goldleihgeschäfte beliefen sich auf fast 5.000 Tonnen sowie direkte Notenbankverkäufe auf 656 Tonnen, während die Minenproduktion nur bei 2.500 Tonnen liege.[134] Das lässt darauf schließen, dass die Verleihungen noch jahrelang erneuert wurden, entweder um den entleihenden Banken die Realisierung hoher Verluste aufgrund des stark gestiegenen Goldpreises zu ersparen oder um den Goldpreisanstieg zu dämpfen.

Im Oktober 2015 gab Peter Mooslechner, Direktoriumsmitglied der Oesterreichischen Nationalbank, öffentlich zu, dass Notenbanken immer noch am Goldmarkt intervenieren – ein seltenes Geständnis. Im Interview mit Kitco News sagte er auf einer Konferenz der London Bullion Market Association in einem Nebensatz, die asiatischen Notenbanken stockten ihre Goldbestände auf; außerdem seien sie sehr aktiv im Goldhandel und intervenierten am Goldmarkt.[135] Mooslechner hatte sich offensichtlich von der familiären Atmosphäre zwischen Notenbanken und Goldhändlern hinreißen lassen, etwas zu äußern, was normalerweise verschwiegen wird. Beharrliche Nachfragen des Journalisten Lars Schall zu der Aussage ihres Direktoriumsmitglieds beantwortete die Notenbank nur mit dem Hinweis, die Nationalbank nehme grundsätzlich nicht zur Reservepolitik der eigenen oder anderer Notenbanken Stellung. Dabei handeln die Asiaten bei der Goldpreisbeeinflussung offenkundig nicht allein. So sagte der Direktor für Marktoperationen der Banque de France, Alexandre Gautier, 2013 auf der LBMA-Konferenz in Rom, die Notenbank sei noch immer und fast täglich am Goldmarkt aktiv. Sie überlege, wieder mehr ins Goldleihgeschäft einzusteigen. Man spreche nicht viel darüber, aber die Zentralbanker seien eine kleine, eingeschworene Gemeinschaft, und jeder wisse, dass er sich an die Franzosen wenden könne.[136]

Die Aussagen von Gautier und vor allem von Mooslechner erklären vielleicht, dass im zweiten Halbjahr 2015 die gleiche Konstellation eintrat wie zur Hochzeit der Finanzkrise im Herbst 2008. Privatanleger kauften Gold wie verrückt, aber der Goldpreis sank. Die US-Münzprägeanstalt verkaufte im dritten Quartal so viele ihrer American-Eagle-Goldmünzen, dass sie nur knapp den Rekordabsatz aus dem vierten Quartal 2008 verfehlte. Nach Angaben des World Gold Council WGC vervielfachte sich der Gesamtabsatz an Barren und Münzen in den USA im dritten Quartal gegenüber dem drei Monate davor verzeichneten Wert. Trotzdem brach der Goldpreis im Juli um zehn Prozent ein und konnte sich von diesem Rückschlag bis Jahresende nicht erholen.[137] Dahinter könnte ein doppeltes Motiv stehen: Die Notenbanken wollen das Krisensignal auf stumm schalten, und die asiatischen Notenbanken, die ihre Goldbestände beständig aufstocken, wollen dies zu einem günstigen Preis tun.

Wundersame Goldvermehrung

Wir haben schon gesehen, mit welchen Tricks in der Bretton-Woods-Ära, als das Gold der USA knapp wurde, Gold des Internationalen Währungsfonds doppelt gezählt wurde und wie möglicherweise Papiergold in den Safes der Notenbanken hinterlegt und buchhalterisch als Gold ausgegeben wurde. Diese Trickserei endete auch nach dem Ende der Dollarbindung an das Gold nicht. Ihr Hauptelement ist weiterhin die fast betrügerisch zu nennende Buchungspraxis der Notenbanken, das Sachvermögen Gold gemeinsam mit bloßen Goldforderungen in einem einzigen Bilanzposten auszuweisen. Das ermöglicht folgende bilanzielle Goldvermehrung:[138]

Die Zentralbank von Land A verleiht an eine Bank ein Tonne Gold. In ihrer Bilanz wird dabei aus Gold eine Goldforderung. Da beides nur gemeinsam als »Gold und Goldforderungen« ausgewiesen wird, ändert sich im Goldbestand von Zentralbank A nichts. Die Bank verkauft nun das Gold an die Zentralbank B. Diese besitzt somit eine Tonne mehr Gold als vorher, und korrekterweise steigt in ihrer Bilanz der Goldbestand um eine Tonne. Der gemeinsame Goldbestand aller Zentralbanken, wie er unter anderem vom Internationalen Währungsfonds veröffentlicht wird, ist dadurch um eine Tonne gestiegen, obwohl nicht mehr Gold in den Tresoren lagert als zuvor. Es ist offenkundig, dass eine Übereinkunft der Notenbanken besteht, bilanztechnisch derart zu verfahren, um der Öffentlichkeit zu verheimlichen, wie viel Gold tatsächlich in ihren Tresoren lagert und wie viel sie an private Marktteilnehmer ausgeliehen haben.

Nach den üblichen Normen des Internationalen Währungs- fonds zählt nur das als Währungsreserve, was sofort verfügbar ist. Verliehenes Gold erfüllt diese Bedingung nicht, weshalb die Beamten des Währungsfonds auf Arbeitsebene immer wieder auf diese falsche Buchungspraxis zu sprechen kommen. Am 21. Dezember 1998 etwa diskutierten die IWF-Direktoren über die Berichtsstandards zu Gold und Goldforderungen. Die Zen- tralbankvertreter sagten dabei, dass Informationen über Gold- leihgeschäfte aufgrund des engen Marktes sehr marktsensibel seien und daher Gold und Goldforderungen weiterhin nur ge- meinsam ausgewiesen werden sollten.[139] Das ist erkennbar ein Vorwand. Denn das Ziel, den Markt nicht zu beunruhigen, ließe sich auch mit deutlich mehr Ehrlichkeit und korrekterer Bilan- zierung erreichen. So könnte zumindest der Währungsfonds, wenn ihm die Daten – wie in solchen Fällen üblich – vertraulich gemeldet werden, bei den zusammengefassten Zahlen Doppel- zählungen herausrechnen. Und die Notenbanken könnten we- nigstens mit gehöriger Verzögerung im Nachhinein die korrek- ten Bilanzdaten veröffentlichen, also bloße Goldforderungen separat ausweisen. Wenn auch die Daten von vor einem Jahr noch marktrelevant sind, dann nur deshalb, weil sie der Öffent- lichkeit und den Marktteilnehmern zeigen würden, in welchem Umfang die Notenbanken in ihren Bilanzen tricksen. Und das könnte tatsächlich das Vertrauen in deren Währungen unter- graben und so die Marktkurse beeinflussen.

Als Ende 2005 die Neufassung des IWF-Handbuchs für die Zahlungsbilanz anstand, diskutierte die sogenannte Gruppe der technischen Experten für Währungsreserven den Wider- spruch, dass einerseits die Vorschrift gilt, nur sehr kurzfristig verfügbare Vermögenswerte in ausländischer Währung sowie Gold als Währungsreserven anzuerkennen, andererseits aber verliehenes Gold zu diesen Währungsreserven gezählt werden darf. Denn verliehenes Gold ist offenkundig nicht schnell verfügbar und zudem durch das Risiko belastet, dass der Entleiher seiner Verpflichtung nicht nachkommen kann.[140]

In einem weiteren Bericht dieser Experten-Arbeitsgruppe des IWF von September 2006 heißt es, die meisten der Experten hätten sich dafür ausgesprochen, verliehenes Gold weder zu den Währungsreserven noch zu den offiziellen Goldvorräten eines Landes zu zählen. So formuliert dieser natürlich nicht für die Öffentlichkeit bestimmte Bericht ganz offen: »RESTEG (Reserve Asset Technical Experts Group) stimmte darin überein, dass es Probleme mit Doppelzählungen durch Verkäufe von Gold geben könnte, das durch Gold-Swaps oder Goldleihe in Besitz gebracht wurde.«[141] Einige hätten gefordert, eine Lösung für dieses Doppelzählungsproblem zu suchen, aber andere hätten darauf hingewiesen, dass solche Doppelzählungen kein neues Problem seien.

Wieder beharrten die Notenbanken darauf, verliehenes Gold weiter als »Gold und Goldforderungen« zu den Währungsreserven zählen zu dürfen. Und so bestimmt denn auch die aktuelle sechste Ausgabe des Handbuchs in Absatz 6.69: »Währungsreserven müssen jederzeit völlig bedingungslos verfügbar sein (…) mit minimalem Zeitaufwand und minimalen Kosten (…)«, was offenkundig auf verliehenes Gold nicht zutrifft, und gleichzeitig in Absatz 6.78, dass verliehenes Gold zum »monetären Gold« und damit zu den Währungsreserven gezählt wird.[142]

Um es klar zu formulieren: Wenn Gold doppelt gezählt wird, was in Übereinstimmung mit den Regeln des Internationalen Währungsfonds ohne Weiteres möglich ist und mit an Sicherheit grenzender Wahrscheinlichkeit auch geschieht, dann bedeutet das, dass eine Inventur der physischen Goldbestände in den Tresoren aller Notenbanken ergäbe, dass weniger Gold vorhanden ist als in den Büchern ausgewiesen. Unklar ist lediglich, wie viel Gold fehlt. Und so verwundert es kaum, dass sich die

Notenbanken seit jeher mit Händen und Füßen und bisher erfolgreich gegen jede unabhängige Inventur ihrer Goldbestände wehren.

Die Bundesbank und ihre Goldmärchen

Das deutsche Gold blieb auf Vertrauensbasis in New York liegen, bis der Bundesrechnungshof Anfang 2012 der Bundesbank einen ausführlichen und sehr kritischen vertraulichen Bericht zu diesem Thema übersandte. Jemand spielte ihn den Medien zu, und so geriet die Bundesbank unter massiven öffentlichen Druck, wenigstens einen Teil unseres Goldes aus New York einzufordern. Dieser öffentliche Druck machte es den USA nahezu unmöglich, die Herausgabe gänzlich zu verweigern, weil sonst allzu offensichtlich geworden wäre, dass sie nie vorhatten, das Gold herauszugeben oder auch nur zu zeigen. Schließlich forderten Abgeordnete auch dort eine Inventur des eigenen Goldes. Vertrauensbildung tat not und zumindest ein Teil des Goldes musste herausgegeben werden. Sollte dies das Ziel der deutschen Seite gewesen sein, so war die Idee mit dem Rechnungshof, wer immer sie ersonnen haben mag, genial.

Der Rechnungshof monierte, es widerspreche dem Bilanzrecht, dass die Bundesbank seit Jahrzehnten den größten Teil der knapp 3.400 Tonnen deutschen Goldes im Ausland verwahren lasse, ohne es je physisch zu kontrollieren. Die Bundesbank konterte mit schwachen Argumenten, die belegen sollten, warum das angeblich nicht ginge. Es sei viel zu eng dort, hieß es, und zudem ein Affront gegen die Amerikaner, wenn man ihnen offen misstraute. Das allerdings passte nicht zu den gleichzeitigen – nicht öffentlichen – Versicherungen aus den USA, man sei völlig schmerzfrei in Sachen Gold und belächle die Diskussion in Deutschland nur. Im Interview mit dem *Handelsblatt* sagte der zuständige Bundesbank-Vorstand Carl-Ludwig Thiele am 19. Februar 2014: »Wir haben seit Jahrzehnten ein hervorragendes Vertrauensverhältnis zur Fed New York« und »Die Amerikaner haben nie gemauert oder gebremst.« Das war wohl die notwendige Verbeugung vor dem Alliierten. Denn im Bericht des Bundesrechnungshofs an den Haushaltsausschuss, der zwar nicht öffentlich ist, aber unter Journalisten relativ breit zirkuliert, klingt es ganz anders:

> »Bei den ausländischen Lagerstellen sind nach den Geschäfts- und Vertragsbedingungen keine Revisionsrechte der Bundesbank vorgesehen. Deswegen konnte die Bundesbank die Goldbestände bisher nicht in repräsentativer Form körperlich aufnehmen. Auf mehrmaliges Nachfragen seitens der Revision der Bundesbank erhielten deren Vertreter im Juni 2007 die Gelegenheit, die Tresoranlagen zu betreten und sich einen Eindruck von den Sicherheitsvorkehrungen zu verschaffen. Die Mitarbeiter erhielten aber keinen Zutritt zu den Compartments der Bundesbank, sondern lediglich zu einem Vorraum. Eine Bestandsaufnahme des Goldes war daher nicht möglich.«

Das landläufige Verständnis von »nie gebremst« ist ein anderes. Thiele betonte in dem Interview, dass die Bundesbank in Bezug auf ihre Dispositionen mit dem Gold in den ausländischen Verwahrstätten völlig frei sei. Gleichzeitig hat sie jedoch den Rechnungshof laut dessen Bericht vor »erheblichen politischen Implikationen« gewarnt, wenn man Zweifel an der Zuverlässigkeit der Verwahrer signalisiere.

Warum die Amerikaner kostenlos 1.500 Tonnen deutschen Goldes über Jahrzehnte verwahren, konnte Thiele nicht überzeugend erklären. Lagerräume und das Wachpersonal seien ohnehin da, die Zusatzkosten für die Bewachung des deutschen Goldes also bescheiden. Das erklärt jedoch nicht, warum die Fed das Gold nicht nur der Deutschen, sondern auch anderer Nationen in New York kostenlos verwahrt. Die nicht ganz billigen großen Tresorräume tief unter dem Gebäude der Federal Reserve, mitten in Manhattan, wurden schließlich fast nur für die Verwahrung ausländischen Goldes gebaut. Das Gold der Amerikaner selbst lagert überwiegend in Fort Knox. Irgendeinen Vorteil müssen die Amerikaner sich wohl davon versprechen. Denn wenn sie dort nicht das Gold anderer Notenbanken umsonst lagern würden, könnten sie ihre Tresore privaten Nachfragern anbieten und dafür gutes Geld nehmen.

Tatsächlich kursieren alle möglichen Gerüchte zu dem New Yorker Gold. Sie reichen von dem Verdacht, dass das deutsche Gold ein Pfand der Siegermacht für das Wohlverhalten der Besiegten sei, bis hin zum Verdacht, dass ein großer Teil des Goldes nur auf dem Papier stehe. Die Bundesbank erweckte durch ihre Kommunikation den starken Eindruck, dass es etwas zu verbergen gibt. Kurz bevor sie im Oktober 2012 nach sehr langem Hin und Her endlich im Bundestag Rede und Antwort stand, hatte sie angekündigt, sie werde als vertrauensbildende Maßnahme bis 2015 insgesamt ein Zehntel der 1.500 Tonnen des in New York gelagerten Goldes, also 150 Tonnen, nach Deutschland zu holen. Außerdem teilte Thiele den Abgeordneten damals mit, die New York Fed habe ihre Bereitschaft bekundet, mit der Bundesbank zusammenzuarbeiten, um nach Möglichkeiten zu suchen, den Forderungen der Rechnungsprüfer nach einer Revision der dort gelagerten deutschen Goldbestände zu entsprechen. Die Parlamentarier waren mit diesen Erläuterungen seinerzeit zufrieden.

Weil sie sich aber offenbar schon bald nicht mehr sicher war, ihre Zusage einhalten zu können, ersetzte die Bundesbank diese Anfang 2013 durch eine andere: Nun sollen insgesamt 300 Tonnen aus New York zurückgeholt werden, allerdings zeitlich bis 2020 gestreckt. Auch mit dem angekündigten Entgegenkommen der New York Fed sieht es offenbar nicht gut aus. Thiele hatte im Januar 2013 noch bekräftigt, die Gespräche seien auf gutem Wege. Seither hat man nichts mehr gehört. Auf Anfrage erklärte die Bundesbank nur: »Die Vereinbarungen mit der Fed New York zu Revisions- und Prüfungsmöglichkeiten unterliegen der Vertraulichkeit.« Keine gute Basis, um Vertrauen zu schaffen.

Im Jahr 2013 holte die Bundesbank gerade einmal fünf Tonnen Gold aus New York nach Frankfurt und ließ diese auch noch irgendwo unterwegs einschmelzen, sodass Beweise vernichtet wurden. Beides versuchte sie vor der Öffentlichkeit zu verbergen, indem sie entsprechende Informationen ins weihnachtliche Nachrichtenloch warf, was aber letztlich nicht glückte. Die Bundesbank ließ schließlich verlauten, es sei ein externer Sachverständiger beim Umschmelzen dabei gewesen. Wer dies war oder welcher Institution er angehörte, verschwieg sie aber hartnäckig. Im Jahr 2014 erhöhte sie dann das Tempo bei der teilweisen Inbesitznahme ihres Goldes in New York, denn immerhin 85 Tonnen wurden zurückgeführt. Allerdings stahl ihr die niederländische Zentralbank die Show und strafte sie gleichzeitig Lügen. Denn am 21. November 2014 verkündeten die Niederländer völlig überraschend, dass sie schnell mal 122 Tonnen Gold von New York nach Amsterdam geschafft hätten. Das ließ die Begründung der Bundesbank dafür, dass sie es 2013 bei fünf Tonnen beließ, nämlich der Verweis auf die angeblichen logistischen Schwierigkeiten des Unterfangens, in einem ziemlich ungünstigen Licht erscheinen. Was die Bundesbank in acht Jahren bis 2020 schaffen will, haben die Niederländer in zehn Monaten erledigt: mehr als die Hälfte ihrer nationalen Goldreserve auf heimischen Boden zu überführen.

Auch 2014 ließ die Bundesbank den größten Teil des aus New York geholten Goldes »als Stichprobe« einschmelzen, diesmal waren es 50 Tonnen. Es bleibt dabei: Nach wie vor gibt es keine externe Person oder Institution, welche die Versicherung der Bundesbank, dass alles in Ordnung gewesen sei, öffentlich bezeugen würde. Beweise wurden wieder vernichtet, offenbar erneut ohne Dokumentation. Die Bundesbank erklärte das Umschmelzen damit, dass man alte Barren, die in Form und Größe nicht mehr dem heutigen Standard entsprechen, auf diesen Standard bringen wollte. Informationen darüber, welchen Feinheitsgrad die Barren hatten, bevor sie umgeschmolzen wurden, veröffentlichte die Bundesbank nicht und gab sie auch auf Anfrage nicht heraus. Eventuell handelte es sich um sogenannte Münzbarren, die aus dem Einschmelzen von Goldmünzen in den 1920er- und 1930er-Jahren entstanden. Sie haben einen geringen Reinheitsgrad von rund 90 Prozent statt der für Währungsreserven und für den internationalen Goldhandel geforderten 99,5 Prozent. Das Gold der Bundesbank sollte eigentlich vollständig dem hohen Reinheitsstandard genügen. Wenn sie von der Federal Reserve Münzbarren erhalten hätte, wäre etwas faul.

Dass bei der New York Fed Münzbarren lagern, ist bekannt, wird aber ungern zugegeben. In einer Version der Fed-Publikation »Key to the Gold Vault« von 1991 heißt es, rötliche Barren enthielten Kupfer und andere Unreinheiten und bestünden in der Regel aus eingeschmolzenen Goldmünzen und Schmuck. Seit 1968 werde eine gewisse Anzahl dieser Münzbarren im Tresor der New York Fed verwahrt. In späteren Ausgaben der Publikation wurde die Erwähnung der Münzbarren gestrichen, so wie auch allerlei andere Informationen über das Gold bei der New York Fed im Lauf der Zeit gelöscht und die entsprechenden älteren Publikationen von der Website entfernt wurden.[143]

1968 war das Jahr, in dem den USA das nötige Gold ausging, um im Rahmen des Goldpools, zu dem sie die Hälfte des benötigten Goldes beizusteuern hatten, den Preis bei 35 Dollar je Unze zu halten. Ein Memo der Bank von England bestätigt, dass damals die USA in London anfragten, ob sie nicht auch Münzbarren anliefern könnten.[144] Das Memo vermerkt, dass die USA so gut wie kein freies Barrengold in hoher Reinheit mehr besäßen und weder in den USA noch in Großbritannien ausreichende Kapazitäten vorhanden seien, um das Münzgold in den benötigten Mengen auf einen akzeptablen Reinheitsstandard zu bringen. Der Londoner Goldmarkt akzeptierte das Ansinnen nicht, und der Goldpool wurde geschlossen, der Marktpreis für den privaten Goldhandel freigegeben und die Notenbanken unter Druck gesetzt, keine Dollar mehr in Gold zu tauschen. Da die USA kein freies Gold hoher Reinheit mehr besaßen, darf man vermuten, dass Notenbanken, die dennoch auf Goldlieferung beharrten, zum Beispiel weil sie dringend Gold brauchten, mit dem minderwertigen Münzgold abgefunden wurden.

Dass das minderwertige Münzgold auch im fremdverwalteten Goldbestand im Tresor der New York Fed zu finden ist, bestätigte H. David Willey in seinem Beitrag zu einer Konferenz des American Institute for Economic Research (AIER) im Mai 2002: »Gold ausländischer Stellen, das bei der Federal Reserve Bank von New York verwahrt wird, kann die Form von Münzbarren haben, die (…) eine viel geringere Reinheit aufweisen.«[145] Willey war Vizepräsident der Federal Reserve Bank of New York und von 1964 bis 1982 verantwortlich für die Konten ausländischer Adressen, einschließlich der Goldkonten.

Am 7. Oktober 2015, nachdem die Bundesbank 2013 und 2014 insgesamt 55 Tonnen Gold und womöglich bis September 2015 weiteres Gold aus New York ohne (benannte) Zeugen eingeschmolzen und möglicherweise auf höhere Reinheit hin raffiniert hatte, veröffentlichte sie eine lange geforderte Liste ihrer Goldbarren im In- und Ausland. Sollten der Bundesbank in New York Münzbarren minderer Qualität untergeschoben worden sein, dann darf man davon ausgehen, dass das Problem mit den Umschmelzaktionen von 2013, 2014 und eventuell des ersten Halbjahrs 2015 aus der Welt geschafft wurde und künftig kein Umschmelzen mehr erforderlich sein wird.

Im Rechnungshofbericht gibt es im Übrigen eine Passage, die erklärt, warum sich die Gerüchte über die mögliche Nichtexistenz der Goldreserven in New York so hartnäckig halten: »Gleichzeitig gilt eine weitgehende Haftungsfreistellung im

Verlustfall. Die Fed hat sich verpflichtet, für die Verwahrung fremden Goldes die gleichen Vorrichtungen wie für die Verwahrung eigener Bestände zur Verfügung zu stellen, übernimmt darüber hinaus aber keinerlei Haftung für Verluste.« Sollte sich also am Ende herausstellen, dass das Gold nicht vollständig vorhanden ist, dann hätten wir Pech gehabt. »Na so was, das fehlende Gold muss jemand gestohlen haben, nicht unsere Verantwortung. Wir haben alles Menschenmögliche für die Sicherheit getan«, könnte die Fed sagen.

Zumindest der Eiertanz der Bundesbank um ihr Transportziel und die geringe Menge, die sie 2013 aus den USA holte, wurde durch die Presseerklärung der Niederländer von November 2014 verständlich. Die Federal Reserve von New York veröffentlicht auf ihrer Website den Bestand an fremdverwaltetem Gold. Dort erkennt man, dass die Bundesbank zwar im Juni 2013 erstmalig fünf Tonnen Gold aus New York holte, dann ihre Goldtransporte aber sofort wieder unterbrach. Zu dieser Zeit müssen die Niederländer sinngemäß gefordert haben: »Wenn die Deutschen ihr Gold holen dürfen, wollen wir auch.« Daraufhin wurde alles gestoppt und intensiv verhandelt, und dann waren erst einmal die Niederländer an der Reihe und die Bundesbank musste warten. Vergleicht man nämlich die Verlagerungsmenge der Niederländer und die Bestandsmeldungen aus New York, so ergeben sich Hinweise darauf, dass die Bundesbank immerhin die Hälfte der 85 Tonnen des Jahres 2014 erst im Dezember geholt hat, als die Niederländer ihre Verlagerungen bereits abgeschlossen hatten.

Das deutet stark darauf hin, dass entweder der Wille oder die Kapazität der Amerikaner, Gold auszuliefern, eng begrenzt ist. Da aber das Herausrollen der Barren der einfachste Teil der Operation sein sollte, nährt dies den Verdacht, dass die Herausgabe größerer Mengen den New Yorkern nicht so leichtfällt, wie es ihr fallen sollte, wenn alles in Ordnung wäre. Dass erst Verhandlungen geführt werden mussten, bevor die Bundesbank fortfahren durfte, zeigt auch die seltsame Kongruenz der Pläne. Die Niederländer hatten nämlich eine ganz ähnliche Idee wie die Deutschen. Sie holten so viel Gold aus den USA – wo bis dahin der Großteil ihres Goldes lagerte – zurück, bis die Bestände in New York und im eigenen Land genau gleich groß waren. Auf eine ähnlich symmetrische Idee kamen die Österreicher, die bis 2015 80 Prozent ihres Goldes in London lagerten. Am 28. Mai 2015 verkündeten sie ein neues Lagerstellenkonzept, nachdem der dortige Rechnungshof massiv die mangelhaften Garantien, dass das Gold auch tatsächlich existiert und die versprochene Qualität hat, gerügt hatte. Die Hälfte des Goldschatzes solle demnach künftig in Österreich lagern. Zufall? Wohl kaum. Es deutet vielmehr einiges auf eine Vereinbarung zwischen den Notenbanken hin, Rechnungshöfen und sonstiger Transparenz und Sicherheit fordernder Öffentlichkeit ein Stück weit entgegenzukommen, ohne in Schwierigkeiten zu geraten oder mehr Transparenz zu schaffen, als man sich leisten kann.

Eine imaginäre Goldinventur in den USA

Der Ärger mit den Deutschen ließ in den USA und bei deren übriger internationaler Goldkundschaft das Misstrauen hochkochen. Um es zu besänftigen, platzierten findige PR-Experten, offenbar aus dem US-Finanzministerium, zwei exklusive und faktenreich ausgeschmückte, aber frei erfundene Geschichten über eine angebliche Prüfung der New Yorker Goldvorräte in der *Los Angeles Times*, von wo aus sie ihren Weg auf zahlreiche Internetseiten und in sonstige ausländische Medien fanden. Die erste Geschichte erschien am 2. August 2012. Dort berichtete ein Andrew Tangel aus New York, dass das Finanzministerium seit Januar 2012 still und leise eine Überprüfung des US-Goldes in New York vorgenommen habe. Ein halbes Dutzend Beamte von Finanzministerium, Münzamt und Fed sei beteiligt gewesen, erfuhr Tangel exklusiv aus ungenannter Quelle.

>»Die Barren wurden zuerst auf einer kleinen elektronischen Waage gewogen und dann auf einen Tisch gelegt, auf dem ein langer dünner Bohrer angebracht war, mit dem in das Gold hineingebohrt wurde, sagte eine Person, die mit der Angelegenheit vertraut, aber nicht befugt war, öffentlich darüber zu reden.«

Tangel war erst Ende April von der Provinzzeitung *Bergen Record* zur *L.A. Times* gekommen und wurde im Mai sofort als Reporter an die Wall Street nach New York entsandt, wo ausgerechnet er diesen spektakulären Coup landete.[146]

Ein halbes Jahr später, am 18. Februar 2013, war es wiederum Tangel, der exklusiv für die *Los Angeles Times* über das Ergebnis der Aktion berichten konnte, unter Verweis auf das Büro des Generalinspekteurs des Finanzministeriums.[147] Weil bei drei von 376 getesteten Goldbarren das Gold sogar etwas reiner gewesen sei, habe die Regierung den Wert ihres Goldes um 43.500 Dollar höher angesetzt, lautete ein ebenso possierliches wie wenig plausibles Detail.

Schriftlich, per E-Mail, erhielt Tangel dann sogar noch die Information, dass diese Inspektion künftig jährlich durchgeführt werden solle, man dabei aber wohl nicht wiegen, zählen und bohren werde, weil das Gold ja nun hinter Siegel verwahrt werde. Und zum Schluss erfährt man in Tangels Bericht noch, dass das Ergebnis der Überprüfung im Januar schon veröffentlicht worden sei.

Wer sich die Mühe macht, nach dem veröffentlichten Ergebnis der Überprüfung zu suchen, der erlebt eine Überraschung.[148] Auf den 14 Seiten des Berichts steht nämlich absolut nichts von einer physischen Inspektion des Goldes. Die Inspektoren des Finanzministeriums haben sich vielmehr die Bücher des Finanzministeriums angeschaut. Mehr nicht. Die angekündigte jährliche Überprüfung, von der Tangel in der einzigen schriftlichen und damit nachprüfbaren Auskunft des Finanzministeriums erfahren hat, fand im Jahr darauf tatsächlich wieder statt. Und wie in der E-Mail angekündigt, fand sie statt, ohne dass das Gold angeschaut wurde.

Wenn Bargeld den Weg des Goldes geht

Ihr Versprechen, die eigene Geldschöpfungsmacht dadurch zu begrenzen, dass sie Dollars auf Verlangen jederzeit zu einem festen Kurs in Gold umtauschen, war der US-Regierung und ihren Banken im Weg, als sie meinten, mehr Dollars zu brauchen. Also wurde das Versprechen rückwirkend und für die Zukunft zurückgenommen und der restlichen Welt massenhaft Dollars untergeschoben. Damit diese Praxis fortbestehen kann, wurde durch völkerrechtliche verbindliche Vereinbarung allen Ländern verboten, eine goldgedeckte Währung aufzulegen. Das Fehlen einer Alternative zum Dollar, den die USA fast nach Belieben drucken können, hat die wirtschaftliche und militärische Vorherrschaft der USA finanziell untermauert.

Weil aber Gold noch existiert und als Wertspeicher viel genutzt wird, stellt es immer noch einen Indikator für einen Vertrauensverlust in Papier- und Buchgeld im Allgemeinen und den Dollar im Besonderen dar. Deshalb unternehmen die Notenbanken beträchtliche Anstrengungen, um einerseits durch Kursbeeinflussung die Attraktivität des Goldes als Krisenwährung zu beschädigen, andererseits aber den Eindruck zu erwecken, man besitze selbst mehr Gold, als es tatsächlich der Fall ist.

Der Kampf der internationalen Finanzbranche und kooperierender Regierungen gegen das Bargeld ist die nächste Stufe in dem Versuch, die Banken von den Restriktionen ihrer Geldschöpfungsmacht zu befreien. Ihre exzessive Geld- und Kreditschöpfung hat in eine schwere Krise geführt. Sie soll durch Aufpumpen der Finanzmärkte und Belebung der Kreditvergabe »bekämpft« werden. Das Versprechen der Banken, ihr Buchgeld jederzeit zum Kurs von eins zu eins in echtes staatliches Geld umzutauschen, das sie nicht selbst herstellen können, ist hierbei im Weg. Denn die nächste Vertrauenskrise ist bereits absehbar. Deshalb wird zunächst die Umtauschverpflichtung in Bargeld unterhöhlt, so wie die Goldeinlösungspflicht ab den 1960er-Jahren. Die Abschaffung des Bargelds entspräche etwa der Aufhebung der Golddeckung, einem Freibrief für die Banken, nach Belieben Geld zu drucken und sich damit die halbe Welt zu kaufen. Die Rolle des Goldes als Wertspeicher abseits des Buchgeldes wird dann noch wichtiger werden, ebenso seine Indikatorfunktion für den Vertrauensverlust in das Buchgeld. Nach einer Abschaffung des Bargelds würde daher der Druck auf das Gold nochmals zunehmen. Man darf fest damit rechnen, dass es weiter zu Preismanipulationen, Kauferschwernissen, einer Anmeldepflicht für den Besitz und irgendwann vielleicht sogar zu einem Verbot kommt.

Kann Bargeld nicht gänzlich abgeschafft werden, weil das Europarecht oder der Wille der Bürger dem entgegenstehen, so ist davon auszugehen, dass der Kleinkrieg gegen Gold und Bargeld als Alternative zum Buchgeld der Banken parallel und auf Dauer weitergeführt wird.

Die Utopie einer heilen Geld-Welt

D ie derzeitige Geldordnung, in der staatliches Bargeld nur noch eine sehr begrenzte Rolle spielt, gewährt den Banken enorme, ungerechtfertigte Privilegien. In dieser Ordnung ist das Wohl und Wehe von Wirtschaft und Regierung vom Wohl der Banken abhängig. Geht es den Banken schlecht, ist die Kreditversorgung der Wirtschaft schlecht. Brechen Banken zusammen, so bricht auch der gesamte Zahlungsverkehr zusammen und es geht erst einmal gar nichts mehr. Es ist ein Schneeballsystem, bei dem Geldmenge und Verschuldung relativ zur Wirtschaftsleistung immer weiter steigen müssen und – weil das unmöglich ist – es notwendigerweise immer wieder zu schweren Finanzkrisen kommt.

Als weiteres Element tritt hinzu, dass Bankengeld elektronisches Geld ist und daher überwachbar (und auch tatsächlich überwacht) ist. All das wiegt schwerer, wenn Bargeld abgeschafft oder weiter an den Rand gedrängt wird.

Gibt es eine Alternative zu diesem System? Natürlich, lautet die Antwort, sogar mehrere. Im Folgenden will ich einige nennen, bevor ich jene, die ich für die beste halte, etwas ausführlicher darstelle.

Einige Alternativen zum heutigen Geldsystem

Die erste Alternative lautet »Gold«. Gold ist ein Aktivum, kein Schuldtitel, und es ist nicht beliebig vermehrbar. Ob eine Goldwährung oder sonstige Edelmetallwährung trotz dieser Vorteile besser funktionieren würde als das gegenwärtige Geldsystem, bezweifle ich aus bereits angedeuteten Gründen und einigen weiteren. Darauf soll hier aber nicht näher eingegangen werden. Dafür ist das Thema zu komplex und sind die Überzeugungen der Befürworter und Gegner zu festgefügt. Die Befürworter eines Goldstandards bilden unter den Ökonomen eine kleine Minderheit, aber das soll kein Argument sein, nur der Information dienen. Alle Geldreformideen, die über Reförmchen innerhalb des bestehenden Systems hinausgehen, werden von der großen Mehrheit der Ökonomen abgelehnt.

Eine zweite Alternative ist der Währungswettbewerb zwischen privaten Banken, wie ihn vor allem Anhänger der strikt marktliberalen »Österreichischen Schule« der Ökonomik, etwa Friedrich von Hayek, befürworten.[149] Dabei emittiert jede Bank, die das möchte, oder auch jemand anderes eigenes Geld als Schuldgeld. Es gibt kein gesetzliches Zahlungsmittel, keinen Annahmezwang und keine staatliche Garantie, dass die als Geld umlaufenden Schuldscheine zum Nennwert akzeptiert werden. Ebenso fehlen eine Zentralbank sowie staatliche Garantien für die Halter von Geld gegen den möglichen Konkurs des Emittenten, aber Versicherungslösungen kann es geben. Geld von Banken, denen nicht genug vertraut wird, läuft mit einem Abschlag vom Nennwert um und wird verdrängt vom besseren Geld, dem die Leute vertrauen und das sie deshalb lieber zur Zahlung annehmen. Das bessere Geld kann alles Mögliche sein, etwa Geld, das durch einen Sachwert gedeckt ist, zum Beispiel Gold oder Silber – aus Sicht der »Österreicher« eine sinnvolle Lösung.

Auch hier will ich mir nicht vornehmen, diese Alternative umfassend zu bewerten. Es besteht jedoch Grund zu Skepsis. Die Finanzkrise ab 2008 und die Zeit davor haben deutlich die Grenzen der Marktdisziplin aufgezeigt. Es gibt einfach zu viele Möglichkeiten, ein Geschäft oder ein Institut für Außenstehende solide erscheinen zu lassen, obwohl das nicht zutrifft. Und es lässt sich eine starke Tendenz zur Monopolisierung und Machtanhäufung beobachten. Denn so wie die Leute lieber mit eingeführten Microsoft-Programmen arbeiten, die alle anderen nutzen, auch wenn sie vielleicht etwas teurer und nicht die besten sein sollten, werden sie einen großen Vorteil darin sehen, mit dem Geld zu hantieren, das die meisten anderen annehmen und verwenden. Das gibt demjenigen, dessen Geld sich durchgesetzt hat, die Macht, sich mit dem großen Geldschöpfungsgewinn politischen Einfluss und Protektion zu erkaufen. Spätestens damit kann er den Wettbewerb außer Kraft setzen. Aus meiner Sicht ist das Geld zu wichtig, um es in vielleicht übertriebenem Vertrauen auf die alles regulierenden Marktkräfte dem freien Spiel gewinnorientierter Akteure zu überlassen.

Eine dritte Alternative könnten Bitcoins und andere Kryptowährungen sein. »Krypto« steht hier für »mit kryptografischen Verfahren verschlüsselt«. Kryptowährungen wie Bitcoins wecken bei vielen die Hoffnung, dass sich damit eine überwachungsresistente Möglichkeit bietet, den bargeldlosen Zahlungsverkehr abzuwickeln.

Bitcoins sind Zahlenkolonnen, die durch aufwendige Rechenoperationen generiert werden. Wer sie als Erster generiert, »besitzt« sie und kann sie verkaufen. Der oder die Erfinder der Bitcoins haben es so eingerichtet, dass es immer aufwendiger wird, zusätzliche derartige Zahlen zu erzeugen, sodass die Anzahl der maximal generierbaren Bitcoins begrenzt ist. Damit verfügen Kryptowährungen über ganz ähnliche Eigenschaften wie Gold. Entsprechend ähneln die Vor- und Nachteile denen von Gold- oder anderen Edelmetallwährungen. Auch für den Währungswettbewerb, wie er den Hayek-Anhängern vorschwebt, eignen sich Kryptowährungen hervorragend. Verschiedene von ihnen können parallel genutzt werden, gegeneinander konkurrieren oder sich gegenseitig ergänzen. Hinsichtlich der Vor- und Nachteile, die entstünden, wenn man das heutige, für den Nutzer sehr einfache und übersichtliche System von einer Währung je Währungsraum durch so einen Währungswettbewerb ohne gesetzliches Zahlungsmittel ersetzen würde, gilt das oben zum Währungswettbewerb Gesagte. Die Kursschwankungen der Bitcoins gegenüber dem Dollar waren bisher enorm. Von unter 10 Dollar im Jahr 2010 stieg der Kurs bis April 2013 auf 266 Dollar, um dann binnen einer Woche auf 50 Dollar zu fallen und bis November wieder rasant auf 1.100 Dollar zu steigen, nur um dann erneut in eine Abwärtsbewegung überzugehen, die den Kurs bis Anfang 2015 auf 180 Dollar zurückführte.

Das Interessanteste an den Bitcoins und ähnlichen Währungen ist die dezentrale Blockchain-Technologie, die dafür sorgen soll, dass die Zahlungsvorgänge anonym bleiben. Überweisungen werden von immer wieder neuen Zusammenschlüssen von Rechnern über das Internet mithilfe einer speziellen Anwendung abgewickelt, sodass dabei keine zentrale Abwicklungsstelle wie im herkömmlichen Bankverkehr benötigt wird. Die Guthaben der Teilnehmer werden in persönlichen digitalen Brieftaschen gespeichert. Der Chef der Signature Bank, Scott Shay, warnt jedoch in dieser Hinsicht vor zu hohen Erwartungen. »Man muss mit dem Netz verbunden sein, und diese Verbindung kann überwacht werden«, stellt er fest. Der Umtausch von Bitcoins in die jeweilige Landeswährung findet über Bitcoin-Börsen statt, die bei Bedarf auf eine Weise reguliert werden können, dass die Anonymität ganz oder weitgehend aufgehoben wird. Shay zitiert Aussagen von Regulierern vor dem US-Senat aus dem Jahr 2013, wonach die Regierung sich in der Lage sieht, mit Bitcoins im Rahmen der bestehenden Überwachung des Zahlungsverkehrs umzugehen. Das lässt schon vermuten, dass es mit der Anonymität letztlich doch nicht gar so weit her ist. Tatsächlich wird jedem Nutzer eine Bitcoin-Adresse zugeordnet. Bitcoins sind also nicht anonym, sondern pseudonym. Wenn der Besitzer die virtuelle Währung in bares Geld tauschen will, fliegt sein Pseudonym auf, sofern er überwacht wird. Dann lassen sich seine Transaktionen nachverfolgen. Die Staatsanwaltschaften fragen häufig Nutzerdaten von Bitcoin-Börsen ab, wenn sie einen konkreten Verdacht haben.

Die Geheimdienste wären tatsächlich ihr Geld nicht wert, wenn sie es versäumen würden, sich Zugang zum Bitcoin-Zahlungsverkehr zu verschaffen. Außerdem gibt es immer noch die Möglichkeit der Sabotage. Der Ruf der Bitcoins hat schon darunter gelitten, dass größere Mengen davon einfach verloren gegangen sind, aber auch durch Pleiten und Skandale an Bitcoin-Börsen. Es ist wahrscheinlich kein großes Kunststück, so etwas künftig auch in größerem Stil herbeizuführen, sollten Kryptowährungen zu einer ernsten Konkurrenz für die Banken heranwachsen oder sich nachhaltig der Überwachung entziehen.

Nach den Terroranschlägen von Paris im November 2015 haben einer *Spiegel*-Meldung zufolge die Finanzminister der sieben führenden Industrieländer bei einem vertraulichen Treffen eine stärkere Regulierung virtueller Geldtransaktionen vereinbart. Es gebe den Verdacht, dass sich die Extremistenmiliz »Islamischer Staat« bei ihrer Finanzierung auch virtueller Währungen wie der sogenannten Bitcoins bediene. Steht dieser Vorwurf erst einmal im Raum, ist eine (heimliche) Überwachung unter Aufbietung von allem, was die Geheimdienste in petto haben, nicht mehr weit. Und prompt beschuldigte CIA-Chef John Brennan alle, die sich für den Erhalt der Privatsphäre im Internet einsetzen, der Mitverantwortung für die Anschläge und forderte ein Verbot wirksamer Verschlüsselung. Der Umstand, dass Regierungsstellen im Hintergrund zugaben, es lägen keine Indizien dafür vor, dass die Attentäter Verschlüsselung nutzten, spielte dabei schon keine Rolle mehr.

Man sollte sich also tunlichst nicht darauf verlassen, dass man die Massenüberwachung mit technischen Mitteln aushebeln kann. An einem entsprechenden Druck von Wählern, Bürgerinitiativen und nicht zuletzt der Gerichte auf die Regierungen und Parlamente, damit diese die Grundrechte wieder achten, führt kein Weg vorbei. Einen Vorteil haben Bitcoins bei der Verteidigung der Freiheit allerdings doch: Wenn unbequeme Organisationen wie WikiLeaks aufgrund des Drucks mächtiger Regierungen auf Zahlungsdienstleister vom normalen Zahlungsverkehr abgeschnitten werden, gern auch ohne gesetzliche Grundlage, dann können sie immerhin auf Bitcoins ausweichen, etwa um Spenden zu empfangen. Bei Bitcoin gibt es keine zentrale Instanz, auf die eine Regierung Druck ausüben könnte.

Sicheres, staatliches Geld für alle Bürger und Unternehmen

Es ist kein Naturgesetz, dass Schulden und Geld zwei Seiten einer Medaille sein müssen, wie sie es im derzeitigen System sind. Bei Gold und Bitcoins etwa ist das nicht so. Die werden im Moment ihrer Entstehung bei niemandem auf der rechten Seite der Bilanz gegengebucht, dort wo – lose gesprochen – die Schulden verzeichnet sind. Bei der Ausgabe von Banknoten verbucht die Zentralbank zwar eine Verbindlichkeit in ihrer Bilanz, aber das ist reine Konvention beziehungsweise dient dazu, die Ausschüttung des Geldschöpfungsgewinns an den Staat zu begrenzen und zu verzögern. Früher, als Banknoten noch goldgedeckt waren, ergab die Verbuchung ausgegebener Noten als Verbindlichkeit noch Sinn. Wer sie einreichte, konnte Gold dafür verlangen. Heute bekommt man nur neue Banknoten, wenn man alte einreicht.

Manche nennen Geld, das keine Verbindlichkeit darstellt,

auch echtes Geld oder Aktivgeld, weil es bei Entstehung nur auf der Aktivseite der Bilanz gebucht wird, während auf der Passivseite nur ein Bilanzgewinn beziehungsweise erhöhtes Eigenkapital als Gegenposten entsteht.

Münzen sind solches Aktivgeld. Sie darf der Finanzminister auf eigene Rechnung und zum eigenen Gewinn prägen lassen, ohne dass dabei eine Schuld irgendeiner Person oder Institution entsteht. Dieses Prinzip ließe sich ohne Weiteres auch auf die Banknoten übertragen, die als Bargeld umlaufen. Dass für sie nicht der Finanzminister zuständig ist, sondern die Zentralbank, und dass diese sie bucht, als wären sie Passivgeld, ist reine Konvention. Aber das soll hier nicht unser Problem sein, denn de facto ist es Aktivgeld und nicht durch Konkurse irgendwelcher Finanzinstitute gefährdet.

Aber die Banknoten machen nur einen geringen Teil des Geldumlaufs aus. Dieser besteht zum weitaus größten Teil aus dem Schuldgeld der Banken, das auf unseren Konten liegt. Auch dieses ließe sich in staatlich gesichertes Aktivgeld verwandeln. Die moderateste Form, dies zu tun, wäre das, was der Anti-Bargeld-Aktivist Ken Rogoff im Interview als Voraussetzung für die Abschaffung des Bargelds genannt hat: Die Bundesbank könnte aufhören, die Banken zu protegieren, und Bürgern und Unternehmen die Kontoführung bei ihr anbieten. Wenn ich ein Konto bei der Bundesbank hätte, wäre das Buchgeld auf diesem Konto genauso im Zahlungsverkehr einsetzbar wie das auf dem Konto bei einer Geschäftsbank. Aber es hätte einen ganz anderen Charakter. Die Zentralbank, die selbst Banknoten drucken darf, kann nämlich den jederzeitigen Umtausch des Buchgelds in Banknoten tatsächlich garantieren, während die Geschäftsbanken nur ein Schönwetterversprechen abgeben können.

Die Lösung des ganzen Problems wäre das aber noch nicht. Denn würde die Bundesbank (und würden die übrigen nationalen Zentralbanken im Euroraum, die gemeinsam mit der EZB das Eurosystem bilden) jedem Bürger und Unternehmen erlauben, zu bescheidenen Kosten ein Konto dort zu eröffnen, so gäbe es auf die Guthaben wohl allenfalls niedrige Zinsen. Denn sonst würde die Bundesbank die Geschäftsbanken aus dem Markt drängen. Dann hätten wir das Problem, dass in guten Zeiten das meiste Geld wie gehabt bei den Geschäftsbanken läge, wo es verzinst wird. Beim ersten Krisenanzeichen würde es jedoch zur Zentralbank in Sicherheit gebracht. Dann würde es den Banken fehlen, die so erst recht in Schwierigkeiten gerieten. Diese Sorge dürfte der Hauptgrund dafür sein, dass die Bundesbank sich weigert, Jedermannkonten anzubieten.

Wenn man also den Zahlungsverkehr sicher machen will, sodass die Banken uns nicht mehr erpressen können und nicht den größten Teil des Geldschöpfungsgewinns für sich reklamieren können, muss man die Bereitstellung des Buchgelds verstaatlichen. Vorschläge dafür gibt es schon lange. In den 1930er-Jahren haben sie die führenden US-Ökonomen Henry Simons mit seinem Team (darunter Milton Friedman)[150] sowie Irving Fisher[151] propagiert, bekannt unter den Namen Chicago Plan, Vollreserve-Banking oder 100-Prozent-Geld. Der Chicago Plan scheiterte knapp am Widerstand der Bankbranche. In der Schweiz hat eine Bürgerinitiative die erforderlichen 100.000 Unterschriften gesammelt, um einen Volksentscheid darüber auszulösen, ob das sogenannte Vollgeld eingeführt werden soll. In Deutschland fordert eine Initiative mit Namen »Monetative« ganz Ähnliches, in Großbritannien wird das Gleiche unter dem Stichwort »Positive Money« propagiert, und in Island, wo man besonders schlechte Erfahrungen mit ungezügelter Geldschöpfung durch Geschäftsbanken gemacht hat, geht man bereits erste parlamentarische Schritte zu einer Umsetzung.[152] Der in Island vorhandene politische Wille, die Geldschöpfungsgewinne der Banken für den Staat zu reklamieren, geht nicht zufällig damit einher, dass in Island Banker keine heiligen Kühe sind. Wo in den USA und Europa allenfalls einige Händler wegen Betrugs in den Knast wanderten, das obere Management der Banken aber völlig ungeschoren davonkam, wurden in Island bereits 26 Banker zu Gefängnisstrafen verurteilt, die meisten davon aus dem Spitzenmanagement der Banken.[153]

Wir wollen den Reformvorschlag einmal Vollgeld nennen, ohne damit alle Details des Schweizer Vorschlags mit einzuschließen.[154] Das könnte etwa so aussehen: Das Geld, das auf unseren Zahlungsverkehrskonten bei Geschäftsbanken liegt, bleibt unser Eigentum, so wie ein Fondsanteil, den wir von einer Fondgesellschaft verwalten lassen, unser Eigentum ist und somit von einer Pleite der Fondgesellschaft nicht berührt wird. Das ist so, als würden wir Banknoten in einen Banksafe legen. Für die Bank würde das bedeuten, dass sie nicht mehr per Kreditvergabe Geld schaffen kann. Das Geld auf diesen Konten wäre dann Aktivgeld, das in voller Höhe von Bargeld im Safe der Bank oder von Guthaben der Bank bei der Zentralbank gedeckt wäre, das sie jederzeit in Bargeld umtauschen kann.

Das Geld müsste also von woanders herkommen: Die Zentralbank müsste es in Umlauf bringen. Dafür gibt es zwei Hauptvarianten. Die einfachste, für die ich viel Sympathie hege, ist die Bürgerdividende. Dabei legt die Zentralbank fest, wie viel zusätzliches Geld in Umlauf kommen sollte, und verteilt dies als Pro-Kopf-Betrag auf alle Bürger, vom Säugling bis zum Greis. Die Alternative ist, dass sie das Geld in den Staatshaushalt einspeist. Dafür wäre die Regel zu kippen, die es der Zentralbank verbietet, den Staat zu finanzieren. Für eine solche Neuregelung gibt es gute Gründe, aber das ist ein weites Feld, das wir hier nicht beackern müssen. Bleiben wir deshalb für unsere Zwecke bei der Bürgerdividende. Den Befürwortern des bedingungslosen Grundeinkommens wird diese sofort sympathisch sein, aber sie würden enttäuscht. Das Geld, das jährlich zusätzlich in Umlauf käme, reicht bei Weitem nicht für ein großzügiges bedingungsloses Grundeinkommen. Und eines, das unterhalb der derzeitigen Sozialhilfesätze liegt, verdient ja nicht wirklich seinen Namen.

Das von der Zentralbank in Umlauf gebrachte Geld würde im Regelfall direkt auf ein Bankkonto überwiesen oder vom Empfänger per Scheckeinreichung dorthin gebracht. Dort läge es dann, zinslos, und wäre Eigentum des Einlegers. Nun sollen die Geschäftsbanken ja weiterhin Kredite vergeben. Wenn sie das nicht per selbst geschaffenem Geld tun können, müssen sie sich das Geld von den Sparern besorgen. Sie würden also das tun, was ihnen die Lehrbücher fälschlicherweise schon heute zuschreiben und von den meisten Menschen irrtümlich geglaubt wird: Sie würden sich als Intermediäre – als Geldvermittler – zwischen Sparern und Investoren betätigen. Durch Angebot von Zinszahlungen würden sie die Sparer dazu bewegen, Geld von ihrem Zahlungsverkehrskonto abzubuchen und es der Bank für eine bestimmte Laufzeit als Kredit zu geben. Den Sparern würde dafür ein Guthaben auf einem Sparkonto gutgeschrieben. Dieses Guthaben wäre kein Geld. Darauf könnte der Sparer vor Ablauf der Laufzeit oder Kündigungsfrist entweder gar nicht zugreifen oder nur gegen einen Strafzins und ohne Verfügbarkeitsgarantie. Das Geld, das sich vorher auf dem Girokonto des Sparers befand, ginge in Form von Zentralbankgeld in den Besitz der Bank über und könnte von dieser weiterverliehen oder für Käufe genutzt werden. Es gibt in diesem System nur noch einen Geldkreislauf, der aus Zentralbankguthaben und gleichwertigem Bargeld besteht, nicht mehr den zusätzlichen Kreislauf des Buchgelds der Banken. Zentralbankgeld steht nicht mehr nur den Banken zur Verfügung, sondern der ganzen Wirtschaft und allen Bürgern.

Ein oft geäußertes Gegenargument lautet: Wenn die Banken nicht mehr wie bisher das riskante Geschäft übernehmen, langfristige Ausleihungen mit kurzfristigen Verpflichtungen zu finanzieren, sondern darauf angewiesen sind, dafür längerfristige Kredite von den Sparern aufzunehmen, dann geben sie nicht mehr so leicht Kredit und das Kreditangebot verknappt sich. Doch das Argument trägt nicht. Es ist durchaus erwünscht, dass die Wirtschaft mit weniger Schulden und mehr Eigenkapital operiert. Dazu wäre es sinnvoll, auch die vielfältige steuerliche Begünstigung des Fremdkapitals abzubauen. Damit die Wirtschaft Schulden abbauen kann und andererseits genügend Kreditvergabebereitschaft da ist, um den noch vorhandenen Fremdkapitalbedarf zu decken, muss einfach entsprechend mehr von dem Zentralbankgeld in Umlauf gebracht werden. Dieses Geld wird entweder ausgegeben und sorgt dann für gute Gewinne bei den Unternehmen, aus denen sie ihr Eigenkapital aufstocken können, oder es wird gespart und steht dann für Kredite zur Verfügung.

Ein verwandter Einwand ist der, dass das Kreditangebot nicht mehr so »elastisch« auf die Kreditnachfrage reagieren könne, wenn die Banken sich das Geld dafür erst von den Sparern besorgen müssten. Auch dieses Argument trägt nicht weit. Will man die Veränderung zur Funktionsweise des gegenwärtigen Geldsystems klein halten und nimmt daher an, die Zentralbank wolle große Zinsschwankungen vermeiden, dann gibt sie, wenn die Kreditnachfrage und der Zins deutlich steigen, mehr Geld in den Kreislauf. Sie kann dafür auch eine Schwankungsreserve an Zentralbankgeld vorhalten und diese unmittelbar gegen Zins den Banken leihen, damit sie dieses Geld an Unternehmen weiterverleihen können.

Ein anderer Einwand, den etwa der ehemalige Notenbankökonom Charles Goodhart gegen den Schweizer Vorschlag vorgebracht hat,[155] lautet, die Banken würden es mithilfe kreativer Methoden so einrichten, dass Guthaben auf Sparkonten ähnliche Geldfunktionen übernehmen wie das Geld auf den Zahlungsverkehrskonten. Eine einfache Maßnahme wäre etwa, gestückelte elektronische Besitzurkunden auf Sparguthaben auszustellen, die als Geld zirkulieren könnten. In einer Replik weist jedoch Michael Kumhof, Leiter der volkswirtschaftlichen Forschungsabteilung der Bank von England und Befürworter von Vollgeld, darauf hin, dass sich das mit Regeln und staatlicher Aufsicht ohne Weiteres in den Griff bekommen lässt.[156] Dazu braucht es zunächst natürlich eine Mindestkündigungsfrist für Sparkonten, ein Verbot, von Sparkonten Guthaben überweisen zu lassen oder Schecks und Ähnliches darauf auszustellen, und einen Mindeststrafzins für vorzeitige Abhebungen.

Darüber hinaus bedarf es noch – wie im heutigen System auch – einer Regel, die festlegt, ob und wie sehr sich die Fristigkeit der Verbindlichkeiten der Banken von der Fristigkeit ihrer Ausleihungen unterscheiden darf. Dürfen sie also fünfjährige Kredite an Unternehmen oder Hauskäufer mithilfe von Guthaben auf Sparkonten mit dreimonatiger Kündigungsfrist finanzieren, oder muss es schon Festgeld über einen Zeitraum von zwei oder gar fünf Jahren sein? Die kurzen Fristen können zum Problem werden, wenn die Sparer nach Auslaufen der Frist massenhaft ihr Geld abziehen wollen, die Banken dafür aber nicht genug Geld flüssig haben, weil es längerfristig verliehen oder angelegt ist. Hier ist der Gesetzgeber beziehungsweise Regulierer frei, die richtige Balance zwischen Sicherheit des Bankensystems und Flexibilität der Kreditvergabe zu finden. Mit der Idee des Vollgelds würde die Forderung harmonieren, die Fristen von Krediten und Spareinlagen gleich lang zu halten. Aber man muss das nicht unbedingt (gleich) vollständig so umsetzen.

Was die Kreativität der Banken angeht, Möglichkeiten zur Umgehung des Verbots der Geldschöpfung zu finden, an die man heute noch gar nicht denkt, so würde es zur Vermeidung dessen genügen, zu der bewährten früheren Politik der Bundesbank und anderer Zentralbanken zurückzukehren, dass die Banken sich neue Finanzinstrumente und neuartige Angebote an ihre Kunden von der Aufsicht vorab genehmigen lassen müssen.

Wer jetzt ein Übermaß an Regelungen befürchtet, dem sei versichert, dass es nicht viele sind, jedenfalls im Vergleich zu den Tausenden von Seiten, welche die schlecht funktionierenden bankaufsichtsrechtlichen Regeln im heutigen System ausmachen. Ein Konvolut wie die Regeln von Basel III, die so heißen, weil die Regeln Basel I und Basel II bei der Abwendung von Bankenkrisen völlig versagt haben, wäre in diesem System sicherlich nicht nötig. Die Regelbücher wären wohl weniger als halb so dick.

In diesem System ist klar, was das gesetzliche Zahlungsmittel ist, das jeder akzeptieren muss und auch akzeptieren kann. Es gibt nicht mehr die Unschärfe des jetzigen Systems, das Geldmengen beinhaltet, die von M0 bis M3 bezeichnet werden, je nachdem welche Arten von Bankeinlagen als »Geld« betrachtet werden, und in dem sowohl Bargeld als auch Giroguthaben als Geld bezeichnet werden, obwohl Letztere nur einen ungesicherten Anspruch auf das echte Geld darstellen. Gesetzliches Zahlungsmittel wären sowohl Bargeld als auch Einlagen auf Girokonten, denn beide wären nur unterschiedliche Ausprägungen von Zentralbankgeld. Buchgeld, mit dem man bargeldlos bezahlen kann, ist also in diesem System genauso gut und sicher wie Bargeld.

Geld bringt in diesem System nur die Zentralbank in Umlauf, es ist gesetzlich garantiert und uneingeschränkt verfügbar. Der Gewinn aus der Geldschöpfung kommt allen Bürgern zugute, nicht vor allem den Banken. Die Geldmenge kann unmittelbar an den Bedürfnissen der Gesamtwirtschaft ausgerichtet werden, anstatt dass sie sich aus dem einzelwirtschaftlichen Kalkül jeder einzelnen Bank irgendwie ergibt, ob sie nun zum Bedarf der Gesamtwirtschaft passt oder nicht.

Die Banken müssen in diesem System nicht mehr unbedingt gerettet werden, wenn sie schlecht gewirtschaftet haben, denn der Zahlungsverkehr ist von Bankenpleiten nicht betroffen. Die Banken sind deshalb weit weniger mächtig, auch deshalb, weil sie einen deutlich geringeren Teil der Unternehmensgewinne für sich beanspruchen können als bisher. Entsprechend weniger politischen Einfluss können sie sich erkaufen.

Der Zeitpunkt für die Umstellung wäre derzeit denkbar günstig, weil die Banken aufgrund der massenhaften Anleihekäufe der Europäischen Zentralbank jede Menge überschüssiges Zentralbankgeld haben. Und es wird noch mehr, weil die EZB weiter Anleihen kauft, die sie mit Zentralbankguthaben bezahlt. Wenn es beim alten System bliebe, würde die EZB das Geld irgendwann wieder aus dem Kreislauf nehmen, zum Beispiel, indem sie ihre Wertpapiere wieder verkauft. Stattdessen könnte sie zur allmählichen Umstellung Zentralbankgeld stilllegen, indem sie die Mindestreserveanforderungen für die Banken schrittweise, aber kräftig erhöht. Wenn die Zentralbankgeldmenge so stark aufgeblasen wird, dass sie bei allen Banken in etwa dem Volumen der Giroguthaben entspricht, lässt sich die Umstellung auf das neue System ganz leicht bewältigen. Dann würden die Giroguthaben aus den Bilanzen der Banken ausgebucht und ins Eigentum der Einleger gegeben. Die Verbindlichkeiten der Banken gegenüber ihren (Giro-)Einlagenkunden würden von der Passivseite ihrer Bilanz gestrichen. Gleichzeitig würden in gleicher Höhe auf der Aktivseite ihrer Bilanz Zentralbankguthaben gestrichen. Die Bankbilanz würde also verkürzt.

Dahinter steht, vereinfacht gesprochen, der Vorgang, dass die Banken die Einlagen der Kunden aus ihren Zentralbankguthaben zurückzahlen und dieses Geld fortan nur noch als Treuhänder für die Einleger verwahren. Wenn die überschüssigen Zentralbankguthaben nicht so hoch sind wie die Giroguthaben, geht es dennoch. Dann könnte die Zentralbank den Banken Umstellungskredite gewähren, wahrscheinlich am besten für eine Weile zinslos.

Mit der Umstellung auf Aktivgeld wären die umlaufenden Banknoten nicht mehr als Verbindlichkeit der Europäischen Zentralbank zu buchen. Der entsprechende Eintrag auf der rechten Seite der Bilanz könnte gewinnerhöhend aufgelöst werden. Das würde immerhin einen einmaligen Gewinn von etwas über einer Billion Euro erbringen. Der könnte an die Staaten ausgeschüttet werden und beispielsweise in einen Schuldentilgungsfonds fließen, aus dem die Mitgliedstaaten des Euroraums auslaufende Staatsanleihen tilgen, anstatt dafür neue Anleihen aufzulegen. Das würde die Staatsschulden dieser Länder im Verhältnis zum Bruttoinlandsprodukt immerhin um gut zehn Prozentpunkte reduzieren. Entsprechend niedriger wären die künftigen Zinsausgaben.

Das wäre aber nur ein Teil der Umstellungsgewinne. Denn die von der Zentralbank gekauften Anleihen, die den Zentralbankgeldbestand der Banken so nach oben getrieben haben, laufen irgendwann aus. Dann muss der Emittent, meistens der Staat, das Geld zurückzahlen. Wenn Geld an die Zentralbank überwiesen worden ist, verschwindet es aus dem Wirtschaftskreislauf und fehlt dort. Deshalb müsste die Zentralbank es, um eine ernste Geldknappheit und Deflation zu vermeiden, durch vermehrte Ausgabe neuen Zentralbankgeldes ersetzen. Das würde dann nochmals einen Geldschöpfungsgewinn von ein paar Billionen Euro erbringen, den man ebenfalls zur Schuldentilgung nutzen oder als Bürgerdividende ausschütten könnte.

Darüber hinaus fällt ein deutlich erhöhter laufender jährlicher Geldschöpfungsgewinn an. Er ist erheblich höher, weil allein die Zentralbank das ganze neue Geld in Umlauf bringt und nicht mehr größtenteils die Geschäftsbanken. Wenn die Preise weiter mit rund zwei Prozent pro Jahr steigen und die Wirtschaft um ein bis zwei Prozent wachsen soll (je nach Bevölkerungsentwicklung), so bedeutet das, dass die Geldmenge um drei bis vier Prozent pro Jahr zunehmen muss. Das könnte die Bürgerdividende sein oder, wenn das Geld an den Staat ausgeschüttet wird, dessen jährlicher Geldschöpfungsgewinn. Ein Abzugsposten wäre, dass man für den Zahlungsverkehr und die Verwaltung der Girokonten künftig den Banken kostendeckendere Preise bezahlen müsste, weil diese jene Leistung dann kaum mehr umsonst oder zu nicht kostendeckenden Preisen anbieten würden.

Keine rechtswidrige Überwachung
des Zahlungsverkehrs

Was die Vollgeld-Reform allein nicht lösen kann, ist das Problem der umfassenden Überwachung und Überwachbarkeit des bargeldlosen Zahlungsverkehrs. Zur Utopie einer heilen Geld-Welt gehört deshalb nicht nur, dass das Buchgeld, das wir für den bargeldlosen Zahlungsverkehr verwenden müssen, in richtiges, sicheres Geld verwandelt wird. Dazu gehört vielmehr auch, dem Recht auf informationelle Selbstbestimmung, auf Privatsphäre, wieder Geltung zu verschaffen. Dies muss ganz zuvorderst für unseren Zahlungsverkehr gelten, weil dieser so viel über uns verrät. Gleichzeitig ist der Zahlungsverkehr das, was die Massenüberwacher am stärksten interessiert, teils aus respektablen Gründen wie der Kriminalitäts- und Terrorbekämpfung, teils aus weit weniger respektablen wie der Wirtschaftsspionage, dem allgemeinen Überwachungswahn der Geheimdienste und dem Gewinnstreben der kommerziellen Datenkraken.

Hier muss die Spreu wieder vom Weizen getrennt, die respektablen Überwachungsgründe im Einzelfall von den nicht respektablen geschieden werden. Im Wesentlichen heißt das nur, dass die schon bestehenden Gesetze und verfassungsrechtliche Grundrechte wieder uneingeschränkt angewandt werden müssen. Dazu gehören Betätigungsverbote und Strafen für Unternehmen und Manager, die deutsche und europäische Datenschutzregeln missachten. Solange die angelsächsischen Geheimdienste und Behörden Datenschutz für Nicht-US-Bürger nicht kennen und respektieren, würde das bedeuten, dass die größten Datenkraken dieser Welt, die allesamt amerikanischen Ursprungs sind, nicht weiter in Europa operieren dürften. Stattdessen würden europäische Anbieter erstarken, die man europäischen Gesetzen und Regeln unterwerfen kann.

Der direkte Datenaustausch mit den USA über unseren Zahlungsverkehr findet in dieser heilen Geld-Welt nicht mehr statt, weil dort kein rechtsstaatlicher Umgang mit unseren Daten gewährleistet ist. Ein No-Spy-Abkommen auszuhandeln, das auch garantieren würde, dass die dortigen Geheimdienste mit den ausgehändigten Daten keine Wirtschaftsspionage betreiben, haben die USA ausdrücklich abgelehnt.

Für Webseiten und Online-Händler bedarf es moderner und restriktiver Gesetze, die regeln, was sie an wen weitergeben dürfen. Die Schimäre der informierten Zustimmung des Kunden zu dem, was die Händler und Webseitenbetreiber in ihre Geschäftsbedingungen schreiben, ist ein Witz. Das Recht, uns als Datenrohstoff zu kommerzialisieren, räumen sich alle ein, sodass man nur die Wahl hat, dem zuzustimmen oder sich aus der modernen Welt zurückzuziehen. Das ist eine Zumutung und muss durch Gesetze beendet werden, die regeln, was in diesen Geschäftsbedingungen stehen darf und was nicht. Europäische Datenkraken wie Arvato, die auch hierzulande eine kommerzielle Totalüberwachung der Bürger ermöglichen, wären damit von einem großen Teil ihrer Informationen abgeschnitten. Webseiten, die wir aufrufen, wüssten nicht mehr schon in der ersten Sekunde, wer wir sind, wie viel Geld wir besitzen, was wir mögen, welche politische Einstellung wir haben und Tausend Dinge mehr.

Wenn all das gewährleistet wäre, dann könnte man weitgehend auf Bargeld verzichten. Vollständig darauf verzichten sollte man aber auch dann nicht, denn wenn es einmal weg ist, kommt es nicht wieder, auch wenn ein zwischenzeitlicher Schutz der Privatheit in Gelddingen und darüber hinaus wieder durchlöchert wird. Aber noch ist ein solcher Schutz ohnehin ferne Zukunftsmusik. Solange unsere führenden Politiker uns als Datenrohstoff betrachten und uns als solchen der Industrie und den angelsächsischen Geheimdiensten anbieten wollen, gilt es bürgerlichen Widerstand zu leisten, durch alltägliches

Handeln im Kleinen und durch Anrufung der Gerichte dort, wo Gesetze gebrochen werden. Wir werden im nächsten Kapitel sehen, dass die Möglichkeiten zur tätigen Gegenwehr vielfältig und aussichtsreich sind.

Der Bargeld-Widerstand

Das Schöne ist: Widerstand gegen die schleichende Abschaffung von Bargeld zu leisten ist leicht. Die wirksamste Gegenmaßnahme ist es, Bargeld zu nutzen, so viel wie möglich und so oft wie möglich. Zahlen Sie mindestens immer dann bar, wenn es keine große Mühe kostet. Beim Lebensmitteleinzelhandel mit Karte zu zahlen ist in aller Regel unnötig. Auch eine Waschmaschine für 500 Euro im Kaufhaus oder ein Fahrrad für 900 Euro kann man bar bezahlen, man muss nur auf dem Weg zum Händler kurz am Bargeldautomaten stoppen. Wenn das viele tun, gehen die Überwachungsmöglichkeiten deutlich zurück. Dann macht man sich nicht mehr verdächtig, wenn man mehr als 500 oder gar 1.000 Euro abhebt, sondern erst bei deutlich höheren Summen, weil es eben üblich ist, höhere Summen abzuheben. Dann trauen sich auch Händler aus Angst vor Umsatzverlusten nicht, die Annahme von Bargeld zu verweigern, wie sie das in Skandinavien bereits häufig tun.

Etwas mehr Aufwand erfordert es schon, den Einkauf im Internet so weit wie möglich zu vermeiden. Das ist zum Teil mit Mehrkosten und oft mit beträchtlich höherem zeitlichen Aufwand verbunden. Aber wenn man vor jedem Kauf einen Moment nachdenkt, ob man nicht vielleicht Lust hat, demnächst mal wieder im Buchladen zu stöbern, oder ob man demnächst womöglich ohnehin dorthin geht, wo es das Gewünschte auch analog und kartenlos zu kaufen gibt, dann schadet es sicherlich nicht, das zu tun. Momentan sind die Datenweitergabe und das Tracking der Nutzer durch die Webseiten so allgegenwärtig, dass man nicht viel dagegen unternehmen kann, wenn man im Internet einkauft. Aber wenn sich Seiten darauf verlegen sollten, den Verzicht auf Ausforschung der Nutzer und Weitergabe der Daten zu garantieren, dann wäre zu hoffen, dass sich viel Nachfrage auf sie konzentriert.

Wer mehr Energie dafür einsetzen will, der möge insbesondere Behörden, die kein Bargeld annehmen wollen, die Rechtslage erklären und auf seinem Recht beharren. Dies zu erleichtern ist die Hauptintention meiner Barzahlungsaktion bezüglich der Rundfunkgebühr. Wenn im laufenden Gerichtsverfahren vor dem Hessischen Verwaltungsgerichtshof – und nötigenfalls in der nächsten Instanz – entschieden wird, dass staatliche Stellen Bargeld annehmen müssen, weil es das gesetzliche Zahlungsmittel ist, dann kann sich jeder darauf berufen, und der Widerstand der Behörden sollte schnell abebben. Wenn der Prozess verloren geht, die Gerichte also entscheiden sollten, dass der Staat sich nicht an die eigenen Gesetze halten und das gesetzliche Zahlungsmittel nicht annehmen muss, dann ist der Kampf verloren. Dann wäre allerdings auch mein Glaube an die Rechtsstaatlichkeit hinfällig. Aber das wollen wir mal nicht annehmen und gehen deshalb davon aus, dass es ein positives Gerichtsurteil geben wird.

Sollte ich mit meiner Klage gegen den Hessischen Rundfunk Erfolg haben, dann gibt es viele Ansatzpunkte für Aktionen. Leser meines Blogs haben mir sehr viele Beispiele staatlicher Bargeldverweigerung genannt. Da ist etwa die Verpflichtung für jeden, der ein Auto anmelden will, zunächst eine Einzugsermächtigung für die Kfz-Steuer zu erteilen. Das Finanzministerium beschied mir auf Anfrage, diese Vorschrift verstoße nicht gegen die Bargeldannahmepflicht, weil die Einzugsermächtigung ja Voraussetzung für die Anmeldung des Fahrzeugs sei, nicht für die Bezahlung der Steuer. Ein Leser, dessen Auto schon vor Erlass dieser Regel Mitte 2010 zugelassen wurde und der nun bar zahlen möchte, schickte mir eine E-Mail des Zolls mit dem abschlägigen Bescheid, wonach Bargeld nur in manchen Fällen, zum Beispiel zur Bezahlung eines Ausfuhrkennzeichens, angenommen werde, nicht aber in seinem Fall. Verwiesen wird auf einen Erlass des Bundesministeriums der Finanzen vom 1. Oktober 2013.

Der n-tv-Moderator und Autor des Buches *Die Wahrheit über Geld*, Raimund Brichta, ist bereits dabei, die Probe aufs Exempel zu machen. Er hat hartnäckig beim Finanzamt nachgefragt, wann, wo und wie er seine Steuernachzahlung bar begleichen könne.[157] Nach vielem Hin und Her wurde er schließlich auf ein Konto des Finanzamts bei einer Sparkasse verwiesen, auf das er kostenlos bar einzahlen könne. Es stellte sich dann aber heraus, dass man bei der Sparkasse davon nichts wusste. Erst nach längeren Verhandlungen wurde ihm die kostenlose Einzahlung ausdrücklich einmalig auf Kulanz erlaubt, wobei es allerdings noch Probleme mit einer angeblichen Höchstgrenze von 1.000 Euro gab.

Die Bundesagentur für Arbeit nimmt ebenfalls kein Bargeld an, wenn man Überzahlungen zurückerstatten muss. Ein Leser meines Blogs, der es versuchte, erhielt die Antwort, es stehe dem Empfänger einer Forderung frei zu entscheiden, in welcher Form der Zahlungsverkehr zu erfolgen habe. Gemäß Nr. 14.4.2 der »Kasseneinzugsbestimmungen« der Bundesagentur für Arbeit, Stand 17.12.2013, sei folgendes Verfahren festgelegt: »Der Einzahlerin/dem Einzahler ist mitzuteilen, dass Bargeld nicht mehr angenommen werden kann und Einzahlungen auf das Konto der BA (…) zu tätigen sind.« Dass diese »Kasseneinzugsbestimmung« illegal ist, sollte gerichtlich feststellbar sein. Viele Bußgeldstellen weigern sich ebenfalls, das gesetzliche Zahlungsmittel anzunehmen.

Ein wie ich finde ziemlich dreistes und juristisch angreifbares Beispiel liefert die Stadt Dortmund. Dort kann man bei den

»Bürgerdiensten« seine Wartezeit verkürzen, indem man sich einen Termin besorgt, und wird dann zu dieser Zeit bevorzugt aufgerufen. Wenn man einen Termin hat, nimmt die dortige Kasse jedoch nur Zahlung mit EC-Karte entgegen. Diejenigen, die zur gleichen Zeit ohne Termin vorsprechen, können dagegen an der gleichen Kasse bar bezahlen. Das ist eine Diskriminierung derer, die das gesetzliche Zahlungsmittel nutzen wollen oder müssen, ohne jeden sachlichen Grund. Wer keine EC-Karte hat oder sie nicht nutzen kann oder will, kann keinen Termin vereinbaren. Nicht dass ein sachlicher Grund es rechtfertigen würde, dass eine staatliche Stelle das Bundesbankgesetz und den EU-Vertrag einfach ignoriert. Aber hier ist die Willkür besonders offensichtlich.

Ein weiterer juristischer Angriffspunkt ist die auf falschen Voraussetzungen beruhende Gleichsetzung von Bargeld und jederzeit in bar verfügbaren Giroguthaben in Bilanzierungsregeln, die von Unternehmen angewandt werden. Das dürfte die Möglichkeit für Aktionäre mit mindestens einer Aktie eröffnen, die Bilanz eines Unternehmens anzufechten, weil die geforderte jederzeitige Auszahlbarkeit von Bargeld vom Girokonto, wie jeder weiß, nicht unbegrenzt und nicht ohne Voranmeldung gewährleistet ist. Dies lässt sich sehr einfach beweisen, wie ich mit meinem Experiment der Abhebung von 15.000 Euro gezeigt habe. Wenn aber Giroguthaben nicht, wie von den Bilanzierungsregeln gefordert, jederzeit als Bargeld verfügbar sind, ist eine Bilanzierung falsch, die sie mit Bargeld in einen Topf wirft. Wären die Unternehmen gezwungen, Nutzungsbeschränkungen ihrer Giroguthaben in einer Fußnote genau aufzuführen, wie das die Bilanzierungsregeln verlangen, dann kämen die Banken nicht mehr umhin, diese zu spezifizieren. Sobald das aber schriftlich und verbindlich geschieht, ist es vorbei mit der Vorspiegelung der falschen Tatsache, dass Bargeld und Giroguthaben gleichwertig sind.

Die Praxis der Banken, den Bezug schon mittelgroßer Bargeldsummen von einer mehrtägigen Voranmeldung abhängig zu machen, könnte man auch unmittelbar in Frage stellen. Sie lässt sich weder aus einem Gesetz noch aus den Geschäftsbedingungen der Banken für Girokonten ableiten. Damit dürfte sie rechtswidrig sein. Würde das gesetzlich festgestellt, wären die Banken ebenfalls gezwungen, die aus praktischen Gründen sicherlich unabdingbare Beschränkung der sofortigen Bargeldauszahlung auf bestimmte Höchstbeträge zu verschriftlichen und sich damit festzulegen.

Richtig interessant wird es, wenn zum Beispiel in Frankreich, Spanien, Italien oder Griechenland jemand öffentlich – etwa im Fernsehen – einen Kauf über 3.000 Euro in bar abwickelt, obwohl das dort nicht mehr erlaubt ist. Dann müssen die Behörden einschreiten und eine Strafe verhängen, gegen die dann geklagt werden kann, und zwar nötigenfalls bis hinauf zum Europäischen Gerichtshof, der meines Erachtens gezwungen wäre, der Klage stattzugeben. Denn diese nationalen Verbote, mit dem gesetzlichen Zahlungsmittel laut EU-Vertrag zu bezahlen, widersprechen offenkundig geltendem EU-Recht.

Die Empfängerseite von Zahlungen hat ebenfalls das Gesetz auf ihrer Seite, wenn sie auf Barzahlung beharrt. Denn wenn der Empfänger nicht ausdrücklich vertraglich zugestimmt hat, die Zahlung auch in Form von Buchgeld anzunehmen, gilt grundsätzlich, dass eine Schuld erst beglichen ist, wenn das gesetzliche Zahlungsmittel übergeben wurde. Ein Beschluss des Bundesgerichtshofs von 1953 (BGH NJW 1953, 897) ist nach wie vor gültig, weil vom BGH selbst oder dem Bundesverfassungsgericht bisher unwidersprochen.

»Die Überweisung einer geschuldeten Leistung auf das Bank- oder Girokonto des Gläubigers ist eine Leistung an Erfüllungs statt. Sie bringt das Schuldverhältnis dann zum Erliegen, wenn der Gläubiger diese Leistung annimmt. Eine Verpflichtung, eine solche Buchgeldzahlung anzunehmen, besteht grundsätzlich nicht. (...) In der bloßen Eröffnung eines Kontos kann eine allgemeine vorherige Genehmigung von Überweisungen nicht gesehen werden.«

Demnach kann der Empfänger einer Geldschuld zwar Buchgeld von Banken annehmen, er muss es aber ausdrücklich nicht. Allerdings haben verschiedene niedrigere Gerichte und Verwaltungsgerichte in jüngerer Zeit anders entschieden und von Empfängern mit Bankkonto verlangt, staatliche Zahlungen per Überweisung anzunehmen. Wer dagegen klagen will, dass etwa Sozialleistungen nur per Überweisung ausgezahlt werden, muss also damit rechnen, dass erst die oberste Instanz eine Klärung herbeiführen wird.

Wozu das alles? Beharren auf Recht und Gesetz soll hier keinesfalls propagiert werden, um Querulantentum ausleben zu können. Vor meiner Klage auf Barzahlung des Rundfunkbeitrags habe ich noch nie einen Prozess angestrengt. Es soll auf zweierlei Weise helfen, unser Recht auf Privatheit und ein sicheres Zahlungsmittel zu schützen. Einmal direkt, indem gerichtlich festgestellt wird, dass die vielen Schikanen und Verbote, die die Bargeldnutzung zu behindern oder verhindern suchen, illegal sind. Das würde einen wirksamen Schutzwall gegen die gesetzwidrige Bargeldabschaffung unterhalb des Radars der Gerichte errichten. Zum anderen indirekt dadurch, dass die Regierung und die öffentliche Verwaltung gezwungen werden, die Parlamentarier aus ihrem Dornröschenschlaf zu wecken und sie zu bitten, entsprechende Gesetze zu erlassen, wenn sie die Vorteile des bargeldlosen Zahlungsverkehrs nutzen wollen. Dann erhält das Buchgeld der Banken endlich den Platz auf der politischen Agenda, der ihm schon seit Langem zusteht. Wenn Buchgeld etwa zum gesetzlichen Zahlungsmittel aufgewertet werden soll, dann führt an gesetzlichen Regelungen kein Weg mehr vorbei.

Manche Länder, wie die Schweiz und Island, sind wie erwähnt bereits etwas weiter, aber auch in Deutschland haben die Bemühungen, das Geldsystem zum Thema der Politik zu machen, bereits erste Erfolge gezeitigt. So hat etwa die FDP-Fraktion im nordrhein-westfälischen Landtag im August 2015 einen Antrag auf Beschlussfassung eingebracht. Unter dem Titel »Mündige Bürger nicht immer mehr bevormunden und unter Generalverdacht stellen« beantragte die Fraktion, die Forderung des dortigen Finanzministers Norbert Walter-Borjans nach einer Obergrenze von 2.000 oder 3.000 Euro für die Bezahlung mit Bargeld zu missbilligen. Die Parlamentarier wiesen darauf hin, dass alle Kontobewegungen der Bürger erfasst und langfristig gespeichert werden, was Rückschlüsse auf das Privatleben, die Vermögensverhältnisse, die persönliche Lebensweise, Aufenthaltsorte oder individuelle Vorlieben der Bürger zulasse und damit die Gefahr eines Missbrauchs berge. Außerdem trafen sie die bedenkenswerte Feststellung, dass für eine wirksame Schwarzgeldbekämpfung erst das vorhandene gesetzliche Instrumentarium sachgerecht angewandt werden sollte, bevor man die persönliche Freiheit von unbescholtenen Bürgern weiter einschränkt. So seien im Jahr 2014 im Rahmen der Geldwäschebekämpfung lediglich 72 Kontrollen bei nordrhein-westfälischen Unternehmen vor Ort vorgenommen worden. Berechtigten Zweifeln bei fragwürdigen Geschäften müsse konsequenter nachgegangen werden, bevor alle Bürger bei Barzahlung unter den Generalverdacht krimineller Handlungen gestellt würden, forderten die FDP-Abgeordneten.

Es sind solche parlamentarischen Erörterungen, die ich öfter sehen möchte, vor allem auch auf Bundesebene und in anderen europäischen Hauptstädten. Wenn meine Aktionen und mein Buch dazu beitragen sollten, hätte sich für mich und hoffentlich auch für meine Nachahmer und Mitstreiter die Mühe gelohnt.

Über den Fortgang meiner Klage auf Barzahlung des Rundfunkbeitrags und über sonstige interessante Entwicklungen halte ich Sie auf meinem Blog (www.norberthaering.de) und über Twitter (@norberthaering) auf dem Laufenden.

Literaturverzeichnis[*]

Bank of England. *Quantitative easing explained: Putting more money into our economy to boost spending.* www.bankofengland.co.uk, ohne Jahr.

Benes, Jaromir und Michael Kumhof. »The Chicago Plan Revisited.« IMF Working Paper 12/202, 2012.

Bernstein, Michael. *A Perilous Progress: Economists and Public Purpose in Twentieth Century America.* Princeton University Press, 2001.

Bebchuk, Lucian, Alma Cohen und Holger Spaman. »The Wages of Failure: Executive Compensation at Bear Stearns and Lehman 2000–2008.« *Yale Journal of Regulation* (27) 2010: S. 257–282.

Bernanke, Ben. »Japanese Monetary Policy: A Case of Self-Induced Paralysis?« Presentation at the ASSA meetings, Boston, MA, 9.1.2000.

Borio, Claudio. »The financial cycle and macroeconomics: What have we learnt?« BIS Working Paper No 395, Dez. 2012.

Breuer, Rolf. »Die fünfte Gewalt.« Zeit-Online, 27. April 2000.

Brichta, Raimund. »Bargeldverbot beim Finanzamt.« Teile 1 bis 3. www.DieWahrheitueberGeld.de, 24.6., 29.6. und 4.7.2015.

Brichta, Raimund. *Die Wahrheit über Geld: Wie kommt unser Geld in die Welt – und wie wird aus einem Kleinkredit ein großer Finanzcrash?* Börsenbuch-verlag, 2013.

Christl, Wolfie. »Kommerzielle digitale Überwachung im Alltag.« Studie im Auftrag der österreichischen Bundesarbeitskammer. Wien, 2014.

EU-Kommission. »Empfehlung vom 22. März 2010 über den Geltungsbereich und die Auswirkungen des Status der Euro-Banknoten und -Münzen als gesetzliches Zahlungsmittel.« ABl. L 83 vom 30.3.2010: S. 70.

Euro Legal Tender Expert Group (ELTEG). *Report on the definition, scope and effects of legal tender of euro banknotes and coins.* http://ec.europa.eu/economy_finance/articles/euro/documents/elteg_en.pdf

Fisher, Irving. *100 %-Money – 100 %-Geld.* Gauke, 2007.

Gavin, Francis. »The Gold Battles Within the Cold War: American Monetary Policy and the Defense of Europe, 1960–1963.« *Diplomatic History*, Winter 2002: S. 61–96.

Gavin, Francis. »Ideas, Power, and the Politics of America's International Monetary Policy During the 1960s.« In: *Monetary Orders,* hrsg. von Jonatan Kirshner. Cornell University Press, 2002.

Gestrich, Hans. *Kredit und Sparen.* Verlag Gustav Fischer, 1944.

Goodhart, Charles und Meinhard A. Jensen. »A Commentary on Patrizio Lainà's ›Proposals for Full-Reserve Banking: A Historical Survey from David Ricardo to Martin Wolf‹ – Currency School versus Banking School: An Ongoing Confrontation.« *Economic Thought,* 4.2: S. 20–31, 2015.

Gourinchas, Pierre-Olivier und Hélène Rey. »From World Banker to World Venture Capitalist: US External Adjustment and the Exorbitant Privilege.« In: *G7 Current Account Imbalances: Sustainability and Adjustment,* hrsg. von Richard Clarida. Chicago: University of Chicago Press, 2007: S. 11–66.

Grim, Ryan. »Priceless: How the Federal Reserve bought the economics profession.« *Huffington Post,* 23.10.2009, aktualisiert am 13.5.2013.

Gudehus, Timm. »Geldordnung, Geldschöpfung und Staatsfinanzierung.« *Zeitschrift für Wirtschaftspolitik* 62/2, 2013.

Hayek, Friedrich A. von. »Entnationalisierung des Geldes.« *Gesammelte Schriften in deutscher Sprache: Abt. A Band 3: Entnationalisierung des Geldes. In: Schriften zur Währungspolitik und Währungsordnung, hrsg. von Verena Veit-Bachmann und Alfred Bosch.* Mohr-Siebeck, 2012.

Mayer, Thomas. *Die neue Ordnung des Geldes: Warum wir eine Geldreform brauchen.* Finanzbuchverlag, 2014.

Mayer, Thomas und Roman Huber. *Vollgeld: Das Geldsystem der Zukunft. Unser Weg aus der Finanzkrise.* Tectum, 2014.

McKeown, Timothy. »How U.S. Decision-Makers Assessed Their Control of Multilateral Organizations 1957–1982.« *Review of International Organizations,* Bd. 4, 2009: S. 269–291.

McLeay, Michael, Amar Radia und Ryland Thomas. »Money and Money Creation in the Modern Economy.« *Bank of England. Quarterly Bulletin,* 2014 Q1: S.14–27.

Pariser, Eli. *The Filter Bubble: What the Internet Is Hiding from You.* Kindle-Edition. Penguin, 2011.

Rehm, Miriam und Matthias Schnetzer. »Property and power: lessons from Piketty and new insights from the HFCS.« *European Journal of Economics and Economic Policies: Intervention,* Vol. 2 No. 2, 2015: S. 204–219.

Rothbard, Murray. *The Mystery of Banking.* Auburn: Ludwig von Mises Institute. 2. Auflage, 2008.

Schemmann, Michael. »Accounting Perversion in Bank Financial Statements – So called ›lending‹ and ›deposit creation‹ by resorting to double-entry bookkeeping violates professional accounting framework and standards.« Open letter to the FASB, IASB and IFAC Members, 1.5.2013.

Sigurjónsson, Frosti. *Monetary Reform – A better monetary system for Iceland.* Reykjavik, 2015.

Speck, Dimitri. *Geheime Geldpolitik: Warum und wie die Zentralbanken den Goldpreis steuern.* Finanzbuchverlag, 2013.

Vermeulen, Philip. »How fat is the top tail of the wealth distribution?« European Central Bank Working Paper 1692, Juli 2014.

Weiner, Tim. *Legacy of Ashes: The History of the CIA.* Anchor Books, 2007.

Werner, Richard. *Neue Wirtschaftspolitik: Was Europa aus Japans Fehlern lernen kann.* Vahlen, 2007.

Werner, Richard. »Towards a New Monetary Paradigm: A Quantity Theorem of Disaggregated Credit, with Evidence from Japan.« *Kredit und Kapital,* Vol. 30 Nr. 2, 1997: S. 276–309.

* Um dieses Literaturverzeichnis nicht zu überfrachten, wurden nur die wichtigeren Texte aufgenommen. Die Fundstellenangaben der übrigen Quellen finden sich in den Endnoten.

Danksagung

Ich danke »Prometheus – Das Freiheitsinstitut« für die finanzielle Unterstützung meiner Klage auf Barzahlung des Rundfunkbeitrags und dessen Gründer Frank Schäffler dafür, dass er mir Carlos A. Gebauer als Anwalt vermittelt hat. Herr Gebauer hat ohne Rücksicht auf den hohen zeitlichen Aufwand eine geldrechtlich äußerst versierte Klageschrift verfasst. Meinem Agenten Erik Riemenschneider danke ich dafür, dass er mich überredet hat, wegen der Bedeutung der drohenden Bargeldabschaffung noch einmal ein Buch zu schreiben.

Ich danke Markus Barth für sehr hilfreiche Anmerkungen zum Manuskript und für seine Augenzeugenberichte aus Griechenland, dem wichtigsten Labor der Bargeldabschaffer in Europa. Lektorin Ramona Jäger danke ich für tolle Anregungen zur Strukturierung dieses Buches und Redakteur Jan W. Haas für die gewissenhafte Ausmerzung der weitaus meisten Fehler und Schwächen in meinem Manuskript. Beiden danke ich für die sehr angenehme Zusammenarbeit.

Keiner der Genannten ist für etwaige Fehler in diesem Buch verantwortlich. Diese gehen alle auf mein gut gefülltes Konto.

Anmerkungen

1   Matthias Thieme. »Wie der Staat unbequeme Steuerfahnder kaltstellt.«
    Capital, 21.9.2013.
2   Eli Pariser. *The Filter Bubble: What the Internet Is Hiding from You.* Kindle-
    Edition. Penguin, 2011.
3   Deutsche Bundesbank. *Schülerbuch Geld und Geldpolitik digital*, Kapitel
    »Das Bargeld«, zugegriffen am 11.8.2015.
4   Frank Schäffler. »Rundfunkgebühr bar zahlen.« *Freie Welt*, 4.6.2015.
5   Siehe auch: Website des Europäischen Verbraucherzentrums Deutschland.
    http://www.eu-verbraucher.de/de/verbraucherthemen/bezahlen-in-der-
    eu/bezahlen-im-ausland/hoechstgrenzen-fuer-bargeldzahlungen/
6   »Wenn das Bargeld doppelt so viel kostet wie sein Wert«, *Frankfurter Allge-
    meine Zeitung*, 19.08.2015. Ohne Autor.
7   US Agency for International Development. »U.S. Agency for International
    Development & Citi to Accelerate Mobile Money Adoption.« Presseerklä-
    rung, 12.6.2012.
8   Bill and Melinda Gates. »Our Big Bet for the Future.« 2015 Gates Annual
    Letter, 2015 (eigene Übersetzung).
9   Norbert Häring. »Wo der Krieg gegen das Bargeld tobt.« *Handelsblatt*
    (online), 12.5.2015.
10 Katarina Ahlfort. »Cashless future for Sweden?« https://www.kth.se/en/
    forskning/artiklar/cashless-future-for-sweden-1.597792, 14.10.2015.
11 Euro Legal Tender Expert Group (ELTEG). Report on the definition, scope
    and effects of legal tender of euro banknotes and coins. http://ec.europa.
    eu/economy_finance/articles/euro/documents/elteg_en.pdf
12 EU-Kommission. »Empfehlung vom 22. März 2010 über den Geltungsbe-
    reich und die Auswirkungen des Status der Euro-Banknoten und -Münzen
    als gesetzliches Zahlungsmittel.« ABl. L 83 vom 30.3.2010: S. 70.
13 Guillermo de la Dehesa. »La gran ventaja de un mundo sin dinero en
    efectivo.« *El País*, 13.10.2007 (eigene Übersetzung).

14 Decreto Legislativo 21 novembre 2007, n. 231 Art. 49. »Limitazioni all'uso del contante e dei titoli al portatore 1. E' vietato il trasferimento di denaro contante o di libretti di deposito bancari o postali al portatore o di titoli al portatore in euro o in valuta estera, effettuato a qualsiasi titolo tra soggetti diversi, quando il valore oggetto di trasferimento, è complessivamente pari o superiore a 12.500 euro.«

15 Europäische Zentralbank. Opinion of the European Central Bank of 8 May 2012 on limitations on cash payments (CON/2012/33).

16 Hans-Werner Sinn. »Das italienische Problem.« *Handelsblatt*, 07.10.2014.

17 Decreto Legge 6 dicembre 2011, n. 201 Art. 12.

18 Thesy Kness-Bastaroli. »Italien erlaubt wieder höhere Barzahlungen.« *Der Standard* (online), 13.10.2015.

19 Ambrose Evans-Pritchard. »Italians claim country run by Goldman Sachs.« *Telegraph Media Group*, 19.6.2007.

20 Peter B. Kenen. »The G30 at Thirty.« G30 Occasional Papers 78, Washington, 2008.

21 Ebd. (eigene Übersetzung).

22 Timothy McKeown (2009). »How U.S. Decision-Makers Assessed Their Control of Multilateral Organizations 1957–1982.« *Review of International Organizations*, Bd. 4, 2009: S. 269–291.

23 Siehe Michael Bernstein. *A Perilous Progress: Economists and Public Purpose in Twentieth Century America.* Princeton University Press, 2001, und Tim Weiner. *Legacy of Ashes: The History of the CIA.* Doubleday, 2007.

24 Interview mit dem ehemaligen Nato-Generalsekretär Willy Claes: »2 tot en met 6 juni: Bilderbergconferentie in Sitges, Spanje«, Radio 1 / VRT, 4. Juni 2010.

25 Stephen, Foley. »What price has the new democracy? Goldman Sachs conquers Europe.« *The Independent*, 18.11.2011.

26 AFP/Reuters. »HSBC beendet Ermittlungen durch Millionenzahlung.« *Zeit* (online), 4.6.2015.

27 Carrick Mollenkamp und Brett Wolf. »Insight: How Colombian drug traffickers used HSBC to launder money.« Reuters Business News, 1.1.2013.

28 »Talanx verklagt Bundesbank.« ntv.de, 19.1.2010.

29 Auf der Website der Europäischen Zentralbank einzusehen unter https://www.ecb.europa.eu/ecb/legal/opinions/html/index.en.html

30 v. Spindler/Becker/Starke. *Die Deutsche Bundesbank – Grundzüge des Notenbankwesens und Kommentar zum Gesetz über die Deutsche Bundesbank – Für Wirtschaft und Praxis.* 4. Auflage. Kohlhammer Verlag, 1973.

31 Opinion of the European Central Bank of 8 February 2013 on limitations on cash payments in the context of payment of wages (eigene Übersetzung).

32 Opinion of the European Central Bank of 22 May 2014 on the limitation of cash payments and receipts, ... of 17 January 2014 on limitations on cash payments (CON/2014/4) ... Bank of 18 March 2013 on the limitation of cash payments, ... of 31 October 2012 on restrictions on cash payments (CON/2012/83).

33 Opinion of the European Central Bank of 10 May 2012 on limitations on cash payments (CON/2012/37).

34 Ludwig Gramlich. »Zahlungsformen und -modalitäten im Lichte des Geld- und Währungsrechts – am Beispiel des Rundfunkbeitrags.« *Kommunikation & Recht*, Heft 10 (Oktober) 2015.

35 Group of Thirty. *Fundamentals of Central Banking: Lessons from the Crisis.* Washington: Oktober 2015 (eigene Übersetzung).

36 Murray Rothbard. *The Mystery of Banking.* Auburn: Ludwig von Mises Institute. Zweite Auflage, 2008.

37 Curtis P. Nettels. *The Emergence of a National Economy 1715–1815.* Armonk: M.E. Sharpe, 1962.

38 Murray Rothbard. *The Mystery of Banking.* Auburn: Ludwig von Mises Institute. Zweite Auflage, 2008.

39 Emmanuel Farhi und Jean Tirole. »Collective Moral Hazard, Maturity Mismatch and Systemic Bailout.« NBER Working Paper 15138, 2009.

40 Opinion of the European Central Bank of 27 December 2013 on a capital increase of the Banca d'Italia (CON/2013/96).

41 Rolf E. Breuer. »Die fünfte Gewalt.« *Zeit* (online), 27. April 2000.

42 *Handelsblatt*, 21.2.2014.

43 Jens Weidmann. »Eingangserklärung anlässlich der mündlichen Verhandlung im Hauptsacheverfahren ESM/EZB«. www.bundesbank.de, 11. Juni 2013.

44 Siehe z. B.: Group of Thirty. »A New Paradigm: Financial Institutions Boards and Supervisors.« Washington D.C.: 2013. Darin heißt es: »Der Aufsicht ist es wichtig, dass Finanzinstitute erfolgreich sind, denn das ist die beste Versicherung dafür, dass sie sicher und gesund sind.« Weiterhin sollen die Aufseher »ihre einzigartige Perspektive« aus ihrer Erfahrung mit Konkurrenzvergleichen und mit Finanzmarkttrends einbringen« und die großen Finanzinstitute, um die sie sich kümmern, auf etwaige Schwächen ihrer Strategien oder ihres Geschäftsmodells hinweisen.

45 Carsten Ulbricht. »Neue PayPal AGB und Datenschutzgrundsätze gelten ab 01.07.2015 automatisch – Das Ende der Kontrolle des Nutzers über seine Daten?!« *Recht 2.0 – Internet, Social Media und Recht*, 1.7.2015.

46 Christof Kerkmann. »Daten für alle.« *Handelsblatt* (online), 4.5.2015.

47 Carsten Ulbricht. »Neue PayPal AGB und Datenschutzgrundsätze gelten ab 01.07.2015 automatisch – Das Ende der Kontrolle des Nutzers über seine Daten?!« *Recht 2.0 – Internet, Social Media und Recht*, 1.7.2015.

48 Carsten Ulbricht. »Neue PayPal AGB und Datenschutzgrundsätze gelten ab 01.07.2015 automatisch – Das Ende der Kontrolle des Nutzers über seine Daten?!« *Recht 2.0 – Internet, Social Media und Recht*, 1.7.2015.

49 Lilian Ochieng. »MasterCard targets Africa governments in new growth strategy.« *Daily Nation* (www.nation.co.ke), 12.10.2015.

50 Lilian Ochieng. »MasterCard targets Africa governments in new growth strategy.« *Daily Nation* (www.nation.co.ke), 12.10.2015.

51 Gianluca Iazzoloino. »Somaliland has embraced mobile money – but at what price?« *The Guardian*, 19.5.2014.

52 Quelle zu diesem und den folgenden Absätzen ist insbesondere: Hal Hodson. »Inside China's plan to give every citizen a character score.« *New Scientist*, 9.10.2015.

53 Bruce Kennedy. »The scary concerns China's credit scores are rasing.« CBS MoneyWatch, 8.10.2015.

54 Wolfie Christl. »Kommerzielle digitale Überwachung im Alltag.« Studie im Auftrag der österreichischen Bundesarbeitskammer. Wien: 2014. Die nachfolgenden Beispiele sind, soweit nicht anders vermerkt, aus dieser Studie entnommen.

55 »Kreditantrag 2.0: Interview mit Dirk Rudolf und Stefan Krautkrämer.« Handelsblatt-Journal – Sonderveröffentlichung zum Thema Digitalisierung in Banken und Finanzindustrie, November 2015.

56 Vgl. zu den Informationen in diesem und den vorangegangenen Absätzen: Wolfie Christl. »Kommerzielle digitale Überwachung im Alltag.« Studie im Auftrag der österreichischen Bundesarbeitskammer. Wien: 2014.

57 Vgl. zu den Informationen in diesem und den vorangegangenen Absätzen: Wolfie Christl. »Kommerzielle digitale Überwachung im Alltag.« Studie im Auftrag der österreichischen Bundesarbeitskammer. Wien: 2014.

58 Scott A. Shay. »Cashless society: A huge threat to our freedom.« CNBC.com, 12.12.2013.

59 Kate Newton. »Police obtained Hager data without court order.« RadioNZ. co.nz, 24.10.2015.

60 Trevor Timm. »The Senate, ignorant on cybersecurity, just passed a bill about it anyway.« *The Guardian* (online), 27.10.2015.

61 Wolfie Christl. »Kommerzielle digitale Überwachung im Alltag.« Studie im Auftrag der österreichischen Bundesarbeitskammer. Wien: 2014.

62 Brackmann, M., u. a. »Big Brother im Büro.« *Handelsblatt*, 10.4.2015.

63 Norbert Häring. »Gabriel gibt den Staat zur Ausplünderung frei.« Geld-und-mehr.eu, 31.08.2014.

64 Caspar Dohmen. »Vollgeld statt Buchgeld.« Deutschlandfunk.de, 17.9.2015.

65 DODS. »Parliamentary Perceptions of the Banking System«. Juli 2014. http://positivemoney.org/wp-content/uploads/2014/08/Positive-Money-Dods-Monitoring-Poll-of-MPs.pdf

66   Henry Ford und Samuel Crowther. *My life and work*. Garden City Publishing Company, 1922: S. 179.

67   Thomas Jefferson. »Letter to John Taylor, 28. May 1816.« In: *Memoirs, Correspondence and Private Papers of Thomas Jefferson*. Vol. IV, hrsg. v. Thomas Jefferson Randolph, London: 1829, S. 288. Übersetzung des Zitats nach Wikiquote.

68   »President Jacksons Veto Message Regarding the Bank of the United States, 10 July 1832«, Yale Law School. The Avalon Project. http://avalon.law.yale.edu/19th_century/ajveto01.asp (eigene Übersetzung).

69   Gerald Grattan McGeer. *The conquest of poverty*. The Garden City Press, 1935 (eigene Übersetzung).

70   Timm Gudehus. »Geldordnung, Geldschöpfung und Staatsfinanzierung.« *Zeitschrift für Wirtschaftspolitik* 62/2, 2013.

71   Bundesverband deutscher Banken. *Schulbank. Kreditwissen. Zinsen und Tilgung*. Ohne Ort, ohne Jahr. http://schulbank.bankenverband.de/media/file/Kreditwissen_ab_tilgung.pdf. Ich danke dem Buchautoren und freien Journalisten Paul Schreyer für den Hinweis auf diese Publikation.

72   Group of Thirty. »Fundamentals of Central Banking: Lessons from the Crisis.« Washington: Oktober 2015 (eigene Übersetzung).

73   Hans Gestrich. *Kredit und Sparen*. Jena: Verlag Gustav Fischer, 1944. Im Internet verfügbar.

74   Comdirect. Allgemeine und Produktbezogene Geschäftsbedingungen, Stand 5/2015.

75   Hans Leyendecker und Klaus Ott. Deal mit der Commerzbank. *Süddeutsche Zeitung* (online), 14.10.2015, und Matthias Thime. »Im Schwarzen Loch.« *Berliner Zeitung* (online), 27.10.2015.

76   Michael Schemmann. »Accounting Perversion in Bank Financial Statements – So called ›lending‹ and ›deposit creation‹ by resorting to double-entry bookkeeping violates professional accounting framework and standards.« Open letter to the FASB, IASB and IFAC Members, 1.5.2013. Verfügbar auf der Website des International Institute of Certified Public Accountants (http://www.iicpa.com/articles/articles.html), auch in deutscher Übersetzung.

77   Europäische Zentralbank. Statistical Bulletin. »Deposits held with MFIs, breakdown«.

78   Michael McLeay, Amar Radia und Ryland Thomas. »Money and Money Creation in the Modern Economy.« *Bank of England. Quarterly Bulletin*, 2014 Q1: S.14–27 (eigene Übersetzung).

79   Gergory Mankiw und Mark Taylor. *Grundzüge der Volkswirtschaftslehre*. 4. Auflage. Schäffer-Poeschel, 2008.

80   Lucian Bebchuk, Alma Cohen und Holger Spaman. »The Wages of Failure: Executive Compensation at Bear Stearns and Lehman 2000 bis 2008.« *Yale Journal of Regulation* (27) 2010: S.257–282.

81 Bank of Canada. »Seigniorage.« Backgrounders. Ohne Ort, 2013.

82 Olivier Vergote u. a. »Main drivers of the ECB financial accounts and ECB financial strength over the first 11 years.« ECB occasional studies no. 111: 2010.

83 Merijn Knibbe. »Private seigniorage, defined and estimated (includes a free Eurozone example!).« *World Economics Association Newsletter* 5(4), August 2015: S. 8–10.

84 Anja Kühner. »Banker gehören zu den Top-Verdienern.« Springer Professional, 13.12.2013.

85 Philip Bump. »Banker Bonuses Still More Than Twice as High as American Household Incomes.« The Wire News from The Atlantic, 26.2.2013.

86 Georg Meck. »Ackermanns gefährliche 25 Prozent.« *FAZ.net*, 2.7.2013

87 Michael Konzcal. »Frenzied Financialization.« *Washington Monthly*, November/Dezember 2014.

88 Siehe z. B. BGH, Urteil vom 30. November 2004 – Az. XI ZR 285/03.

89 Bundesverband deutscher Banken. »Schulbank. Kreditwissen. Zinsen und Tilgung.« Ohne Ort, ohne Jahr. http://schulbank.bankenverband.de/media/file/Kreditwissen_ab_tilgung.pdf

90 Ryan Grim. »Priceless: How the Federal Reserve bought the economics profession.« *Huffington Post*, 23.10.2009, aktualisiert 13.5.2013.

91 Europäische Zentralbank. Statistical Bulletin. 2.4. MFI-Loans, breakdown. Auf der Website www.ecb.europa.eu verfügbar.

92 Grégory Claeys u. a. »The effects of ultra-loose monetary policies on inequality.« Bruegel Policy Contribution, June 2015, Schaubild 2.

93 Miriam, Rehm und Matthias Schnetzer. »Property and power: lessons from Piketty and new insights from the HFCS.« *European Journal of Economics and Economic Policies: Intervention*, Vol. 2 No. 2, 2015: S. 204–219.

94 Philip Vermeulen. »How fat is the top tail of the wealth distribution?« European Central Bank Working Paper 1692, Juli 2014.

95 Norbert Häring. »Die Superreichen und die Geldspritzen.« *Handelsblatt*, 6.11.2014.

96 Ebd.

97 Bank of England. »Quantitative easing explained: Putting more money into our economy to boost spending.« Ohne Jahr. http://www.bankofengland.co.uk/monetarypolicy/Documents/pdf/qe-pamphlet.pdf

98 Norbert Häring. »Die Superreichen und die Geldspritzen.« *Handelsblatt*, 6.11.2014. Im gleichen Tenor wie Peukert kritisiert Günter Schnabel, »Negative Umverteilungseffekte und Reallohnrepression durch unkonventionelle Geldpolitik«. *Wirtschaftsdienst*. 94. Jg., Heft 11, 2014: S. 792–797.

99 Philipp Immenkötter, Christopher Thiem. »FvS Vermögenspreisindex Q2.2015: Vermögenspreisinflation setzt sich fort.« Flossbach von Storch Research Institute. http://www.fvs-ri.com/files/fvs_vermoegenspreis-index_q2_2015.pdf

100 Philipp Immenkötter. »FvS Vermögenspreisindex Q2 2017: Neues Allzeit-hoch.« Flossbach von Storch Research Institute. http://www.fvs-ri.com/files/fvs_vermoegenspreisindex_q2_2017.pdf

101 Der Bericht ist im Internet frei verfügbar.

102 Citigroup. »Markets Drive Monetary Policy – Statistical Evidence That Market Volatility Influences Fed Policy.« U.S. Economic Views: FOMC Edition, 9.10.2015.

103 Daniel Stelter. »Jetzt starten die Helikopter … Dann doch besser 10.000 Euro für jeden, sofort!« wallstreet:online, 4.9.2015.

104 Ben Bernanke. »Japanese Monetary Policy: A Case of Self-Induced Paralysis?« Presentation at the ASSA meetings, Boston MA, January 9, 2000. https://www.princeton.edu/~pkrugman/bernanke_paralysis.pdf

105 Siehe: Gerald Braunberger. »Ein Plädoyer für Helikoptergeld.« Fazit – das Wirtschaftsblog, 2.3.2015.

106 Martin Wolf. »The case for helicopter money.« *Financial Times* (online), 12.2.2013.

107 Lisa Barrington. »Former IMF chief economist backs ›people's QE‹« Reuters Business News, 7.10.2015.

108 Richard Werner. »Towards a New Monetary Paradigm: A Quantity Theorem of Disaggregated Credit, with Evidence from Japan.« *Kredit und Kapital,* Vol. 30 Nr. 2, 1997: S. 276–309.

109 Lawrence Summers. »Central bankers do not have as many tools as they think.« *Financial Times,* 6.12.2015.

110 »Von wegen Einlagensicherung.« *Frankfurter Allgemeine Zeitung,* 7.8.2015 (ohne Autor).

111 Ebd.

112 Dimitri Speck. *Geheime Geldpolitik: Warum und wie die Zentralbanken den Goldpreis steuern.* Finanzbuchverlag, 2013.

113 Richard Reeves, President Kennedy: *Profile of Power.* Simon & Schuster, 1993: S. 27f, zitiert nach Francis Gavin, »The Gold Battles Within the Cold War: American Monetary Policy and the Defense of Europe, 1960–1963.« *Diplomatic History*, Winter 2002: S. 61–96.

114 Internationaler Währungsfonds. Annual Report. Washington, 1964: S. 131.

115 Francis J. Gavin. »Ideas, Power, and the Politics of America's International Monetary Policy during the 1960s.« In: *Monetary Orders,* hrsg. von Jonatan Kirshner. Cornell University Press, 2002.

116 Pierre-Olivier Gourinchas, Hélène Rey. »From World Banker to World Venture Capitalist: US External Adjustment and the Exorbitant Privilege.« In: *G7 Current Account Imbalances: Sustainability and Adjustment*, hrsg. von Richard Clarida. University of Chicago Press, 2007: S. 11–66.

117 Dimitri Speck. *Geheime Goldpolitik: Warum und wie die Zentralbanken den Goldpreis steuern.* Finanzbuchverlag, 3. Auflage 2014.

118 Ebd.

119 Francis J. Gavin. »Ideas, Power, and the Politics of America's International Monetary Policy during the 1960s.« In: *Monetary Orders*, hrsg. von Jonatan Kirshner. Cornell University Press, 2002, sowie Francis Gavin. »The Gold Battles Within the Cold War: American Monetary Policy and the Defense of Europe, 1960–1963«. *Diplomatic History*, Winter 2002: S. 61–96.

120 Francis Gavin. »The Gold Battles Within the Cold War: American Monetary Policy and the Defense of Europe, 1960–1963«. Diplomatic History, Winter 2002: S. 61–96 (eigene Übersetzung).

121 Internationaler Währungsfonds. Annual Report. Washington, 1965, S.31 ff.

122 Paul Fabra berichtete in *Le Monde* vom 8.12.1967. Darüber berichteten *Wall Street Journal* und *New York Times*: »U.S. Proposes Gold Certificate Plan to Members of the London Pool, Sources Say.« *Wall Street Journal*, 15.12.1967. »Le Mondes Says U.S. Seeks Gold, Officials Here Ridicule Report.« *New York Times*, 9.12.1967.

123 Internationaler Währungsfonds. Annual Report. Washington, 1965: S. 31 ff.

124 Ebd.: S. 32 f. (eigene Übersetzung).

125 Internationaler Währungsfonds. Annual Report. Washington, 1967.

126 Internationaler Währungsfonds. Annual Report. Washington, 1971: S. 45 f. (eigene Übersetzung).

127 Ebd.: S. 147 f. (eigene Übersetzung).

128 Dimitri Speck. *Geheime Goldpolitik: Warum und wie die Zentralbanken den Goldpreis steuern*. Finanzbuchverlag, 3. Auflage 2014.

129 »Barclays muss für Goldpreis-Manipulation blechen.« *Handelsblatt*, 23.5.2014.

130 US Congress. Senate. »Hearing before the Committee on Agriculture, Nutrition and Forestry. Testimony by Alan Greenspan.« 105th Congress, 2nd session, July 20, 1998.

131 Leo Himmelbauer. »Nationalbank holt halben Goldschatz heim nach Österreich.« *Wirtschafts-Blatt* (online), 28.5.2015.

132 Dimitri Speck. *Geheime Goldpolitik: Warum und wie die Zentralbanken den Goldpreis steuern*. Finanzbuchverlag, 3. Auflage 2014.

133 Ebd.: S.76.

134 Zitiert nach Gürsu Keleş and T Sabri Öncü. »Alternative tools of trade for central banks and other financial institutions: foreign exchange liquidity options.« In: *Measuring financial innovation and its impact*. Proceedings of the IFC Conference, Basel, 26–27 August 2008. Irving Fisher Committee on Central Bank Statistics. IFC Bulletin No 31. Basel: 2009.

135 »Austrian-Central-Bank-Addresses-Gold-Repatriation.« Peter Mooslechner im Interview mit Daniela Cambone auf Kitco News, Kitco News, 20.10.2015.

136 Alexandre Gautier. »Managing Gold as a Central Bank.« Rede auf der LBMA-Konferenz in Rom, 30.9.2013. LBMA.org.uk

137 Ingo Narat. »Goldpreis fällt trotz Run auf Münzen.« *Handelsblatt*, 13.11.2015.

138 Die Erläuterung der Funktionsweise von Gold-Doppelzählung via Goldleihe folgt: Dimitri Speck. *Geheime Goldpolitik: Warum und wie die Zentralbanken den Goldpreis steuern.* Finanzbuchverlag, 3. Auflage 2014.

139 International Monetary Fund. »Second Review of the Special Data Dissemination Standard – further considerations.« Washington: March 10, 1999.

140 24 International Monetary Fund. IMF Committee on Balance of Payments Statistics. Reserve Assets Technical Expert Group (RESTEG). Issues Paper (RESTEG) No 1. Washington: December 2005.

141 International Monetary Fund. IMF Committee on Balance of Payments Statistics. Reserve Assets Technical Expert Group (RESTEG). Issues Paper (RESTEG) No 11.1. Treatment of allocated/unallocated gold held as reserve asset and gold-swaps and gold-deposits. Washington: September 2006. Öffentlich zugänglich verschriftlicht ist die Einräumung der Doppelzählungsmöglichkeit in einem Aufsatz des türkischen Notenbankmitarbeiters Gürsu Keleş und eines Co-Autoren, in dem sie sich auf das RESTEG-Dokument von 2006 berufen und feststellen, dass der IWF zwar empfehle, aber eben nicht vorschreibe, dass verliehenes Gold aus den offiziell mitgeteilten Goldbeständen ausgebucht wird. Gürsu Keleş and T Sabri Öncü. »Alternative tools of trade for central banks and other financial institutions: foreign exchange liquidity options.« In: *Measuring financial innovation and its impact.* Proceedings of the IFC Conference, Basel, 26–27 August 2008. Irving Fisher Committee on Central Bank Statistics. IFC Bulletin No 31. Basel: 2009.

142 International Monetary Fund. Sixth Edition of the IMF's Balance of Payments and International Investment Position Manual (BPM6). Washington. In der Fassung der Aktualisierung von November 2013.

143 Links zu den alten Versionen der Fed-Publikationen finden sich in: Ronan Manly. »The Keys to the Gold Vaults at the New York Fed – Part 1.« Bullionstar.com, 23.1.2015.

144 George Preston. »Gold Bars for Delivery in the London Market.« Memo adressiert an Deputy Governor Maurice Parsons und Chief Cashier John Forde. Entry ›49‹ from file C43/323. Zitiert nach Ronan Manly. »The Keys to the Gold Vaults at the New York Fed – Part 3: ›Coin Bars‹, ›Melts‹ and the Bundesbank.« Bullionstar.com, 9.2.2015.

145 H. David Willey. »Central Bank and Restoration of the Gold Standard«, S. 62. In: *Prospects for a Resumption of the Gold Standard* (Proceedings of the E.C. Harwood Memorial Conference). *Economic Education Bulletin*, Vol. XLIV No. 9: S. 53–66 (eigene Übersetzung).

146 Andrew Tangel. »What's in your vault? Uncle Sam audits its stash of gold at the New York Fed.« *Los Angeles Times*, 2.8.2012.

147 Andrew Tangel. »Gold at N.Y. Fed is intact, some purer than thought, audit finds.« *Los Angeles Times*, 18.2.2015.

148 Audit of the Department of the Treasury's Schedule of United States Gold Reserves Held by Federal Reserve Banks as of September 30, 2012. Office of Inspector General. Department of the Treasury. – Washington, D.C., 4.1.2013.

149 Friedrich A. von Hayek. »Entnationalisierung des Geldes.« Gesammelte Schriften in deutscher Sprache, Abt. A Band 3: Entnationalisierung des Geldes. Schriften zur Währungspolitik und Währungsordnung, hrsg. von Verena Veit-Bachmann und Alfred Bosch. Mohr-Siebeck, 2012.

150 Henry Simons. »Rules versus authorities in monetary policy.« *Journal of Political Economy.* Vol. 44, No. 1: S. 1–30, 1936.

151 Irving Fisher. *100 %-Money – 100 %-Geld.* Gauke, 2007.

152 Die Blaupause ist ein Bericht, den der isländische Ministerpräsident in Auftrag gegeben hat: Frosti Sigurjónsson. *Monetary Reform – A better monetary system for Iceland.* Reykjavik, 2015.

153 Asad Zaman. »In Iceland bankers are not Holy Cows and that is good for the country.« Real World Economics Review Blog, 26.10.2015.

154 Eine gute Darstellung der Thematik und des schweizerischen Vollgeld-Vorschlags findet sich in: Thomas Mayer und Roman Huber. *Vollgeld: Das Geldsystem der Zukunft. Unser Weg aus der Finanzkrise.* Tectum, 2014. Dieser Thomas Mayer ist nicht zu verwechseln mit dem gleichnamigen früheren Chefvolkswirt der Deutschen Bank, der aber ebenfalls in einem Buch einen Vollgeldvorschlag macht: Thomas Mayer. *Die neue Ordnung des Geldes: Warum wir eine Geldreform brauchen.* Finanzbuchverlag, 2014.

155 Charles A. E. Goodhart und Meinhard A. Jensen. »A Commentary on Patrizio Lainà's ›Proposals for Full-Reserve Banking: A Historical Survey from David Ricardo to Martin Wolf‹ – Currency School versus Banking School: An Ongoing Confrontation.« *Economic Thought*, 4.2: S. 20–31, 2015.

156 Jaromir Benes und Michael Kumhof. »The Chicago Plan Revisited.« IMF Working Paper 12/202, 2012.

157 Raimund Brichta. »Bargeldverbot beim Finanzamt.« Teile 1 bis 3. www.DieWahrheitueberGeld.de, 24.6., 29.6. und 4.7.2015. Soll fortgesetzt werden.

Register